HISTOIRE
DE PARIS

DEPUIS LE TEMPS DES GAULOIS JUSQU'A NOS JOURS

PAR

THÉOPHILE LAVALLÉE

DEUXIÈME ÉDITION

> « Paris a mon cœur dez mon enfance, et m'en est advenu comme des choses excellentes. Plus j'ay veu depuis d'autres villes belles, plus la beauté de cette-cy peult et gaigne sur mon affection. Je l'ayme tendrement jusques à ses verrues et à ses taches. Je ne suis François que par cette grande cité, grande en peuples, grande en félicité de son assiette, mais surtout grande et incomparable en variété et diversité de commodités, la gloire de la France et l'un des plus nobles ornements du monde. Dieu en chasse loing nos divisions ! »
> MONTAIGNE.

PREMIÈRE PARTIE

PARIS
MICHEL LÉVY FRÈRES, LIBRAIRES-ÉDITEURS
RUE VIVIENNE, 2 BIS.

1857

Reproduction et traduction réservées.

COLLECTION MICHEL LÉVY

HISTOIRE
DE PARIS

Paris. — Impr. CARION, rue Bonaparte, 64.

HISTOIRE DE PARIS

PREMIÈRE PARTIE
HISTOIRE GÉNÉRALE

LIVRE PREMIER.

PARIS DANS LES TEMPS ANCIENS ET SOUS LA MONARCHIE.
(53 AV. J.-C. — 1789.)

§ I.

Paris sous les Gaulois et les Romains. — Première bataille de Paris. — Julien proclamé empereur à Lutèce. — Saint-Denis et sainte Geneviève.

L'origine de Paris est inconnue. Un siècle avant la naissance de Jésus-Christ ce n'était encore qu'un misérable amas de huttes de paille, enfermé dans une petite île, « qui avait, dit Sauval, la forme d'un navire enfoncé dans la vase et échoué au fil de l'eau. » La Seine servait de défense à cette bourgade, qui était unie à ses deux rives par quelques troncs d'arbres formant deux ponts grossiers. Les Gaulois la nommaient *Loutouhezi*, c'est-à-dire habitation au milieu des eaux, *Lucotecia*, suivant Ptolémée, *Leutekia*, suivant Julien. C'était le chef-lieu du petit canton des *Parisiens*, peuple de bateliers et de pêcheurs, qui, dans les grandes circonstances, pouvait mettre sur pied 8,000 hommes armés, et de qui la ville a pris le vaisseau qui figure dans ses armoiries (1).

(1) « Les armoiries de la ville de Paris sont, dit Piganiol de la Force, de gueule à un navire frété et voilé d'argent, flottant sur les ondes de même, au chef semé de France. » (*Descript. histor. de la ville de Paris*, t. Ier, p. 48.)

Il fallut que César vînt faire la conquête de la Gaule pour que l'existence de la pauvre *Lutèce* et le nom des Parisiens fussent révélés au monde : en l'an 53 avant Jésus-Christ, « il convoqua, raconte-t-il lui-même, l'assemblée des Gaulois à Lutèce, ville des Parisiens (1). » Et voilà les premiers mots que l'histoire prononce sur la métropole de la civilisation ! De sorte que, par une fortune singulière, l'acte de naissance de la cité qui semble avoir l'initiative des grands mouvements de l'humanité nous est fourni par le génie qui ferme les temps anciens et ouvre les temps modernes. Alors ces bords de la Seine, où s'entassent aujourd'hui tant de palais, où gronde tant de bruit, où fourmille une population si ardente, étaient couverts de longs marécages, de tristes bruyères, d'épaisses forêts qui allaient couronner les hauteurs voisines, immense solitude coupée à peine par quelques cultures, habitée à peine par quelques centaines de sauvages.

Ces sauvages surent pourtant défendre héroïquement leur patrie contre l'invasion romaine. Dans la grande insurrection dont Vercingétorix fut le chef, les Parisiens prirent les armes, et ils essayèrent bravement de barrer le chemin à un lieutenant de César, qui, avec quatre légions, cherchait à rejoindre son général. A son approche, ils brûlèrent leur ville et ses ponts, et, aidés de leurs voisins, ils se retranchèrent dans les marais fangeux que formait la Bièvre. Mais les Romains tournèrent le camp parisien en passant la Seine devant les hauteurs de Nimio (Chaillot); et alors s'engagea dans la plaine, dite aujourd'hui de Grenelle, un combat où les Gaulois furent vaincus, et dans lequel les soldats de Lutèce périrent presque tous. C'est la première bataille de Paris ! On sait quelle a été la dernière !... Entre ces deux défaites, que de fortunes diverses avaient courues la puissante Rome et l'humble Lutèce ! Dans la première, un Romain conquérait la

---

(1) *Guerre des Gaules*, liv. VI, ch. III.

Gaule pour s'en faire un marchepied au suprême pouvoir, à l'empire du monde ; dans la deuxième, le César de l'histoire moderne perdait avec la Gaule, à qui il avait donné une grandeur digne de la grandeur romaine, avec l'Italie, conquise à son tour par la Gaule, la fortune de cet enfant de Paris proclamé dans son berceau roi de Rome !

Pendant 400 ans, on n'entend plus parler de la petite Lutèce jusqu'à Julien l'Apostat, ce Voltaire couronné du ive siècle, qui habita durant deux hivers le palais des Thermes, bâti, dit-on, par Constance, et dont quelques ruines existent encore. Il y avait rassemblé quelques savants : l'un deux, Oribase, y rédigea un abrégé de Galien ; et voilà le premier ouvrage publié dans une ville dont les livres ont changé la face du monde ! Julien aimait la cité des Parisiens, qu'il appelle *sa chère Lutèce*. Il vante son climat, ses eaux, même ses figuiers et ses vignobles ; il vante, par-dessus tout, ses habitants et leurs mœurs austères. « Ils n'adorent Vénus, dit-il, que comme présidant au mariage ; ils n'usent des dons de Bacchus que parce que ce dieu est le père de la joie et qu'il contribue avec Vénus à donner de nombreux enfants ; ils fuient les danses lascives, l'obscénité et l'impudence des théâtres, etc. »

Sous Julien, Paris eut sa première grande scène militaire : c'est là que les soldats romains, refusant d'obéir aux ordres de Constance qui les appelait en Orient, proclamèrent le jeune philosophe empereur. « A minuit, raconte Ammien Marcellin, les légions se soulèvent, environnent le palais des Thermes et, tirant leurs épées à la lueur des flambeaux, s'écrient : Julien Auguste ! Julien fait barricader les portes : elles sont forcées ; les soldats le saisissent, le portent à son tribunal avec des cris furieux ; en vain il les prie, il les conjure ; tous déclarent qu'il s'agit de l'empire ou de la mort. Il cède : une acclamation le salue empereur ; on l'élève sur un bouclier, et on lui met le collier d'un soldat en guise de diadême. » Pour trouver un second exemple d'un empereur couronné à Paris, il faut traverser 1,444 ans et passer de Julien à Napoléon !

A cette époque (360), Lutèce s'était embellie. Ses deux ponts (Pont-au-Change et Petit-Pont) avaient été rétablis, fortifiés de deux grosses tours (les deux Châtelets) et unis par une voie tortueuse, la plus ancienne de la ville, qui suivait l'emplacement des rues de la Barillerie, de la Calandre et du Marché-Palu. Il y avait dans la Cité, à la pointe occidentale, un *palais* ou forteresse dont l'origine est inconnue ; à la pointe orientale, un temple ou un autel de Jupiter qui avait été élevé du temps de Tibère par les *nautes* ou bateliers parisiens. Sur la rive droite se trouvait un faubourg composé de *villas* ; sur l'emplacement du Palais-Royal, un vaste réservoir destiné à des bains ; sur l'emplacement de la rue Vivienne et du marché Saint-Jean, deux champs de sépultures. Sur la rive gauche beaucoup plus peuplée et plus riche en monuments, outre le palais des Thermes qui couvrait, avec ses jardins, une partie des quartiers Saint-Jacques et Saint-Germain, il y avait deux grandes voies bordées de constructions, de vignobles et de tombeaux, un Champ de Mars vers l'emplacement de la Sorbonne, un temple de Mercure sur le mont *Locutitius* (mont Sainte-Geneviève), des arènes dans le faubourg Saint-Victor, etc. De plus, Lutèce était devenue l'une des cités principales de la Gaule et la station de la flottille romaine qui gardait la Seine. D'ailleurs elle avait pris une nouvelle existence par la conversion d'une partie de ses habitants au christianisme : saint Denis et ses deux compagnons, Rustique et Éleuthère, y étaient venus, vers le milieu du IIIe siècle, prêcher l'Évangile, et ils y avaient reçu la couronne du martyre. Enfin, si l'on en croit Grégoire de Tours, il y avait sur cette ville des traditions merveilleuses : « elle était sacrée, le feu n'avait pas prise sur elle, les serpents ne pouvaient l'habiter, etc. »

Valentinien et Gratien firent quelque séjour à Lutèce : trois de leurs lois, datées de 365, ont été publiées dans cette ville. Ce fut près de ses murs que ce dernier, en 383, fut trahi par ses troupes et perdit l'empire. Maxime, qui le vainquit, fit élever à ce sujet un monument triomphal dont on a retrouvé les ruines dans l'île de la Cité. Après eux, on n'entend plus parler de Lutèce que dans les pieuses légendes de ses évêques ou de ses saints. L'une d'elles racontait que l'un des successeurs de saint Denis, Marcel, enfant de Paris, avait précipité dans la Seine un dragon qui répandait la terreur dans la ville ; ce dragon, c'était l'idolâtrie que le saint évêque avait détruite en jetant les idoles dans le fleuve. Une autre, pleine de grâce et de poésie, racontait qu'une bergère de Nanterre, sainte Geneviève, avait deux fois sauvé la ville : la première en lui amenant, dans un temps de famine, douze bateaux de blé tiré de la Champagne ; la seconde en détournant de ses murs par ses prières le dévastateur Attila.

§ II.

Paris sous les rois de la première race.

Les Francs envahissent la Gaule : avec eux la fortune de Lutèce, qui prend le nom de *Paris*, commence à changer, et l'une des plus humbles cités du monde romain tend à devenir la capitale d'un grand empire. Childéric en fit la conquête ; Clovis y fixa sa résidence ; la plupart de ses successeurs l'imitèrent et séjournèrent dans le Palais. Alors la ville fut enceinte d'une muraille, dont on a retrouvé les restes en plusieurs endroits de la Cité, et elle se peupla de nouvelles églises qui n'existent plus : *Saint-Christophe, Saint-Jean-le-Rond, Saint-Denis-du-Pas, Saint-Germain-le-Vieux, Saint-Denis-de-la-Chartre*, etc. Elle continua aussi à s'étendre sur les deux rives de la Seine, et jeta sur les hauteurs où dans les plaines voisines de grandes basiliques ou d'humbles chapelles qui devaient engendrer les rues, les quartiers, les faubourgs modernes : c'étaient des jalons marqués à son ambition et qu'elle devait dépasser. Ainsi furent bâties sur la rive gauche, les abbayes *Sainte-Geneviève* et *Saint-Germain-des-Prés*, les chapelles *Saint-Julien*, *Saint-Severin*, *Saint-Étienne-des-Grès*, *Saint-Marcel*; sur la rive droite, l'église *Saint-Germain-l'Auxerrois*, l'abbaye *Saint-Martin-des-Champs*, les chapelles *Saint-Gervais*, *Saint-Paul*, *Sainte-Opportune* (1), etc. Tous ces édifices, la plupart fort petits, construits en bois, couverts de chaume ou de branches d'arbres, donnaient alors au bassin de Paris bordé de hauteurs toutes boisées, rempli de massifs de vieux chênes, traversé à peine par quelques sentiers, l'aspect le plus pittoresque.

Paris joua un grand rôle sous les rois de la première race : c'était la capitale d'un des quatre royaumes de la Gaule franque ; les Francs Saliens ou Neustriens la regardaient comme le chef-lieu de leur domination, et elle excitait la convoitise et la haine des Francs Ripuaires ou Austrasiens. Aussi, en 574, Sigebert, roi de Metz, dans la guerre qu'il fit à son frère Chilpéric, roi de Soissons, brûla Paris.

Cette ville n'eut pas moins à souffrir de la tyrannie des rois barbares qui y faisaient leur résidence. Ainsi, lorsque Chilpéric maria l'une de ses filles à un roi des Visigoths, il voulut lui faire un grand cortége pour l'envoyer en Espagne (584) ; alors « il ordonna de prendre dans les maisons de Paris beaucoup de familles et de les mettre dans des chariots, sous bonne garde. Plusieurs, craignant d'être arrachés à leurs familles, s'étranglèrent ; d'autres personnes de grande naissance firent leur testament, demandant qu'il fût ouvert, comme si elles étaient mortes, dès que la fille du roi entre-

---

(1) Nous parlerons de chacune de ces églises dans l'*Histoire des quartiers de Paris.*

rait en Espagne. Enfin, la désolation fut si grande dans Paris qu'elle fut comparée à celle de l'Égypte (1). »

Le clergé imposait seul un frein aux passions brutales, aux volontés tyranniques des rois francs ; les évêques de Paris ne manquèrent pas à cette tâche, et presque tous firent les plus grands efforts pour soulager leur troupeau : ainsi, saint Germain arrêta les débordements et les crimes du roi Caribert ; saint Landry vendit tous ses biens, et jusqu'aux vases sacrés de son église, pour nourrir les pauvres pendant une famine.

Lorsque les rois francs tombèrent sous la domination des maires du palais, ils habitèrent les grands manoirs des bords de l'Oise et cessèrent de séjourner à Paris. Cependant, ils y venaient quelquefois « pour s'asseoir sur le trône, dit Eginhard, et faire les monarques; » mais dans ces temps rustiques, leurs entrées n'étaient pas celles de Louis XIV ou de Napoléon : « Ils étaient montés, dit le même historien, sur un chariot traîné par des bœufs, qu'un bouvier conduisait. »

§ III.

Paris sous les rois de la deuxième race. — Siège de Paris par les Normands.

La ville ne s'agrandit pas sous Charlemagne et ses successeurs. Ces rois, de race germanique, n'y résidèrent point et ne la traversèrent que rarement ; aussi, son histoire, à cette époque, est-elle entièrement nulle. Cependant, elle garde sa renommée, et si un écrivain la nomme « la plus petite des cités de la Gaule, » un autre l'appelle « le trésor des rois et le grand marché des peuples. » Elle est célèbre par ses fabriques d'armes et d'étoffes de laine, par ses orfèvres qui se glorifient d'avoir eu dans leur corporation saint Éloi, enfin, par son *école* de Saint-Germain-l'Auxerrois, qui a laissé son

(1) Grégoire de Tours, liv. IV, ch. XLV.

nom à une place de la ville. Quant à son gouvernement, c'était celui que Charlemagne avait donné à toutes les parties de son empire, c'est-à-dire que Paris était administré par un *comte* chargé de lever des troupes, de rendre la justice, de percevoir les impôts, et qui avait pour assesseurs des *scabini* ou *échevins*. Le premier comte de Paris se nommait Étienne. « Les Capitulaires lui furent signifiés, dit un contemporain, pour qu'il les fît publier dans une assemblée publique et en présence des échevins. L'assemblée déclara qu'elle voulait toujours conserver ces Capitulaires; et tous les échevins, les évêques, les abbés, les comtes les signèrent de leur propre main (1). » Et voilà la première assemblée nationale qui ait voté dans Paris une première constitution !

La ville était encore réduite à son île et aux chétifs faubourgs de ses deux rives; elle avait même laissé ruiner ses murailles et ses tours, quand les hommes du Nord vinrent, pendant près d'un demi-siècle, la mettre à de rudes épreuves. En 841 eut lieu leur première incursion; les habitants s'enfuirent avec leurs richesses; la ville fut pillée; Charles le Chauve accourut et acheta le départ des barbares. En 856 eut lieu la deuxième incursion. « Les Danois, disent les Annales de saint Bertin, envahissent la Lutèce des Parisiens et brûlent la basilique du bienheureux Pierre et celle de Sainte-Geneviève; d'autres basiliques, telles que celles de Saint-Étienne (Notre-Dame), Saint-Vincent et Saint-Germain (Saint-Germain-des-Prés), Saint-Denis (Saint-Denis-de-la-Chartre), se rachetèrent de l'incendie à prix d'or. Les marchands transportèrent leurs richesses sur des bateaux pour s'enfuir; mais les barbares prirent les bateaux et les marchands et brûlèrent leurs maisons. » En 861, troisième incursion : l'église Saint-Germain-des Prés fut dévastée et incendiée. Alors Charles le Chauve releva la muraille de la

---

1) *Capitul. de Baluze*, t. Ier, col. 391.

Cité, fit reconstruire le grand pont qui avait été brûlé, rétablit les tours et les portes des deux ponts, tant du côté de la Cité qu'au delà des deux bras de la rivière ; enfin il fit bâtir la grosse tour du Palais. Aussi quand les Normands vinrent une quatrième fois en 885, la ville était prête à résister : elle avait de nombreux défenseurs, et, pour les commander, l'évêque Gozlin, le comte Eudes et Hugues, « le premier des abbés. » Toutes les églises voisines y avaient envoyé leurs richesses et leurs reliques. Le siége dura un an : les Normands, au nombre de trente mille, se ruèrent vainement contre les murailles et la grosse tour des Parisiens. Enfin le roi Charles le Gros arriva avec une armée ; mais, au lieu de combattre pour délivrer la ville, il acheta la retraite des pirates. Cette lâcheté le fit tomber du trône et remplacer par le fondateur d'une dynastie nouvelle, le comte Eudes, sous lequel Paris ne revit plus les hommes du Nord. Nous les avons revus, nous, après dix siècles d'intervalle, et traînant derrière eux toute l'Europe en armes! Que d'événements entre les deux invasions de 885 et de 1814 ; entre le comte Eudes, défendant la grosse tour de bois du Palais, et les maréchaux Marmont et Moncey, noirs de poudre, l'épée sanglante, couvrant les barrières de Belleville et de Clichy ; entre la déposition de Charles le Gros et l'abdication de Napoléon!

§ IV.

Paris sous les Capétiens, jusqu'à Louis VII. — Écoles de Paris. — Abélard. — Hanse parisienne.

Le xe siècle est l'époque la plus triste de l'histoire de Paris comme de l'histoire de toute la France : les famines et les pestes sont continuelles ; la guerre n'a point de relâche ; on se croit près de la fin du monde. Aussi la ville ne prend aucun accroissement, et l'on n'y voit bâtir dans la Cité que les petites églises de *Saint-Barthélemy*, de *Saint-Landry*, de *Saint-Pierre-des-Arcis*. Mais avec les rois de la troisième race, Paris reprend un peu de vie : de capitale du duché des Capétiens, elle devient capitale du royaume et profite de sa position géographique pour centraliser autour d'elle la plus grande partie de la France. Cependant son influence n'est pas d'abord politique : heureuse d'être ville royale et affranchie de la turbulente vie des communes, protégée par des franchises et des coutumes qui dataient du temps des Gaulois, vivant paisible à l'ombre du sceptre de ses maîtres, elle se contente d'avoir sur les provinces l'influence des idées, du savoir, de l'intelligence. Ainsi, au XIe siècle, commence la renommée de ses écoles, foyer de lumières où le monde venait déjà s'éclairer, centre des mouvements populaires, sources intarissables de grandes pensées et de joyeux propos, d'actions généreuses et de tumultueux plaisirs. Paris s'appelle déjà la *ville des lettres*. « Les savants les plus illustres, dit un contemporain, y professent toutes les sciences ; on y accourt de toutes les parties de l'Europe ; on y voit renaître le goût attique, le talent des Grecs et les études de l'Inde (1). » L'*école épiscopale*, qui avait déjà jeté quelque éclat sous Charlemagne, devient la lumière de l'Église sous les maîtres Adam de Petit-Pont, Pierre Comestor, Michel de Corbeil, Pierre-le-Chantre et surtout Guillaume de Champeaux. Mais elle est bientôt éclipsée par l'école qu'ouvre dans la Cité, près de la maison du chanoine Fulbert, Abélard, le grand homme du siècle, qui, malgré les persécutions dont il fut l'objet, traîne à sa suite, dans tous les lieux où il pose sa chaire, trois mille écoliers, et qui, ne trouvant pas d'édifice suffisant à les contenir, prêche en plein air : il finit par planter le *camp de ses écoles*, comme il l'appelle lui-même, sur la montagne Sainte-

---

(1) Citation de l'abbé Lebeuf, dans sa *Dissertation sur l'état des sciences*, t. II, p. 20.

Geneviève, et alors cette partie de la ville commença à se peupler. « Grâce à lui, dit un contemporain, la multitude des étudiants surpassa dans Paris le nombre des habitants, et l'on avait peine à y trouver des logements (1). » Paris est aussi déjà la ville des plaisirs. « O cité séduisante et corruptrice ! dit un autre historien, que de piéges tu tends à la jeunesse, que de péchés tu lui fais commettre ! » Et pourtant c'était le Paris de Louis VI comprenant, outre la Cité, vingt ou trente ruelles fétides, fangeuses, obscures, auquel on venait de donner pour la première fois une enceinte (2)! Mais que de passions et de rires dans ces maisons de bois basses, sombres, humides ! Que de joyeux rendez-vous et de douces causeries à la place *Baudet*, sous l'*ourmeciau* Saint-Gervais, au *Puits d'amour* de la rue de la Truanderie ! Que de sagesse dans l'humble manoir voisin de l'église Saint-Merry, d'où l'abbé Suger, « ce Salomon chrétien, ce père de la patrie, armé du glaive temporel et du glaive spirituel, » gouvernait le royaume ! Que de poésie et d'ivresse dans la chétive maison de la rue du Chantre, où Héloïse et Abélard, « sous prétexte de l'étude, vaquaient sans cesse à l'amour ! Les livres étaient ouverts devant nous, raconte celui-ci, mais nous parlions plus de tendresse que de philosophie ; les baisers étaient plus nombreux que les sentences, et nos yeux étaient plus exercés par l'amour que par la lecture de l'Écriture sainte. » Que de douces aventures, de naïfs ébats, d'amoureuses chansons (les chansons d'Abélard « qui retentissaient dans toutes les

(1) *Hist. littér. de France*, t. IX, p. 78.

(2) L'enceinte de Paris sous Louis VI est mal connue : elle allait probablement, au nord, de l'église Saint-Germain-l'Auxerrois à l'église Saint-Gervais, en passant par l'emplacement des rues aujourd'hui détruites ou transformées des Fossés-Saint-Germain, Béthizy, des Deux-Boules, des Écrivains, d'Avignon, Jean-Pain-Mollet, de la Tixeranderie ; au sud, de la place Maubert au couvent des Augustins, en passant par l'emplacement des rues des Noyers, des Mathurins, du Paon, etc.

rues, dit Héloïse, et rendirent mon nom célèbre par toute la France ! ») dans ces clos cultivés, ces *courtilles*, où les vignobles ont succédé aux marécages, ou bien dans ces bourgs qui poussent autour des abbayes, à l'ombre de leurs clochers protecteurs, dans les *champeaux* Saint-Honoré, le *Beau-Bourg*, le *Bourg-l'Abbé*, le *Riche-Bourg* ou bourg Saint-Marcel, le bourg Saint-Germain-des-Prés, etc. Hélas! que sont devenus ces champs de verdure et ces frais ombrages? Des forêts de maisons les ont remplacés ; les existences y sont moins grossières, moins sauvages, y sont-elles plus heureuses?

Le nombre des églises ou fondations religieuses continue aussi à s'accroître : sous Louis VI sont fondées l'abbaye *Saint-Victor, Sainte-Geneviève-des-Ardents, Saint-Pierre-aux-Bœufs*, qui n'existent plus ; *Saint-Jacques-la-Boucherie*, dont la tour subsiste encore ; la léproserie de *Saint-Lazare*, devenue une prison, etc. ; sous Louis VII, *Saint-Jean-de-Latran, Saint-Hilaire*, qui n'existent plus.

A cette époque, l'administration de Paris commence à prendre une forme régulière. Un *prévôt*, officier du roi, remplace le *comte* et se trouve chargé de gouverner la ville, de faire la police, de commander les gens de guerre et de rendre la justice civile et criminelle non à tous les habitants, mais à ceux seulement qui appartenaient au domaine royal, les autres ayant leurs justices particulières, seigneuriales ou ecclésiastiques. La cour féodale du prévôt était au Châtelet, et ce tribunal acquit bientôt une grande célébrité.

Dans ce même temps, quelques actes nous révèlent le commerce et la richesse de Paris. Pour la première fois, nous entendons parler de ces *nautes* parisiens si célèbres au temps de la domination romaine, de cette corporation des *marchands de l'eau* qui avait traversé en silence les âges et les révolutions et qui nous apparaît tout à coup riche, puissante, craintive et favorisée des rois, aussi tyrannique que les seigneuries féodales, exerçant sur la navigation de la Seine l'autorité la plus despotique, la plus jalouse, la plus avide, soumettant à ses volontés les marchands de la Bourgogne et de la Normandie. Nul bateau ne pouvait entrer dans la ville si le maître de la *naulée* n'était un bourgeois *hansé* de Paris, ou s'il n'avait pris dans cette hanse un compagnon avec lequel il devait partager les bénéfices. La hanse parisienne, qu'on appelait aussi la *marchandise,* devint à cette époque la municipalité de Paris.

§ V.

Paris sous Philippe-Auguste. — Deuxième enceinte de la ville.

A mesure que le royaume s'étend et s'arrondit, la capitale s'accroît et s'embellit. Sous Philippe-Auguste, on construit les premiers *aqueducs* qui aient été faits depuis la domination romaine, ceux qui amènent sur la rive droite les eaux de Belleville et du pré Saint-Gervais ; on bâtit les premières *halles;* on établit le premier *pavé.* « Le roi, dit Rigord, historien de Philippe-Auguste, s'approcha des fenêtres du Palais où il se plaçait quelquefois pour regarder la Seine. Des voitures traînées par des chevaux traversaient alors la Cité, et remuant la boue, en faisaient exhaler une odeur insupportable. Philippe en fut suffoqué et conçut dès lors un grand projet qu'aucun des rois précédents n'avait osé entreprendre. Il convoqua les bourgeois et le prévôt et leur ordonna de paver avec de forts et durs carreaux de pierre toutes les rues et voies de la ville. » Mais cette entreprise ne s'effectua qu'avec beaucoup de lenteur : on ne pava dans la Cité que la rue qui joignait les deux ponts, et hors de la Cité le commencement des rues Saint-Denis et Saint-Jacques (1).

(1) Sous Louis XIII, il n'y avait encore de pavé que la moitié de la ville.

Les autres rues, larges à peine de huit pieds, restèrent des cloaques pleins d'immondices, parcourus à toute heure par des animaux domestiques, surtout par des cochons (1).

Paris commence aussi à devenir une ville monumentale : on y ouvre trois colléges et les deux hôpitaux de la *Trinité* et de *Sainte-Catherine ;* on y construit les églises des *Saints-Innocents,* de *Saint-Thomas-du-Louvre,* de *Sainte-Madeleine,* de *Saint-André-des-Arts,* de *Saint-Côme,* de *Saint-Jean-en-Grève,* de *Saint-Honoré,* aujourd'hui détruites, de *Saint-Gervais,* de *Saint-Nicolas-des-Champs,* de *Saint-Étienne-du-Mont,* qui existent encore, le couvent des *Mathurins,* l'abbaye *Saint-Antoine-des-Champs,* enfin la grande *Notre-Dame,* œuvre de l'évêque Maurice de Sully, et qui ne fut achevée qu'au bout de deux siècles (2). Le roi agrandit le château du *Louvre,* commencé par ses prédécesseurs, au moyen d'un terrain acheté aux religieux de Saint-Denis-de-la-Chartre : il l'achète pour une rente annuelle de trente sous qui était encore payée en 1789, et il y fait bâtir la grosse *Tour,* qui devint le symbole de la suzeraineté royale et la prison des vassaux rebelles. Quant aux maisons du peuple, elles restent ce qu'elles étaient depuis des siècles, des tanières de boue et de chaume, où les familles s'entassent sans meubles, presque sans vêtements, soumises à toutes les misères, à toutes les humiliations, mais pleines de résignation et de foi. « Le peuple s'inquiétait peu des bouges obscurs et infects où il couchait, pourvu qu'elle fût grande, riche, magnifique, cette église où il passait la moitié de ses jours, où tous les actes de sa vie étaient consacrés, où il trouvait l'égalité bannie des autres lieux, où il repaissait son cœur et

---

(1) Le fils aîné de Louis VI, en passant rue du Martrois, près de la place de Grève, fut jeté à bas de son cheval par un de ces cochons, et mourut de sa chute.

(2) Nous donnerons l'histoire et la description de chacune de ces églises dans l'*Histoire des quartiers de Paris.*

ses yeux du plus grand des spectacles. La cathédrale avec sa flèche pyramidale, sa forêt de colonnes, ses balustres ciselées, sa foule de statues, sa musique majestueuse, ses pompeuses cérémonies, ses cierges, ses tentures, ses prêtres, c'était là sa gloire et sa jouissance de tous les jours : c'était sa propriété, son œuvre, sa demeure aussi, car c'était la maison de Dieu (1). »

A cette époque, le *Parloir aux Bourgeois*, qui, dans les siècles précédents, était situé près de la porte Saint-Jacques, fut transféré près du grand Châtelet, sur le quai de la Mégisserie. Les écoles de Paris furent réunies en *Université*, et celle-ci prit le titre de fille aînée des rois. Les vingt mille écoliers qui la composaient obtinrent de si grandes franchises qu'ils formèrent un monde à part dans la ville, exempt de toute juridiction municipale, libre jusqu'à la licence, insolent, tumultueux, réceptacle de toutes les subtilités et de toutes les débauches. Des querelles incessantes, des rixes interminables éclatèrent entre les clercs et les bourgeois ; la royauté, embarrassée devant l'autorité ecclésiastique, intéressée d'ailleurs à garder cette jeunesse venue de toutes les provinces, se prononça toujours en faveur des premiers et força souvent les prévôts de Paris à des réparations humiliantes envers l'Université ; enfin, une ordonnance de Philippe-Auguste, confirmée par tous les rois jusqu'au XVIe siècle, interdit aux officiers royaux de mettre la main sur un clerc, hors le cas de flagrant délit, et, dans ce cas, leur prescrivit de livrer immédiatement le délinquant aux juges ecclésiastiques. Aussi les bourgeois trouvèrent plus court et plus sûr de se faire justice eux-mêmes, et, si l'on en croit un contemporain, dans la lutte qu'ils eurent avec les écoliers, en l'année 1223, ils en tuèrent trois cent vingt et les jetèrent à la rivière.

Paris prit tant d'accroissement sous Philippe-Auguste, qu'il

---

(1) *Histoire des Français*, 11e édition, t. 1er, p. 321.

fallut lui construire une nouvelle enceinte, laquelle fut fortifiée. Cette enceinte formait sur la rive droite un demi-cercle qui commençait par la *tour qui fait le coin* (près du pont des Arts) et finissait par la *tour Babel* (près du port Saint-Paul), en ayant pour points principaux : porte *Saint-Honoré* (rue Saint-Honoré, près de l'Oratoire); porte *Coquillière* (au coin des rues Coquillière et Grenelle); porte *Montmartre* (rue Montmartre, au-dessus de la rue du Jour); porte *Saint-Denis* (rue Saint-Denis, près de l'impasse des Peintres); porte *Saint-Martin* (rue Saint-Martin, près de la rue Grenier-Saint-Lazare); porte de *Braque* (rue de Braque, près de la rue du Chaume); porte *Barbette* (vieille rue du Temple, au coin de la rue des Francs-Bourgeois); porte *Baudet* (rue Saint-Antoine, près de la rue Culture-Sainte-Catherine). L'enceinte formait aussi sur la rive gauche un demi-cercle, dont la direction est facile à suivre, puisque la clôture s'est conservée jusqu'au xviie siècle et que les rues qui ont été construites sur ses *fossés* en portent encore le nom : ce sont les rues des *Fossés*-Saint-Bernard, *Fossés*-Saint-Victor, *Fossés*-Saint-Jacques, *Fossés*-Monsieur-le-Prince, *Fossés*-Saint-Germain-des-Prés, *Fossés*-de-Nesle ou Mazarine. Ce demi-cercle commençait par la *tour de Nesle* (près de l'Institut) et finissait par la *Tournelle* (quai de la Tournelle, près de la rue des Fossés-Saint-Bernard), en ayant pour points principaux : porte *Bucy* (rue Saint-André-des-Arts, près de la rue Contrescarpe); porte des *Cordeliers* (rue de l'École-de-Médecine, près de la rue du Paon); porte *Gibart* ou d'*Enfer* (place Saint-Michel); porte *Saint-Jacques* (rue Saint-Jacques, au coin de la rue Saint-Hyacinthe); porte *Bordet* (rue Descartes, près de la rue de Fourcy); porte *Saint-Victor* (rues Saint-Victor et des Fossés-Saint-Victor). L'enceinte entière avait donc quatorze portes, outre plusieurs poternes. La muraille, qui avait huit pieds d'épaisseur, était garnie de tours rondes et espacées de vingt toises en vingt toises, outre celles qui défendaient les portes. Toute cette construction fut faite de 1190 à 1220.

§ VI.

Paris sous Louis IX. — Règlements des métiers — Guet.

Sous Louis IX, Paris se complaît dans ses nouvelles murailles et ne cherche pas à les franchir ; mais il continue à se couvrir de fondations pieuses et charitables, œuvres des modestes *maçons* du moyen âge, que nous avons presque toutes transformées en poussière. Ainsi, le couvent des *Augustins*, qui servit pendant des siècles aux assemblées du clergé et du parlement, est devenu le marché à la volaille ; le couvent de l'*Ave-Maria*, une caserne ; le couvent des *Cordeliers*, une partie de l'École de médecine ; le collége *Sainte-Catherine-du-Val-des-Écoliers*, un marché ; le couvent des *Filles-Dieu*, un passage ; le collége de *Cluny*, une rue ; le couvent des *Jacobins*, une caserne ; le couvent des *Chartreux*, l'avenue du Luxembourg ; le couvent des *Prémontrés*, un café ; le couvent de *Sainte-Croix-de-la-Bretonnerie*, un passage ; l'hospice des *Quinze-Vingts*, des rues aujourd'hui détruites, etc. Heureusement, de toutes ces créations si regrettables, il en reste une que la main des démolisseurs n'a pas atteinte et qu'on vient de splendidement restaurer, c'est la *Sainte-Chapelle* (1).

Sous ce règne, la royauté commence à appuyer son sceptre sur la robuste main du peuple de Paris. Le roi et sa mère étaient en guerre avec les barons qui leur fermaient le chemin de la capitale. Ils appelèrent à leur défense les habitants « de la ville avec laquelle, dit Pasquier, les rois de France ont perpétuellement uni leur fortune. » Les Parisiens sorti-

(1) Voir, pour chacun de ces monuments, l'*Histoire des quartiers de Paris*.

rent en armes « en si grande quantité, dit Joinville, que, depuis Montlhéry jusqu'à Paris, le chemin était plein et serré de gens d'armes et autres gens. » Ils délivrèrent le monarque et le ramenèrent en triomphe dans leurs murs.

Cet amour des Parisiens pour le pieux roi se manifesta dans plusieurs autres circonstances : ainsi, lorsqu'il partit pour sa première croisade, toute la ville l'accompagna jusqu'à Saint-Marcel en le comblant de bénédictions ; de même, lorsqu'on apprit sa captivité en Égypte, les petits, les serfs, les pastoureaux songèrent à le délivrer ; et il se fit dans Paris, à la voix d'un aventurier, dit le maître de Hongrie, des rassemblements menaçants pour les prêtres et les seigneurs ; enfin, lorsque saint Louis, accompagné de ses frères et des gens de sa cour, nu-pieds, nu-tête, vêtu d'une simple tunique, s'en alla à plusieurs lieues de la ville chercher la sainte couronne d'épines et la porta par le faubourg Saint-Antoine à la Sainte-Chapelle, jamais roi n'eut un triomphe plus populaire.

En récompense, Louis IX s'occupa du bien-être de sa maîtresse ville avec la plus ardente sollicitude. Il fonda, outre les nombreux couvents dont nous avons parlé, la *Sorbonne,* qui devint l'école de théologie la plus fameuse de la chrétienté ; il enrichit l'Université de nouveaux priviléges ; il ordonna que sa cour ou son *parlement* se réunît désormais en lieu fixe à Paris ; il y fit entrer, à côté des barons, des *conseillers,* tirés la plupart de la bourgeoisie, lui donna la direction supérieure de la police de la ville, et dota ainsi cette capitale de l'institution la plus importante, la plus féconde de l'État, qui fut pour elle une source de richesses et de puissance. Il accorda la liberté à tous les serfs de Paris qui étaient de son domaine, et cet exemple fut suivi par l'abbé de Saint-Germain-des-Prés, le plus riche des seigneurs ecclésiastiques, qui, en exemptant de la servitude les serfs de son bourg, se réserva seulement les droits *utiles,* c'est-à-dire ceux de justice et de seigneurie, les rentes et les redevances, les droits perçus au four banal, au pressoir, aux vendanges.

La prévôté de Paris, pendant la régence de Blanche de Castille, était devenue vénale et avait été acquise par des enchérisseurs cupides et ignorants; aussi, « le menu peuple, dit un contemporain, désolé par les tyrannies et les rapines, s'en alloit en d'autres seigneuries; la terre du roi étoit si déserte que, lorsqu'il tenoit ses plaids, il n'y venoit personne; en outre, la ville et ses environs étoient pleins de malfaiteurs. » Louis fit des ordonnances contre les vagabonds, les *truands*, les joueurs, les habitués des tavernes, « les folles femmes qui font mestier de leur corps, » et auxquelles il assigna des séjours (1) et des costumes particuliers; il assura les subsistances de la ville en soumettant les boulangers à une surveillance rigoureuse et en donnant la grande maîtrise de ce métier à son *panetier;* enfin, il confia la prévôté de Paris à Étienne Boileau, bourgeois illustre par son savoir et sa probité, qui fut le principal conseiller du saint roi dans toutes ses œuvres législatives; et, pour rehausser cet office, il alla lui-même quelquefois au Châtelet siéger à côté de son prévôt. Alors la prévôté devint la magistrature d'épée la plus utile et la plus redoutable, surtout lorsqu'on lui eut adjoint plus tard huit *conseillers*, chargés d'assister le prévôt, des *enquesteurs* qui devaient instruire les affaires et faire la police dans les quartiers; enfin, deux compagnies de sergents, l'une à pied, l'autre à cheval chargées de l'exécution des arrêts (2).

Saint Louis avait en grande estime les bourgeois de Paris : il les appela à son conseil, il leur fit signer ses ordonnances,

---

(1) Les rues assignées aux prostituées étaient les rues aujourd'hui détruites de Mâcon, Froidmantel, Tiron, Robert, Baillehoi, Glatigny, du Grand-Heurleux, du Petit-Heurleux, etc.

(2) De Lamare, *Traité de la police*, t. Ier, p. 210 et suiv.

il recueillit en un corps de lois les us et coutumes de métiers et leur donna des règlements qui ont été pratiqués jusqu'à l'époque de Colbert; il régularisa leurs corporations et confréries, dont l'origine remontait au temps des Romains, et transforma définitivement la *marchandise* ou *hanse* parisienne en une municipalité dont le chef prit le titre de *prévôt des marchands* (1).

A tous ces bienfaits il ajouta le droit pour les habitants de Paris de se garder eux-mêmes. Jusque-là, la police de la ville avait été faite par soixante sergents, dont vingt à cheval, que commandait un *chevalier* : on appelait cette garde le *guet du roi*, et elle était occupée uniquement à faire des rondes. On lui adjoignit le *guet des mestiers*, ou guet *bourgeois*, origine de la garde nationale, qu'on appelait encore *guet assis*, parce qu'il était sédentaire dans les postes ou corps de garde, où il se tenait seulement pendant la nuit. Il y avait ordinairement cinq de ces postes dans l'intérieur, outre ceux des portes : ces postes étaient au Palais, au Châtelet, sur la place de Grève, au cimetière des Innocents, près de l'église Sainte-Madeleine (dans la Cité). Chacun d'eux était de six hommes : ce qui fait supposer que la force de la milice bourgeoise n'était, dans l'origine, que de deux mille hommes, les exemptions étant très-nombreuses. Cette milice était divisée en dizaines, quarantaines et cinquantaines d'hommes qui avaient pour chef des officiers appelés dizainiers, quaranteniers et cinquanteniers; elle était sous les ordres du prévôt des marchands; mais le *chevalier du guet*, qui avait le commandement de tous les postes bourgeois, relevait du prévôt de Paris.

(1) Voyez l'*Histoire des quartiers de Paris*, liv. II, ch. I.

§ VII.

Paris sous les successeurs de Louis IX jusqu'à Philippe VI. — Richesse et population de la ville à cette époque.

Sous les successeurs de Louis IX, le progrès continue et se manifeste principalement par des fondations de colléges : on en compte quatre sous Philippe III, six sous Philippe IV, cinq sous les fils de Philippe IV, quatorze sous Philippe VI. En outre, l'on voit fonder l'abbaye des *Cordelières-Saint-Marcel*, devenue l'hôpital de Lourcine, l'hôpital *Saint-Jacques*, le couvent de *Saint-Avoye*, les églises du *Saint-Sépulcre* et de *Saint-Julien-des-Ménétriers*, etc. Mais avec ses écoles qui couvrent la moitié de son enceinte, avec son Parlement qui enfante la confrérie turbulente ou le *royaume des clercs de la Basoche* (1), avec sa bourgeoisie qui assiste aux États généraux, Paris commence « à prendre de la superbe » et à s'inquiéter du gouvernement. Ainsi, en 1306, lassé des tyrannies financières de Philippe le Bel, il fait sa première émeute. Le roi, chassé du Palais, poussé de rue en rue avec ses archers, se réfugie dans la forteresse du Temple, située alors hors de la ville. Il y est assiégé, en sort victorieux et fait pendre vingt-huit bourgeois aux quatre principales portes (Saint-Antoine, Saint-Denis, Saint-Honoré, Saint-Jacques). Cinq siècles après, un autre Capétien, chassé aussi de son palais par la fureur populaire, entrait dans la sombre tour du Temple, mais c'était en prisonnier; et il n'en sortit que pour être mené à l'échafaud par les petits-fils de ces bourgeois que Philippe IV avait attachés à la potence !

(1) La juridiction de la Basoche fut établie en 1303 ; elle s'étendait sur tous les clercs du Parlement et du Châtelet, et connaissait de tous les différends des clercs entre eux. Le chef s'appelait roi, et avait ses grands officiers ; chaque année il passait en revue ses sujets, et c'était l'occasion d'une magnifique *montre* dans Paris.

Philippe, averti de ménager l'orgueil et l'argent des Parisiens, remplit ses coffres par d'autres voies qui ne lui valurent que des applaudissements populaires. Ainsi, quelques jours après l'émeute, les Juifs furent saisis dans leurs maisons, chassés de la ville et dépouillés de leurs biens. L'année suivante, le roi fit arrêter les Templiers et alla lui-même s'emparer de leur manoir et de leurs trésors; l'Université et les bourgeois ayant été assemblés dans le Palais, approuvèrent sa conduite, et lorsque les chevaliers du Temple furent envoyés au bûcher, il y eut à peine quelques murmures.

Cependant, la puissance de la ville et son influence politique grandissaient sans cesse : ainsi, ce fut à sa haine que l'on sacrifia le ministre Enguerrand de Marigny, qui fut conduit à Montfaucon au milieu des cris de joie de tout le peuple; ce fut elle qui, deux fois, fit décider, dans une grande assemblée aux halles, où assistaient les barons et les clercs, « qu'à la couronne de France les femmes ne succèdent pas; » ce fut encore elle qui fit résoudre, dans les États généraux de 1335, « que le roy ne peut lever tailles en France sinon de l'octroy des gens des Estats. » En même temps, le bien-être et le luxe de Paris prenaient un égal accroissement. On en peut juger par les fêtes que la ville donna à Philippe le Bel lorsque ses fils furent armés chevaliers : outre les banquets qui se firent dans les hôtels des princes, il y eut dans les rues des spectacles et des jeux de tout genre. « Là vit-on, dit un contemporain, des hommes sauvages mener grand rigolas, des ribauds en blanche chemise agacier par leur biauté, liesse et gayeté, les animaux marcher en procession, des enfants jouster en un tournoi, des dames carioler de biaux tours, des fontaines de vin couler, le grand guet faire la garde en habits uniformes, toute la ville baller, danser et se déguiser. » Dans les carrefours, il y avait des tréteaux ornés de courtines où l'on vit « Dieu manger des pommes, rire avec sa mère, dire ses patenôtres avec ses apôtres, susciter et juger les morts ; les bienheureux chanter en paradis, les damnés pleurer dans un enfer noir et infect, etc. » Enfin, il se fit, dans l'île Notre-Dame (Saint-Louis), laquelle avait été jointe à la Cité par un pont de bateaux, une *montre du grand guet*, où toute la population virile de Paris apparut en beaux habits et en armes. Cette revue excita tant d'admiration qu'il fallut la répéter quelques jours après pour le roi d'Angleterre dans le Pré-aux-Clercs. Voici ce qu'en dit la chronique de Jean de Saint-Victor :

> . . . . . Esbahi si grandement
> Furent Anglois plus qu'onques mès ;
> Car ils ne cuidassent jamès
> Que tant de gent riche et nobile
> Povist saillir de une ville.
> A cheval bien furent *vingt mille*,
> Et à pié furent *trente mille ;*
> Tant ou plus ainsi les trouvèrent
> Cils qui de là les extimèrent. . . .

Cinquante mille hommes de *grand guet* sont évidemment une exagération poétique du chroniqueur, mais il n'en est pas moins certain que la population de Paris, à cette époque, avait pris un grand accroissement ; il est pourtant presque impossible de l'évaluer avec quelque certitude, les documents étant tout à fait insuffisants ou contradictoires. Ainsi, le rôle de la taille levée en 1292 donne 15,200 contribuables et une somme de 12,218 l. 14 sous (1). L'aide levée en 1313 donne 5,955 contribuables et une somme de 13,021 l. 19 sous. Enfin, dans le rôle du subside levé pour « l'*ost* de Flandres, » en 1328, les villes de Paris et de Saint-Marcel figurent pour 35 paroisses et 61,091 feux. Paris avait alors en superficie à peu près le dixième de sa superficie actuelle : il est probable que sa population était aussi le dixième de

(1) Le marc d'argent valait à cette époque 55 sous 6 deniers tournois.

la population d'aujourd'hui et qu'elle s'élevait à près de 100,000 habitants.

§ VIII.

Paris sous Jean et Charles V. — Troisième enceinte de Paris. — Étienne Marcel.

Après la sédition de 1306, Paris resta pendant quelque temps soumis et paisible; mais quand il vit la dynastie des Valois exposer le salut du royaume dans les honteuses journées de Crécy et de Poitiers, il se sentit appelé à suppléer le gouvernement, à se charger des fonctions de la royauté et de la noblesse, à prendre en main les destinées de la France. Son génie révolutionnaire allait pour la première fois se manifester.

La ville commença par se transformer en une vaste forteresse, aussi apte à se défendre contre les mauvais desseins des ennemis de la bourgeoisie que contre les attaques des étrangers. Pour cela, on scella, à l'entrée de chaque rue, une grosse chaîne de fer qui, tous les soirs et au moindre signal de danger, était tendue et *bouclait* chacun des trois cents défilés étroits, profonds dont se composait la ville, lesquels se croisaient, se tordaient, s'entortillaient les uns dans les autres et étaient hérissés de tourelles, de portes et d'autres défenses. A l'approche de l'ennemi, on renforçait cette chaîne avec des poutres, des pierres, des tonneaux, et la *barricade* devenait imprenable, surtout pour les barons, avec leurs grands chevaux et leurs lourdes armures. De plus, on reconstruisit la muraille extérieure en l'appuyant de fortes tours; on l'enveloppa de larges fossés; on la garnit de sept cent cinquante guérites et même de canons. Enfin, l'enceinte septentrionale fut agrandie (1356) : elle partit alors de la tour *de Billy* (près de l'Arsenal), et alla jusqu'à la tour *du Bois* (près du Louvre, entre les ponts des Tuileries et du Carrousel), en passant non loin de la ligne actuelle des boulevards, depuis la Bastille jusqu'à la porte Saint-Denis, et de là en suivant l'emplacement des rues Bourbon-Villeneuve, Neuve-Saint-Eustache, Fossés-Montmartre, de la place des Victoires, de l'hôtel de la Banque, du jardin du Palais-Royal, des anciennes rues du Rempart, Saint-Nicaise, etc. Tout cela fut fait en quatre ans, coûta 182,500 livres tournois ou 742,000 francs de notre monnaie, et fut l'œuvre du prévôt des marchands, Étienne Marcel, homme aussi énergique qu'éclairé dont on a fait tantôt un défenseur des libertés populaires, tantôt un traître ou un factieux. « Ce fut grand fait, dit Froissard, que environner de toute défense une telle cité comme Paris, et vous dis que ce fust le plus grand bien qu'oncques prévost des marchands fist. »

Grâce à l'attitude énergique de Paris, les États généraux, que dirigeaient Marcel et ses amis, firent la loi au gouvernement et imposèrent au dauphin Charles, régent du royaume pendant la captivité du roi Jean, des conditions qui avaient pour but immédiat le renvoi de ministres impopulaires, mais qui, dans l'avenir, auraient changé la face de l'État. Toutes leurs résolutions étaient appuyées de la présence des bourgeois, qui, au signal du prévôt, suspendaient les métiers, fermaient les boutiques et prenaient les armes. On vit alors les princes s'abaisser devant le peuple et mendier sa faveur par des discours à la multitude assemblée. Le régent allait haranguer à la place de Grève, sur les degrés de la grande croix élevée au bord de l'eau, ou bien sous les piliers des halles, ou bien au Pré-aux-Clercs ; le roi de Navarre, Charles le Mauvais, lui répondait, et *le populaire,* qui s'amusait de ces joutes d'éloquence, huait ou applaudissait les comédiens qui devaient lui faire payer le spectacle. Paris était devenu une sorte de république, dont la municipalité gouvernait les États et la France. Le parloir aux bourgeois avait été transféré dans une maison de la place de Grève, dite

Maison aux Piliers, dont la grande salle, ornée de belles peintures, fut, pendant deux siècles, le théâtre d'événements de tous genres. Les amis de la liberté s'étaient donné pour insigne un chaperon mi-parti bleu et rouge, couleurs de la ville, qui restèrent dans l'obscurité jusqu'en 1789, avec une agrafe d'argent et la devise : *A bonne fin !*

Le prévôt, lassé de l'opposition du dauphin et de ses courtisans, fit armer les compagnies bourgeoises, les rassembla sur la place Saint-Éloi, les conduisit au Palais, entra dans la chambre du prince et le somma une dernière fois « de mettre fin aux troubles et de donner défense au royaume. » Sur son refus, deux de ses ministres favoris, les maréchaux de Champagne et de Normandie, furent massacrés et leurs corps jetés dans la cour, aux applaudissements de la foule. Le dauphin tomba aux genoux de Marcel, lui demandant la vie. Le terrible tribun lui donna son chaperon pour sauvegarde, le traîna à la fenêtre et, lui montrant les cadavres : « De par le peuple, dit-il, je vous requiers de ratifier la mort de ces traîtres, car c'est par la volonté du peuple que tout ceci s'est fait. » Alors Marcel fut le maître de Paris et sembla l'être aussi de toute la France : il s'empara du Louvre et prit à sa solde des compagnies de Navarrais, Brabançons et autres étrangers.

Mais le mouvement de Paris ne s'était pas communiqué aux autres villes jalouses de la domination de la capitale; les États commencèrent à résister au prévôt; les bourgeois s'inquiétèrent de ses projets; le dauphin s'enfuit, rassembla une armée, ravagea les environs de Paris et offrit une amnistie, à la condition que Marcel lui serait livré « pour en faire sa volonté. » Alors la discorde se mit dans la ville, et une partie des habitants travailla ouvertement à la restauration du pouvoir royal. Le prévôt, abandonné de tous, résolut de se jeter aux bras du roi de Navarre; mais les bourgeois royalistes furent avertis de ce projet, et au moment où il allait livrer aux soldats navarrais la porte Saint-Antoine, ils tombèrent sur lui et le tuèrent avec soixante de ses compagnons. Trois jours après, le dauphin entra dans la ville, et alors les exécutions commencèrent. La plupart des magistrats, des amis de Marcel périrent sur l'échafaud ; d'autres furent proscrits ou s'exilèrent ; tous, même les plus obscurs, eurent à souffrir dans leurs personnes ou dans leurs biens.

Quelque temps après, le dauphin, devenu roi sous le nom de Charles V, fit élever un édifice triomphal à la place même où Marcel avait été tué : ce fut la *Bastille Saint-Antoine*, premier monument de défiance de la couronne envers la capitale, prison d'État qui est restée pendant des siècles le symbole du despotisme et qui fut détruite le jour même où les couleurs de Paris, les couleurs d'Étienne Marcel, redevinrent victorieuses de la royauté. Mais pour tenir en bride les Parisiens, cette forteresse ne suffisait pas : on en trouva une deuxième à l'autre extrémité de la ville, dans le Louvre, qui fut agrandi, garni de nouvelles tours et compris dans Paris. Avec ces deux solides *retraits*, ou ces deux forts détachés, qui dominaient l'entrée et la sortie de la Seine, la couronne pouvait être tranquille : aussi, elle mit dans le Louvre son trésor, ses archives, sa *librairie*, grosse alors de neuf cents volumes ; et, près de la Bastille, elle se bâtit une habitation selon ses goûts.

Le séjour royal avait été profané et ensanglanté par l'invasion de la multitude ; Charles V ne voulut plus habiter le Palais, qui se trouvait étouffé par la foule des maisons populaires, et où la royauté se trouvait comme emprisonnée par tous ces pignons bourgeois qui regardaient dans sa demeure. Il se fit, hors des quartiers populeux, dans le nouveau Paris, près de la campagne, un séjour aussi vaste que sûr et pittoresque : ce fut l'hôtel Saint-Paul ; assemblage sans ordre, mais non sans agrément, de maisons, de cours, de jardins, qui occupait l'espace compris entre les rues Saint-Antoine,

Saint-Paul, le quai des Célestins et le fossé de la Bastille (1).

De ce beau séjour, qu'on appelait « l'hostel solemnel des grands esbattements, » Charles remit dans Paris l'ordre et une bonne police : il fit construire des égouts, des quais, le petit Châtelet, employa à ces travaux les vagabonds et les mendiants, fit des ordonnances rigoureuses contre les lieux de débauche, d'où sortaient la plupart des malfaiteurs, enfin réprima la licence des écoliers. Tout cela fut principalement exécuté par la vigilance de Hugues Aubriot, prévôt de Paris, homme intelligent et énergique, mais trop adonné aux plaisirs, qui, après la mort de Charles V, paya chèrement sa sévérité à l'endroit des clercs de l'Université et son indulgence pour les belles juives : accusé d'hérésie, il fut condamné à être enfermé toute sa vie dans la prison de l'évêché « avec pain de douleur et eau d'angoisse. »

Sous le règne de Charles V furent fondés quatre colléges et l'hôpital du *Saint-Esprit*.

§ IX.

Paris sous Charles VI. — Abolition des priviléges parisiens. — Meurtre de la rue Barbette. — Les bouchers de Paris.

Cependant Paris avait pris goût aux nouveautés et séditions ; il avait mis la main au gouvernement ; il connaissait le chemin des demeures royales : il n'oublia rien de tout cela, et pendant un demi-siècle on le vit se ruer dans les troubles civils pour essayer de tirer le royaume des calamités où le plongeaient ses maîtres. Tâche ingrate, pleine d'erreurs et de crimes, où la ville ne trouva que de nouveaux malheurs ! Que ne restait-elle patiente, obscure, résignée comme jadis, heureuse de sa vie paisible, de ses belles églises, de ses fêtes naïves, bercée au son de ses mille cloches, mirant ses mai-

(1) Voir *Histoire des quartiers de Paris*, liv. II, ch. I.

sons pittoresques dans son fleuve nourricier! Mais le démon des révolutions l'emporta, et dans quelle série de calamités ne l'entraîna-t-il pas, depuis le jour où, saisissant les maillets de plomb déposés à l'Hôtel de ville, elle s'en servit pour tuer les collecteurs des impôts, jusqu'au jour où elle se livra elle-même aux troupes de Charles VII, en secouant le joug des Anglais! Que de souffrances entre ces deux journées! Au 1er mars 1382, Paris était plein d'orgueil et de richesses, avec une population pressée, grouillante, tumultueuse : « Il y avoit alors, dit Froissard, de riches et puissants hommes, armés de pied en cap, la somme de trente mille, aussi bien appareillés de toutes pièces comme nuls chevaliers pourroient être, et disoient quand ils se nombroient, qu'ils étoient bien gens à combattre d'eux-mêmes et sans aide les plus grands seigneurs du monde. » Au 13 avril 1436, Paris était ravagé par la famine et la peste, ruiné par la guerre, abandonné de ses notables habitants ; sa population était réduite de moitié ; les loups couraient par ses rues désertes ; il y avait tant de maisons délaissées qu'on les détruisait pour en brûler le bois ; on parlait de transporter ses droits de capitale à une ville de la Loire. Les événements se pressent entre ces deux dates : énonçons ceux qui peignent le mieux le caractère des Parisiens du xive siècle, leur ardeur de réformes, leur humeur facile au changement et impatiente de tyrannie.

Après la révolte des Maillotins, la cour de Charles VI, qui se trouvait hors de Paris, capitula pour y rentrer ; mais à peine revenue, elle se vengea par des exécutions secrètes, et, chaque nuit, la Seine emportait de nombreuses victimes. Puis elle s'en alla attaquer les Flamands, qui étaient les alliés des Parisiens dans la guerre entreprise « pour déconfire toute noblesse et gentillesse : » elle les vainquit à Rosebecq et revint sur Paris pleine d'arrogance et de colère. Les métiers et les halles, conseillés par les derniers amis de Marcel, voulaient que la ville fît résistance ; la haute bourgeoisie aima mieux se confier au jeune roi. Celui-ci (11 janvier 1383) entra la lance à la main, comme dans une ville conquise, fit abattre les portes, enlever les chaînes, désarmer les habitants, arrêter les plus notables, camper son armée de nobles dans leurs maisons. Plus de deux cents bourgeois furent décapités, trois cents bannis et dépouillés, tous les autres rançonnés à la moitié et plus de leurs biens ; on abolit la prévôté et l'échevinage, les maîtrises, confréries et milices, les priviléges et juridiction de la *marchandise*.

Les deux plus illustres victimes furent Jean Desmarets, avocat général, et Nicolas Flamand, marchand drapier, courageux citoyens pour lesquels, non plus que pour Étienne Marcel, l'édilité parisienne n'a pas eu un souvenir. Il fallut, pour arrêter les supplices, que la ville se rachetât à force d'argent et vînt crier grâce au roi dans cette cour du Palais, encore teinte du sang des favoris du régent. Le connétable de Clisson, en mémoire de ce pardon, et avec les dépouilles des Parisiens, se fit bâtir, dans le chantier des Templiers, rue du Chaume, un hôtel qu'il appela de la *Miséricorde*, et qui devint célèbre au xvie siècle, comme séjour des ducs de Guise. C'est en allant de l'hôtel Saint-Paul à son hôtel de la Miséricorde qu'il fut assassiné dans la rue Culture-Sainte-Catherine, par le sire de Craon.

Charles VI devint fou ; ses parents se disputèrent le pouvoir ; alors commencèrent les guerres civiles entre les Bourguignons et les Armagnacs, c'est-à-dire entre le parti populaire et le parti de la noblesse, entre Paris et les provinces. Les hôtels des princes y prirent une grande célébrité.

Depuis que Charles V en avait donné l'exemple, le goût des bâtiments s'était répandu parmi les seigneurs, et de beaux hôtels avaient été achetés ou construits par eux dans divers quartiers de la ville. Le duc d'Orléans habitait l'hôtel de *Bohême,* le duc de Bourgogne l'hôtel d'*Artois,* le duc de Berry l'hôtel de *Nesle,* la reine Isabelle l'hôtel *Barbette,* etc.

L'hôtel de Bohême, qui tirait son nom de Jean de Luxembourg, roi de Bohême, lequel l'avait reçu en don de Philippe VI, occupait tout l'espace compris entre les rues de Grenelle, Coquillière, d'Orléans et des Deux-Écus : c'était une magnifique résidence que le duc d'Orléans, ami des arts, avait embellie, agrandie, enrichie de meubles précieux, de sculptures sur pierre et sur bois, de jardins et d'eaux jaillissantes. Cet hôtel devint au XVIe siècle le séjour de Catherine de Médicis, et nous aurons à en reparler.

L'hôtel d'Artois, qui tirait son nom de Robert d'Artois, frère de saint Louis, occupait l'espace compris entre les rues Pavée, du Petit-Lion, Saint-Denis, Mauconseil et Montorgueil. C'était une sorte de forteresse, fermée par une muraille crénelée et garnie de tours, dont une existe encore (1) ; son voisinage des halles et le rôle que jouait le duc de Bourgogne comme chef du parti populaire rendaient cet édifice très-important. Nous verrons plus tard quelles étranges transformations il a subies.

L'hôtel de Nesle occupait, sur le bord de la Seine, l'espace compris entre la rue de Nevers, le quai Conti et la rue Mazarine. Il touchait à la muraille de la ville, aux portes de Bucy et de Nesle et à la tour du même nom. Il contenait de grandes richesses, des tableaux d'Italie, des reliques, des ouvrages précieux d'orfèvrerie, et surtout une magnifique librairie.

L'hôtel Barbette occupait l'espace compris entre les rues Vieille-du-Temple, de la Perle, des Trois-Pavillons et des Francs-Bourgeois : il en reste encore une tourelle au coin de cette dernière rue. C'est de cet hôtel que sortait le duc d'Orléans lorsqu'il fut assassiné dans la rue Vieille-du-Temple (1407), par des gens cachés dans la maison de l'Image-Notre-Dame, maison qui subsistait encore en 1790, et dont l'emplacement est aujourd'hui occupé par la rue qui longe

---

(1) Dans le jardin de la maison, n. 3 de la rue Pavée.

le marché des Blancs-Manteaux. Les assassins allèrent se réfugier à l'hôtel d'Artois; le cadavre fut porté à l'hôtel de Rieux, situé en face de la maison de l'Image-Notre-Dame, et de là à l'église des Blancs-Manteaux. C'est là que le duc de Bourgogne vint jeter l'eau bénite sur le cercueil en disant : « Jamais plus méchant et plus traître meurtre ne fut commis en ce royaume. » Mais à l'hôtel de Nesle, où se tint un conseil pour rechercher les coupables, le prévôt de Paris étant venu dire qu'il avait suivi la trace des assassins jusqu'à l'hôtel d'Artois, il jeta le masque, avoua le crime et s'enfuit en Flandre.

Les Parisiens se prononcèrent pour le meurtrier, qui « étoit moult aimé d'eux, comme étant courtois, traitable, humble et débonnaire; » ils le reçurent en triomphe quand il revint avec une armée, devant laquelle s'enfuirent le roi et sa famille; ils l'applaudirent quand il fit prononcer, dans le cloître de l'hôtel Saint-Paul, par le cordelier Jean Petit, l'apologie de son crime. La guerre civile commença. Il se forma alors dans Paris, sous le patronage de Jean-Sans-Peur, une faction qui avait pour chefs les Legoix, les Saint-Yon, les Thibert, maîtres des boucheries, familles puissantes qui dataient déjà de plusieurs siècles, dont les descendants se sont signalés dans les troubles de la Ligue et de la Fronde, enfin qui ont encore aujourd'hui plusieurs rejetons parmi les bouchers de Paris. Cette faction, qui était inspirée par les docteurs de l'Université, avait pour orateur un chirurgien nommé Jean de Troyes, pour exécuteur un écorcheur nommé Caboche, et pour armée toute la population des métiers et des halles : elle s'empara du gouvernement, des finances, de la Bastille, du Louvre; elle rendit à Paris ses priviléges, ses chaînes, ses armes (20 janvier 1411); elle envahit plusieurs fois l'hôtel Saint-Paul, forçant les princes à subir ses volontés, égorgeant ou emprisonnant leurs favoris, se distribuant les dignités et commandements. Les bouchers couraient sus aux Orléanais comme à des bêtes fauves, « et suffisoit pour tuer un notable bourgeois, le piller et dérober, de dire : Voilà un Armignac . » Mais la haute bourgeoisie, qui se voyait exclue des offices et du pouvoir, se lassa de cette tyrannie ; et, croyant seulement travailler à la restauration de l'autorité royale, elle chercha à rappeler les Armagnacs. Après une lutte terrible, d'abord dans les assemblées des quartiers, ensuite dans le Parloir aux Bourgeois et sur la place de Grève, les modérés l'emportèrent, chassèrent les bouchers avec Jean-Sans-Peur, et ouvrirent les portes à leurs ennemis. Ils s'en repentirent, car la réaction de la noblesse contre le parti populaire fut si terrible, que non-seulement Paris fut de nouveau privé de ses priviléges, de ses richesses, de ses plus notables citoyens, mais qu'il craignit pour son Parlement, son Université, ses droits de capitale, son existence même. Jean-Sans-Peur essaya vainement de délivrer la ville : elle était tenue dans la terreur par le prévôt Tanneguy Duchâtel, qui avait désarmé les habitants, muré les portes, interdit toute réunion et qui envoyait à la mort tous ceux qui essayaient la moindre résistance. Après cinq ans de souffrances, au moment où les Armagnacs avaient formé le projet de décimer la population, le fils d'un quartenier, Perrinet-Leclerc, déroba les clefs de la porte Bucy à son père, et introduisit dans la ville un parti bourguignon. Tous les bourgeois coururent aux armes avec des cris de joie ; l'hôtel Saint-Paul fut envahi, le roi pris et promené dans les rues pour approuver l'insurrection, tous les Orléanais arrêtés, massacrés ou entassés dans les prisons. Tanneguy Duchâtel se sauva avec le dauphin dans la Bastille. Une bataille s'engagea dans la rue Saint-Antoine : les Armagnacs furent vaincus. Leur chef, le connétable d'Armagnac, avait son hôtel rue Saint-Honoré, sur l'emplacement du Palais-Royal : il se sauva chez un pauvre maçon, y fut découvert, traîné à la Conciergerie avec le chancelier, des prélats, des dames, des seigneurs. Les bouchers reparurent, et pour détruire le parti armagnac, ils entraînèrent la populace aux prisons et lui firent égorger tous les détenus. Le massacre dura plusieurs jours : il eut lieu surtout à la Conciergerie et au Châtelet, édifices sinistres qui semblent avoir eu pendant des siècles le privilége du sang, dont les voûtes ont retenti de tant de cris de douleur, qui ont vu se renouveler deux fois les massacres de 1418. On croyait venger les désastres de Crécy, de Poitiers, d'Azincourt, causés par la folie des seigneurs; on croyait noyer dans le sang la noblesse féodale; on croyait établir sur des fondements éternels les libertés populaires. Cruelles erreurs! trois fois Paris a donné le spectacle de cette horrible tragédie contre la noblesse, et quel en a été le succès! Le massacre des Armagnacs a-t-il empêché le retour de Charles VII? Le massacre de la Saint-Barthélemy a-t-il empêché l'avénement de Henri IV? Les massacres de septembre ont-ils empêché la restauration des Bourbons?

§ X.

Paris sous Charles VII. — Jeanne d'Arc à la porte Saint-Honoré. — Prise de Paris par les troupes royales.

Le sang versé retomba sur Paris : une épidémie terrible enleva le quart de la population; Jean-Sans-Peur fut assassiné; son fils et la reine Isabelle traitèrent avec l'Anglais et lui livrèrent la France. On vit Henri V entrer dans Paris, ruiné, dévasté, désolé par la famine (18 novembre 1420); l'hôtel des Tournelles, sur l'emplacement duquel a été bâtie la place Royale, devint le séjour du duc de Bedford; des soldats anglais garnirent les portes, la Bastille et ce Louvre où nous les avons revus! Jours d'humiliation et d'aveuglement! La capitale resta seize ans au pouvoir des étrangers! Il lui fallut tout ce temps de souffrances pour la guérir de ses passions bourguignonnes, de ses ardeurs de libertés : les sophistes populaires, les pédants de l'Université, ne lui disaient-ils pas que le joug étranger n'était qu'une apparence, que l'union des deux couronnes ferait de l'Angleterre une province française, qu'un changement de dynastie rendrait à la ville sa prospérité, son commerce, sa puissance? Les Parisiens, qui sont « de muable conseil et de légère créance, » se laissèrent prendre à ces déclamations : quand Jeanne d'Arc vint assiéger leurs murailles, ils ne reconnurent pas en elle l'ange sauveur de la France, et, croyant, comme le disaient les Bourguignons, que les Armagnacs venaient pour détruire leur ville de fond en comble, ils firent une vigoureuse défense. La butte Saint-Roch, formée anciennement par des dépôts d'immondices, était alors couverte de moulins et de cultures : la Pucelle y vint asseoir son camp et fit décider l'attaque de la porte Saint-Honoré (vers la rencontre des anciennes rues du Rempart et de Saint-Nicaise). Elle emporta le boulevard et sondait le fossé de sa lance, lorsqu'elle eut la cuisse percée d'un trait d'arbalète; « et si point n'en désempara, ni ne s'en voult oncques tourner. Rendez-vous à nous tost, de par Jhesus! crioit-elle. Bois, huis, fagots, faisoit geter et ce qu'estoit possible au monde, pour cuider sur les murs monter ; mais l'eau estoit par trop parfonde. » A la fin, ses soldats l'enlevèrent malgré elle, et l'assaut, qui avait duré quatre heures, fut abandonné.

Moins de quatre siècles après cet événement, un autre patron de la France, un autre ennemi, une autre victime des Anglais combattit aussi les Parisiens dans les mêmes lieux : c'est dans cette partie de la rue Saint-Honoré, près de l'église Saint-Roch, que Napoléon mitrailla les bourgeois armés contre la Convention. Hélas ! l'histoire de Paris est si féconde en discordes civiles, toutes les passions qui ont divisé la France ont pris si souvent les rues de la capitale pour champ de bataille, qu'on n'y peut faire un pas sans rencontrer quelque lieu où nos pères ont donné leur vie. Quelle place n'a eu son combat, quelle rue sa barricade, quel pavé son cadavre ! Boues de l'antique Lutèce, de quel sang généreux n'avez-vous pas été perpétuellement abreuvées !

Six ans après l'apparition de Jeanne d'Arc devant leurs murs, les Parisiens, réduits par la guerre, la famine et la peste aux dernières extrémités de la misère, et voyant que le duc de Bourgogne s'était réconcilié avec Charles VII pour chasser les étrangers, appelèrent eux-mêmes les royalistes dans leurs murs. Ceux-ci, conduits par un marchand, Michel Lallier, entrèrent par la porte Saint-Jacques, aux acclamations des bourgeois, pendant que les quartiers Saint-Denis et Saint-Martin s'armaient aux cris de : Vive le roi ! « Bonnes gens, leur disait le connétable de Richemont en leur serrant la main, le roi vous remercie cent mille fois de ce que si doucement vous lui avez rendu la maîtresse cité de son royaume : tout est pardonné. » Les Anglais se formèrent en trois colonnes pour étouffer la sédition et se dirigèrent sur les halles et les portes Saint-Martin et Saint-Denis : ils furent repoussés par les bourgeois, qui faisaient pleuvoir des flèches et des pierres sur eux, et obligés de se réfugier à la Bastille, où ils capitulèrent. Les cloches sonnaient; tout le monde s'embrassait ; il n'y eut ni violence ni pillage. La seule vengeance que firent les Armagnacs fut de renverser une statue qui avait été élevée par les Bourguignons à Perrinet-Leclerc, auprès de sa maison : on fit de cette statue mutilée une borne qui existait encore dans le siècle dernier près de la rue de la Bouclerie.

La ville, délivrée des Anglais, mais encore plus misérable et désolée, cacha ses ruines et ses haillons et s'efforça de paraître belle et *gorgiase,* pour recevoir Charles VII. Ce roi, si égoïste, si insouciant, fut frappé de l'aspect effroyable que présentait la capitale, avec ses maisons demi-détruites, ses rues empestées, ses habitants hâves et décharnés ; les larmes lui en vinrent aux yeux ; mais il pensa en lui-même qu'elle n'était plus à craindre, « et il la quitta, dit un bourgeois du temps, comme s'il fût venu seulement pour la voir. » Son exemple fut suivi par ses successeurs, qui ne séjournèrent que rarement à Paris et préférèrent les paisibles villes des bords de la Loire, les riants châteaux de Chinon, de Plessis-lès-Tours, d'Amboise, de Chambord, à la tumultueuse cité dont les souvenirs bourguignons et l'esprit démocratique les importunaient. Aussi, il fallut que Paris se rétablît tout seul de ses misères ; mais l'industrieuse ville demande si peu de repos pour reprendre son lustre et sa vigueur, que sous le règne de Louis XI elle avait déjà deux cent mille habitants, et que ses alentours étaient aussi florissants qu'elle : « C'est la cité, dit Comines, que jamais je visse entourée de meilleurs pays et plantureux, et est chose presque incroyable que des biens qui y arrivent. »

§ XI.

Paris sous Louis XI et sous ses successeurs, jusqu'à Henri II. — Renaissance. — Administration municipale. — Rabelais, Amyot, Villon. — Les confrères de la Passion.

Ce fut un bon temps pour la capitale que le règne du monarque qui fut si terrible aux grands et si débonnaire aux petits ; elle redevint alors l'appui de la royauté, et Louis en fit son refuge, sa citadelle, son arsenal pour toutes ses entreprises contre la féodalité. « Ma bonne ville de Paris, disait-il, et si je la perdois, tout seroit fini pour moi. » Aussi, quand, après la bataille de Montlhéry, il se retira dans la capitale, il se montra aux bourgeois comme l'un d'eux, vêtu comme eux, et devint plus populaire qu'aucun de ses prédécesseurs. Il se mit de leur confrérie, il augmenta leurs priviléges, il les appela à son conseil ; il les haranguait aux halles, il écoutait leurs plaintes, il riait, causait avec eux et leur faisait « de salés contes. » Il aimait surtout à dîner tantôt à l'Hôtel-de-Ville avec le prévôt et les échevins, tantôt chez les magistrats du Parlement, tantôt chez quelque gros marchand. Chacun lui touchait dans la main, lui parlait de ses affaires, le voulait pour parrain de ses enfants. *Compère*, lui disait-on en le tirant par son pourpoint. *Compère*, répondait-il au plus chétif du populaire. Aussi, à chaque visite qu'il faisait à Paris, on le fêtait par des réceptions magnifiques et de riches dons de vaisselle d'or et d'argent. Toutes ces manières firent que les tentatives des seigneurs pour réveiller le parti bourguignon échouèrent, et que le roi put se tirer de leurs griffes, moyennant le traité de Conflans, où chacun d'eux emporta sa pièce de la royauté. Les négociations eurent lieu dans le faubourg Saint-Antoine, à la *Grange-aux-Merciers*, et Louis en consacra le souvenir par une croix qui était rue de Reuilly, près du mur de l'abbaye Saint-Antoine. Il n'oublia pas que, dans cette déconvenue, Paris lui avait été seul fidèle, et il devint plus que jamais le bon ami des Parisiens. Il prenait parmi eux ses agents, ses ministres, voire ses exécuteurs; il leur donnait le spectacle du supplice des grands seigneurs, comme du connétable de Saint-Pol à la Grève, du duc de Nemours aux halles; il supportait, « sans en être déferré, » leurs gausseries, quand il avait fait quelque faute. Ainsi, après l'entrevue où il resta prisonnier de Charles le Téméraire, il fut salué de toutes les boutiques par les cris de : Péronne! Péronne! que lui cornaient aux oreilles les geais et les pies de ses compères. Il se fit le chef de leurs métiers, encouragea leur commerce par des marchés libres, leur donna une bonne police, les organisa en soixante-douze compagnies de milices, formant trente mille hommes « armés de harnois blancs, jacques ou brigandines. » Il rétablit la bibliothèque de Charles V et la plaça dans le couvent des Mathurins, rue Saint-Jacques. Il appela à Paris trois élèves de Jean Fust, qui fondèrent, dans les bâtiments de la Sorbonne, la première imprimerie qu'on ait établie en France, et qui, trois ans après, ouvrirent, rue Saint-Jacques, une boutique de librairie, avec l'enseigne significative du *Soleil d'Or*. Il augmenta les priviléges de l'Université et y fonda une école spéciale de médecine, rue de la Bûcherie, entre les rues des Rats et du Fouarre, dans un bâtiment qui coûta dix livres tournois et dont une partie existe encore. Cette fondation avait été sollicitée par Jacques Cothier, médecin du roi, qui est demeuré fameux, moins pour l'immense fortune qu'il tira des frayeurs de son malade que pour le jeu de mots qu'il avait fait sculpter sur sa belle maison de la rue Saint-André-des-Arts : *A l'Abri-Cothier!* Il avait compté sans les favoris de Charles VIII, qui firent mentir l'ambitieux rébus.

Paris, quoique négligé par les successeurs de Louis XI, continua de s'accroître et de prospérer, et il eut une belle part dans les créations de la renaissance. Ainsi, c'est à cette époque que furent bâtis l'hôtel de la *cour des Comptes*, détruit par un incendie en 1737; l'hôtel de la *Trémouille* ou des *Carneaux*, rue des Bourdonnais; l'hôtel de *Cluny*, aujourd'hui transformé en musée d'antiquités françaises; la *fontaine des Innocents*, les *églises Saint-Merry* et *Saint-Eustache*, l'*Hôtel-de-Ville*, le *vieux Louvre*, le *pont Notre-Dame*, etc. En ce même temps furent fondés le *Collége de France*, cinq autres colléges, les hospices des *Enfants-Rouges*, et des *Petites-Maisons*, etc. Sous François Ier, la ville eut ses fortifications restaurées et son enceinte augmentée : on y comprit les terrains appelés *Tuileries* et l'on ferma ce côté par un grand bastion. Sous ce même roi furent créées les premières rentes sur l'Hôtel-de-Ville, noyau de cette dette de l'État, qui, de 16,000 livres dont elle se composait en 1522, s'éleva en 1789 à 5 milliards. La ville fut aussi, à cette époque, divisée régulièrement en seize quartiers, et son administration et sa garde composées ainsi :

1° Le prévôt de Paris, magistrat commandant pour le roi,

ayant sous lui deux lieutenants, l'un civil, l'autre criminel, qui présidaient le tribunal ou *présidial* du Châtelet, formé de vingt-quatre conseillers ; ces lieutenants étant des hommes de robe, et le prévôt, homme d'épée, ne jugeant plus, ses attributions se trouvèrent bornées à la police ; on lui enleva même le commandement militaire de la ville, qui fut donné au gouverneur de l'Ile-de-France ; 2° le prévôt des marchands, magistrat populaire et élu, chargé du commerce, des approvisionnements, de la voirie, avec l'assistance d'un bureau composé de quatre échevins, d'un greffier, d'un receveur et de vingt-six conseillers ; 3° la garde bourgeoise, ayant pour chefs seize commandants de quartiers ou quarteniers, quarante cinquanteniers et deux cent cinquante-six dizainiers ; 4° le guet royal, formé de cinq cents hommes de pied et de trois compagnies soldées d'archers, d'arbalétriers et d'arquebusiers ; le tout commandé par le chevalier du guet. Le Parlement avait d'ailleurs la surintendance de la police, des approvisionnements et même de l'administration ; souvent il déléguait deux de ses membres par quartier pour y mettre l'ordre, et, dans les circonstances graves, il tenait de grandes assemblées de police où assistaient l'évêque, le chapitre, les deux prévôts, les échevins, les quarteniers, etc.

Sous les règnes de Louis XII, de François Ier et de Henri II, furent faits les règlements les plus importants pour l'administration de la ville et dont quelques-uns sont encore en vigueur, principalement ceux qui regardent les fontaines, les marchés, les boucheries, le pavage, les égouts, etc. Les carrosses, qui commencent à paraître, mais qui ne devinrent nombreux que sous Louis XIII, font comprendre la nécessité de débarrasser, d'assainir, d'élargir les voies publiques. Il fut défendu de bâtir en saillie sur les rues ; on fit rentrer les auvents et les toits des boutiques ; les animaux des basses-cours cessèrent de vaguer au milieu des dépôts d'ordures ; l'enlèvement des boues et immondices fut confié à un service de voitures payées au moyen d'une taxe spéciale ; on essaya même un éclairage général. Des ordonnances très-rigoureuses furent faites contre l'ivrognerie, les tavernes, les maisons de débauche, les jeux, le luxe des vêtements, les blasphèmes ; on s'efforça de débarrasser la ville des vagabonds et des mendiants, contre lesquels tous les règlements de police étaient insuffisants, en condamnant les hommes aux galères et les femmes au fouet.

Mais il y avait un obstacle presque insurmontable à une bonne administration dans les seigneurs et le clergé, qui refusaient de se soumettre aux ordonnances municipales, de contribuer aux charges de la ville, et qui trouvaient dans leurs priviléges le moyen de résister même aux arrêts du Parlement. D'ailleurs, le sol de Paris n'appartenait pas entièrement au roi ; il était partagé en plusieurs fiefs et par conséquent en plusieurs juridictions qui étaient en lutte presque perpétuelle avec l'autorité royale. L'évêque, le chapitre de Notre-Dame, les abbés de Saint-Germain-des-Prés, de Sainte-Geneviève, de Saint-Martin-des-Champs, l'Université, plusieurs seigneurs avaient chacun sa justice particulière, sa prison, même ses soldats, et toutes ces puissances mettaient leur orgueil non-seulement à être affranchies de l'autorité municipale, mais à la dominer, à l'entraver, à l'annuler. Ainsi les écoliers, les clercs du Palais, les pages et les laquais des grands ne cessaient de jeter le trouble dans la ville, d'empêcher son commerce, d'ensanglanter ses rues ; souvent ils s'unissaient aux aventuriers, aux truands, aux voleurs et répandaient la terreur dans certain quartier, à ce point que les bourgeois tendaient les chaînes, éclairaient les maisons et faisaient le guet nuit et jour comme à l'approche de l'ennemi. Le prévôt et le Parlement avaient rendu contre ces désordres les arrêts les plus sévères, défendant, « sous peine de la hart, de porter bastons, espées, pistoles, courtes dagues, poignards, » et ils faisaient pendre sans jugement ni procès les contrevenants; mais tout cela fut inutile, les gens de désordre, trouvant un appui contre l'autorité, soit auprès de l'évêque, soit dans l'Université, soit chez les grands seigneurs ; et jusqu'au règne de Louis XIV, Paris ne cessa d'être à la merci de cette turbulente jeunesse.

A part les émeutes des écoliers et des laquais, Paris pendant cette époque, n'est le théâtre d'aucun événement remarquable, et son histoire se borne à citer quelques demeures célèbres. Philippe de Comines habitait le château de Nigeon ou de Chaillot, qui lui fut donné par Louis XI. La duchesse d'Étampes demeurait rue Gît-le-Cœur dans un bel hôtel bâti par le roi chevalier. Le connétable de Bourbon possédait l'hôtel du Petit-Bourbon, attenant au Louvre. Le connétable de Montmorency avait son hôtel rue Sainte-Avoye, et c'est là qu'il mourut. Rabelais, cet infernal moqueur du seizième siècle, est mort, en 1553, rue des Jardins, et a été enterré dans le cimetière de l'église Saint-Paul, au pied d'un grand arbre qui a été visité pendant longtemps par tous les écoliers de l'*inclyte Lutèce* (1). Arbre, cimetière, église, tout a disparu, mais non pas la race de ces *fagoteurs d'abus, caphards empantouflés, bazochiens mangeurs du populaire, usuriers grippeminauds, pédants rassotés,* » que notre Homère bouffon a fustigés dans ses « *beaux livres de haulte graisse, légiers au pourchas et hardis à la rencontre.* » Amyot a demeuré dans une maison voisine du collége d'Harcourt (collége Saint-Louis), près de la porte Saint-Michel : son nom ramène la pensée sur ce beau temps de restauration de l'antiquité, où l'on se passionnait si naïvement pour les trésors intellectuels de la Grèce et de Rome, où quatre lignes découvertes de Platon, une oraison

---

(1) *Relligione patrum multos servata per annos*, dit Guy Patin. (Lettres, t. III, p. 223.)

de Cicéron traduite ou commentée, donnaient la fortune et la gloire, où Jacques Amyot, de valet d'écoliers, devenait évêque d'Auxerre et grand aumônier de France, pour avoir *translaté*, dans un français naïf et gracieux, les vies de Plutarque et les romans de Théagène et de Daphnis. Ronsard a habité rue des Fossés-Saint-Victor, près du collége Boncourt, dans une maison qui touchait au mur d'enceinte ; c'est là que se rassemblait la fameuse pléiade des beaux esprits du seizième siècle ; c'est là que furent jetés les fondements de la révolution littéraire qui devait changer notre langue, et que Malherbe et Boileau ont renversée. Profondes études, labeurs consciencieux, discussions enthousiastes, passion de la poésie, nous avons cru vous voir renaître il y a trente ans à peine, qui vous retrouverait aujourd'hui ?

A tous ces lieux célèbres dans l'histoire des lettres, nous devons ajouter « *ces tabernes méritoires de la Pomme-de-Pin, du Castel, de la Magdeleine et de la Mulle*, « dont parle Rabelais. C'est là que « *cauponisait* » Villon, l'enfant de Paris, spirituel, fripon et libertin, quand, après avoir dérobé quelque « *repue franche* » aux rôtisseurs de la rue aux Ours, il chantait la *blanche savatière* ou la *gente saucissière* du coin, ou bien sa joyeuse épitaphe :

> Ne suis-je badaud de Paris,
> De Paris, dis-je, auprès Pontoise ?

Le cabaret de la Pomme-de-Pin, le plus fameux de tous, était situé dans la Cité, rue de la Juiverie, au coin de la rue de la Licorne, en face de l'église Sainte-Madeleine : il fut célébré plus tard par Regnier, et devint, dans le dix-septième siècle, le rendez-vous des gens de lettres et de leurs bons amis de la cour.

C'est à cette même époque qu'il faut chercher les premiers logis du théâtre français. Vers l'an 1402, des bourgeois de Paris avaient formé une confrérie dite de la Passion, pour représenter les principaux *mystères* de la vie du Christ, et ils s'étaient installés, par privilége du roi, dans l'hôpital de la Trinité, entre les rues Saint-Denis et Grenétat. Dans le même temps, des jeunes gens formèrent la confrérie des Enfants-sans-Souci, pour représenter, aux halles ou à la Grève, des pièces satiriques qu'on appelait *sotties*. Enfin, à la même époque, les clercs de la Basoche se mirent à jouer, à certains jours solennels, dans la grande salle du Palais, des *moralités* ou farces à peu près semblables à celles des Enfants-sans-Souci. Ces divers théâtres eurent un grand succès. Les confrères de la Passion, pour varier leur spectacle, s'adjoignirent les Enfants-sans-Souci avec leurs pièces joyeuses ; puis ils quittèrent l'hôpital de la Trinité pour l'hôtel de Flandre, situé rue Coquillière, et ils y eurent une telle vogue, que les églises, les prédications, les offices étaient abandonnés, même par les prêtres. Ils passèrent de là à l'hôtel d'Artois ou de Bourgogne, dont ils achetèrent une partie, et où ils firent construire un théâtre ; mais il leur fut ordonné, par arrêt du Parlement, de ne plus représenter que des pièces « profanes, honnêtes et licites ; » et aux Enfants-sans-Souci, qui s'étaient avisés de jouer des satires politiques, de ne plus prendre de tels sujets « sous peine de la hart. » Ces défenses firent décliner le théâtre de l'hôtel de Bourgogne, qui, d'ailleurs, eut à lutter avec les pièces classiques de l'école de Ronsard, lesquelles étaient représentées dans les colléges ou à la cour. Nous le retrouverons sous Louis XIII.

§ XII.

Paris pendant les guerres de religion. — La Saint-Barthélemy. — Les barricades de 1588.

Mystères, sotties, moralités, tous ces amusements, où se délectaient la foi grossière et la malice naïve de nos aïeux, allaient être oubliés : le moine de Wittemberg avait jeté dans le monde le démon de l'examen ; l'Europe féodale était remuée jusque dans ses entrailles ; Paris allait sortir de son repos et se lancer de nouveau dans les révolutions avec ses passions, ses vertus, ses fureurs. La ville de sainte Geneviève et de saint Louis, la ville de la Sorbonne et de l'Université, la ville aux mille cloches, aux quatre-vingts églises, aux soixante couvents, était fondamentalement catholique : institutions municipales, corporations de métiers, cérémonies populaires, existence publique, foyer domestique, tout était imprégné de catholicisme ; le catholicisme était l'âme de la cité, la source de toutes les jouissances, le bonheur, la gloire, la vie entière du peuple. Aussi, quand les Parisiens virent les calvinistes attaquer tout ce qu'ils aimaient, se railler de tout ce qu'ils vénéraient, insulter leurs pompeuses fêtes, détruire églises, croix, tombeaux, statues, ils les regardèrent comme des infidèles, des Sarrasins, des sauvages, ils ne songèrent qu'à les exterminer. Ils applaudirent aux arrêts barbares du Parlement, de la chambre ardente, de l'inquisition, aux bûchers allumés par François Ier et Henri II aux halles, à la Grève, sur toutes les places, aux supplices d'Étienne Dolet, le savant imprimeur, de Louis de Berquin, l'intrépide gentilhomme, d'Anne Dubourg, le vertueux magistrat ; ils virent avec indignation, sous Catherine de Médicis, le gouvernement faire des édits en faveur des rebelles, et ils se préparèrent dès lors à sauver la foi malgré la royauté. La tranquillité de la capitale, depuis plus d'un siècle, n'avait abusé personne sur son naturel tumultueux ; chacun savait le goût des Parisiens pour les émeutes : « A ce ils sont tant faciles, disait Rabelais, que les nations estranges s'ébahissent de la patience des rois de France, lesquels autrement par bonne justice ne les refrènent, vu les inconvénients qui en sortent de jour en jour. »

Paris avait alors une population de trois cent mille habitants, dans laquelle on comptait à peine sept à huit mille huguenots, presque tous de la noblesse et de la haute bourgeoisie : « C'était, dit Lanoue, une mouche contre un éléphant. » Mais ceux-ci n'en étaient pas moins pleins d'orgueil et de confiance dans leur cause, pleins de mépris pour cette masse de catholiques qu'ils appelaient « pauvres idiots populaires; » ils croyaient dominer la grande ville par la supériorité de leur bravoure et de leurs lumières, et ils comptaient pour cela sur l'appui des provinces, où la nouvelle religion avait de nombreux sectateurs. Les provinces n'étaient pas alors soumises à l'ascendant de la capitale ; elles ne recevaient pas d'elle leur histoire et leurs révolutions toutes faites ; elles n'étaient pas réduites à cette existence glacée et subalterne que la centralisation leur a donnée : aussi étaient-elles jalouses de la puissance toujours croissante et envahissante de Paris ; elles ne cédaient que malgré elles à son impulsion ; elles se montraient même pleines de préjugés sur ses habitants, dont elles raillaient les défauts avec amertume, envie et colère. « Le peuple parisien, dit Rabelais (né en Touraine, moine en Poitou, médecin à Montpellier), est tant sot, tant badault, et tant inepte de nature, qu'un basteleur, un porteur de rogatons, un mulet avec ses cymbales, un vieilleux au milieu d'un carrefour, assemblera plus de gens que ne feroit un bon prescheur évangélique (1). » Et néanmoins ce fut pendant les guerres de religion, guerres de la noblesse contre la royauté, des provinces contre la capitale, que Paris, en sauvant l'unité monarchique et nationale, commença à exercer une influence prépondérante sur tout le royaume.

(1) Charron, qui était pourtant enfant de Paris, fils d'un libraire de la Cité, en dit autant : « Léger à croire, à recueillir et ramasser toutes nouvelles, surtout les fascheuses, tenant tous rapports pour véritables et asseurés; avec un sifflet ou sonnette de nouveauté, on l'assemble comme les mouches au son du bassin. » (*De la Sagesse*, liv. Ier, ch. XLVIII.)

La guerre civile commença : dès l'entrée, les Parisiens prirent les armes, chassèrent les huguenots de leurs murs, mirent à leur tête le duc de Guise, « comme défenseur de la foi. » Trois fois les protestants furent vaincus, trois fois ils obtinrent de la couronne des pacifications avantageuses : à la dernière, la cour sembla complétement avoir répudié la cause catholique et s'être décidée à livrer l'État aux protestants. L'irritation de la grande ville fut extrême quand elle se vit traversée par ces gentilshommes du Midi, ces ministres au visage sombre et austère, tous ces méchants huguenots qui avaient, depuis dix ans, tant tué de moines et pillé d'églises : elle se crut envahie par des étrangers ; elle se crut trahie par le roi ; elle résolut de tout exterminer. Halles, métiers, confréries, se mirent en mouvement : la cour, débordée par la fureur populaire, se hâta de prendre l'initiative du massacre. Quel spectacle présenta Paris dans cette nuit de la Saint-Barthélemy (24 août 1572)! Les chaînes tendues, les portes fermées, les compagnies bourgeoises en armes, des canons dans l'Hôtel-de-Ville, le tocsin sonnant à toutes les églises, des bandes de meurtriers parcourant les rues, enfonçant les portes, égorgeant les protestants! « Le bruit continuel des arquebuses et des pistolets, dit un témoin, les cris lamentables de ceux qu'on massacrait, les hurlements des meurtriers, les corps détranchés tombant des fenêtres ou traînés à la rivière, le pillage de plus de six cents maisons, faisaient ressembler Paris à une ville prise d'assaut. Les rues regorgeaient tellement de sang qu'il s'en formait des torrents surtout dans la cour et le voisinage du Louvre. La rivière était toute rouge et couverte de cadavres... » C'est de la tour de Saint-Germain-l'Auxerrois que partit le signal du massacre. L'amiral de Coligny fut tué dans la maison n. 14 de la rue des Fossés-Saint-Germain, alors appelée rue Béthisy; Ramus, dans le collége de Presles, où il demeurait; Jean Goujon, sur l'échafaud où il sculptait les bas-reliefs du vieux Louvre. On dit que le roi tira des coups d'arquebuse, à travers la rivière, sur les huguenots qui se sauvaient dans le faubourg Saint-Germain. Le lendemain, il alla voir le cadavre de Coligny, qu'on avait pendu à Montfaucon, et à la Grève le supplice de deux seigneurs protestants échappés au massacre.

Malgré la Saint-Barthélemy, le parti huguenot ne fut pas abattu. La royauté recommença sous Henri III sa politique vacillante et tomba, par ses vices, dans le plus profond mépris; Paris reprit ses défiances et ses haines; la sainte Ligue naquit ! Elle naquit, dit-on, dans une assemblée de bourgeois, de docteurs, de moines, qui se tint au collège Fortet, rue des Sept-Voies, n. 27 ; et, de cette maison obscure, elle enlaça toute la France. Alors se forma à Paris le conseil secret des Seize, qui devait propager la Ligue dans les seize quartiers de la ville, et qui finit par dominer les métiers, les confréries, les milices, même la municipalité. La capitale prit cet aspect animé, inquiet, menaçant, tumultueux, qui est le présage des révolutions. D'un côté étaient les fêtes luxurieuses de la cour, les meurtres et les adultères du Louvre, les duels des mignons du roi contre les mignons du duc de Guise, les mascarades, les pénitences, les orgies, les processions, « les lascivetés et vilenies » de Henri III; d'un autre côté étaient les conciliabules des Seize, des échevins, des quarteniers, les serments, les projets, les amas d'armes au fond des sacristies ou des boutiques, enfin et surtout les prédications furibondes des curés et des moines. Henri veut arrêter cette licence de la chaire par laquelle, chaque jour et sans relâche, il était déchiré, calomnié, voué à l'exécration populaire ; son Parlement menace du bannissement, même de mort, les prédicateurs séditieux, et il ordonne de saisir les deux plus hardis, les curés de Saint-Benoît et de Saint-Séverin ; mais c'était s'attaquer à la plus précieuse des libertés populaires, à celle qui tenait lieu de la liberté d'écrire, à une époque où les livres étaient si rares, où si peu de gens savaient lire. Les Parisiens, dans aucun temps, n'avaient souffert l'oppression sans protester contre elle, et c'était ordinairement la chaire qui exprimait l'opinion publique ; c'était par les sermons que le peuple conservait la notion de ses droits et pouvait dire la vérité aux grands : aussi portait-il aux prédicateurs une affection enthousiaste, et il gardait la mémoire de ceux qui avaient bravé la tyrannie pour le défendre, de frère Legrand sous Charles VI, de frère Richard sous la domination anglaise, de frère Fradin sous Louis XI. L'entreprise de Henri III fit donc soulever tout le quartier de l'Université : Aux armes ! criait-on, on enlève nos prédicateurs ! Et l'émeute gagnant les autres parties de la ville, le roi fut contraint de relâcher les deux curés.

Cependant une grande conspiration avait été faite pour mettre le gouvernement entre les mains de la Ligue. Le roi en prend alarme et fait venir des troupes dans les faubourgs. Les Seize appellent le duc de Guise : il arrive. Quelle fête que son entrée dans Paris ! on baisait ses habits, on le couvrait de fleurs, on faisait toucher des chapelets à ses vêtements. Il va visiter la reine Catherine en son hôtel d'Orléans ; puis il ose braver le roi dans son Louvre, ce Louvre fatal à tant de seigneurs rebelles ! enfin il se retire dans sa maison, l'ancien hôtel de Clisson. Le lendemain, les troupes royales, gardes suisses et gardes françaises, entrent dans la ville par la porte Saint-Honoré, occupent les places et les ponts, menacent et raillent les Parisiens, disant « qu'aujourd'hui le roi serait le maître et qu'il n'était femme ou fille de bourgeois qui ne passât par la discrétion d'un Suisse. » Le peuple se soulève ; alors la grande ville prit cette figure qu'on lui a vue tant de fois, qui tant de fois a fait trembler le trône : l'œil en feu, les bras nus, échevelée, déguenillée, pâle de fureur, s'armant de tout, remuant les pavés, élevant des barricades, sonnant le tocsin, s'enivrant de ses cris, de l'odeur de la poudre, du bruit du combat, et plus encore de la passion qui la transporte, que cette passion soit la foi, la gloire ou la liberté! La révolte éclata à la place Maubert, dirigée par les prédicateurs et les écoliers ; elle descendit par les ponts, s'empara de l'Arsenal, du Châtelet et de l'Hôtel-de-Ville, et vint planter sa dernière barricade devant le Louvre. De toutes ces rues fangeuses, de toutes ces profondes maisons, de toutes ces boutiques obscures, de toutes ces églises, chapelles et couvents, sortaient des hallebardes, des arquebuses, des bourgeois, des artisans, des clameurs, des prières, des moines, des enfants; de toutes les fenêtres pleuvaient balles, pierres, exhortations, imprécations. Les Suisses, poussés, battus, égorgés surtout au Marché-Neuf, demandèrent grâce, se laissèrent prendre ou s'enfuirent. Le lendemain, les Parisiens, enivrés de leur victoire, avaient résolu d'aller « quérir frère Henri de Valois dans son Louvre ; » mais celui-ci, épouvanté, en sortit comme pour aller aux Tuileries, qu'on commençait à bâtir ; arrivé à la porte Neuve (située près de la tour du Bois, entre les ponts des Tuileries et du Carrousel), il monta à cheval et se sauva. Les bourgeois, qui gardaient la porte de Nesle, de l'autre côté de la rivière, tirèrent à lui et à son escorte des coups d'arquebuse : « Il se retourna vers la ville, dit le bonhomme l'Estoile, jeta contre son ingratitude, perfidie et lâcheté, quelques propos d'indignation, et jura de n'y rentrer que par la brèche. »

La capitale se trouva dès lors affranchie de l'autorité royale ; et sous un gouvernement municipal tout démocratique, avec un prévôt des marchands qui descendait, dit-on, d'Étienne Marcel, avec des échevins, des quarteniers, des colonels de métiers tout dévoués à la Ligue, elle devint, pendant six ans, le centre de la république catholique. Aussi montra-t-elle pour la défense de sa foi une exaltation qui touchait à la fois à l'héroïsme et à la folie. La nouvelle de la mort des Guises, assassinés à Blois, lui arriva pendant les fêtes de Noël, à l'heure où le peuple encombrait les églises : l'explosion de sa douleur fut presque incroyable. Famille, affaires privées, intérêts mondains, tout fut oublié ; plus de commerce, plus de plaisirs; on faisait des jeûnes, des deuils, des cérémonies funèbres en l'honneur des martyrs ; on vivait dans les rues, dans les églises, dans l'Hôtel-de-Ville ; on ne s'occupait que d'apprêts de guerre, de prédications et de processions. « Le peuple étoit si enragé, dit un contemporain, qu'il se levoit souvent de nuit et faisoit lever les curés et prêtres des paroisses pour le mener en procession. Les bouchers, les tailleurs, les bateliers, les cousteliers et autres menues gens avoient la première voix aux conseils et assemblées d'État et donnoient la loy à tous ceux qui, auparavant, estoient grands de race, de biens et de qualité, qui n'osoient tousser ni grommeler devant eux. »

Les Seize entrèrent dans le conseil municipal ; la Sorbonne déclara le roi déchu du trône ; le peuple abattit ses armoiries, fit disparaître partout les insignes de la royauté, détruisit les mausolées magnifiques que Henri avait fait élever par Germain Pilon dans l'église Saint-Paul à trois de ses mignons. Le Parlement, les Cours des comptes et des aides, furent purgés de leurs membres royalistes, que l'on mena du Palais à la Bastille, au milieu des huées de la populace en armes. Trois cents bourgeois royalistes furent emprisonnés comme otages, et les autres durent chaque jour donner deux mille hommes pour la défense des remparts. Enfin, un gouvernement provisoire, sous le nom de conseil de l'Union, fut créé pour toute la France : il siégea à Paris, fut principalement composé d'hommes du peuple et eut pour chef le duc de Mayenne. Celui-ci vint habiter l'hôtel du Petit-Musc, ancienne maison de l'hôtel Saint-Paul, qui prit alors le nom de son nouveau maître.

Henri III s'unit aux protestants et vint assiéger Paris. « Ce serait grand dommage, disait-il des hauteurs de Saint-Cloud, où il avait placé son quartier, ce serait grand dommage de ruiner une si belle ville; toutefois, il faut que j'aie raison des rebelles qui sont dedans. C'est le cœur de la Ligue; c'est au cœur qu'il faut la frapper. — Paris, disait-il encore, chef du royaume, mais chef trop gros et trop capricieux, tu as besoin d'une saignée pour te guérir, ainsi que toute la France, de la frénésie que tu lui communiques. Encore quelques jours, et l'on ne verra ni tes maisons ni tes murailles, mais seulement la place où tu auras été! » Les Parisiens répondirent à ces menaces par un coup de poignard : un dominicain, Jacques Clément, assassina Henri III. Quelles acclamations furibondes accueillirent la mort du tyran! que de feux de joie, de *Te Deum*, de caricatures grossières, de danses sauvages, de chansons sanglantes! Toute la ville se porta à l'hôtel de la duchesse de Montpensier, rue du Petit-Bourbon, pour y bénir une malheureuse paysanne, mère du meurtrier!

§ XIII.

Siége et prise de Paris par Henri IV.

Henri IV leva le siége de Paris; puis, après le combat d'Arques, il fit une pointe sur la capitale, emporta les faubourgs du midi et les livra au plus affreux pillage; quatre cents Parisiens furent surpris et massacrés près de la foire Saint-Germain. Ce fut par le Pré-aux-Clercs que les royalistes arrivèrent, et ils s'emparèrent même de la porte de Nesle; mais, étant peu nombreux et voyant la ville tout en armes, ils se retirèrent.

Paris continua encore pendant six ans de vivre de cette vie frénétique, vie pleine de crimes et d'erreurs, mais aussi de grandeur et de courage, sans que des souffrances inouïes pussent vaincre son inébranlable résolution de n'accepter qu'un roi de sa religion. On sait quel horrible siége elle eut à supporter, quel héroïsme elle y déploya, comment la famine y fit périr trente mille personnes, comment ce peuple, agonisant depuis quatre mois, qui avait mangé les chiens et les chevaux, brouté l'herbe des rues et fait du pain avec des os de morts, se traînait encore sur les remparts pour arquebuser les hérétiques, ou dans les églises pour entendre les exhortations de ses moines. Les moines étaient les maîtres de la ville ; mais aussi, mêlés sans cesse au peuple, souffrant comme lui, se battant comme lui, on les voyait non-seulement figurer dans des processions ridicules, « la pertuisane sur l'épaule et la rondache pendue au col, » mais gardant les murs, soutenant les assauts, faisant des sorties, fondant le plomb des églises et leurs cloches (1). Les royalistes ont cherché vainement à rendre odieuse la constance des Parisiens : l'odieux était plutôt du côté de ce prince qui, pour être roi d'un peuple qui le repoussait et dont il fut en définitive obligé de subir la volonté, exposait ce peuple à des souffrances, les plus grandes que rappelle son histoire. Aussi, les Parisiens n'oublièrent jamais le siége de leur ville; malgré ses grandes qualités et son bon gouvernement, ils conservèrent une haine implacable au roi qui les avait torturés pour régner sur eux ; ils la lui témoignèrent horriblement par dix-sept tentatives d'assassinat.

L'arrivée d'une armée espagnole délivra la capitale. Henri IV fut défait à la bataille de Lagny et forcé de se reti-

(1) « Le 14 février 1589, dit l'Estoile, jour de Carême, prenant et jour où l'on n'avoit accoutumé que de voir des mascarades et folies, furent faites par les églises de cette ville, grandes quantités de processions qui y alloient en grande dévotion, même de la paroisse de Saint-Nicolas-des-Champs, où il y avoit plus de 1,000 personnes, tant fils que filles, hommes que femmes, tous pieds nuds, et même tous les religieux de Saint-Martin-des-Champs, qui étoient tous nuds pieds, et les prêtres de ladite église de Saint Nicolas, aussi pieds nuds, et quelques-uns tous nuds, comme étoit le curé nommé maître François Pigenat, qui n'avoit qu'une guilbe de toile blanche sur lui. »

rer dans les provinces ; mais auparavant il essaya encore un coup de désespoir sur Paris et attaqua de nuit la porte Saint-Jacques. Le libraire Nivelle et l'avocat Baldin, qui gardaient cette porte, renversèrent la première échelle des assaillants et jetèrent l'alarme. Les Jésuites et autres religieux, qui garnissaient les corps de garde voisins, accoururent et les royalistes furent repoussés.

Cependant Paris, épuisé par sa résistance, commençait à pencher vers la paix. Les Seize voulurent le ranimer par la terreur; ils mirent les milices sous les armes, fermèrent les rues, enveloppèrent le Parlement, saisirent trois magistrats royalistes et les pendirent dans une salle du Châtelet; puis ils s'emparèrent de tous les pouvoirs. Mayenne, qui se voyait menacé par eux, leur résista par la force, et, aidé des modérés, il fit pendre quatre de ces redoutés tribuns dans la salle basse du Louvre, et brisa ainsi leur puissance. Ce fut la perte de la Ligue : avec les Seize tombèrent l'exaltation et la fureur du peuple; la bourgeoisie reprit tout le pouvoir et parut disposée à une transaction. Les États généraux furent assemblés à Paris ; mais ils se montrèrent aussi nuls qu'impuissants, et ils furent ridiculisés par la *Satire Ménippée,* œuvre piquante d'écrivains royalistes, qui se réunissaient chez l'un d'eux, Gillot, sur le quai des Orfèvres. Enfin, Henri IV s'étant converti, les trahisons commencèrent : le duc de Brissac, gouverneur de Paris, vendit la ville au roi, qui, par une nuit obscure, se présenta à la porte Neuve, celle par laquelle le dernier Valois était sorti de la capitale! On la lui livra, ainsi que les portes Saint-Honoré et Saint-Denis. Les troupes royales filèrent sans bruit par les rues et s'emparèrent, en dispersant quelques groupes de ligueurs, des principales places et des ponts. Les habitants stupéfaits sortirent de leurs maisons ; mais ils furent repoussés à coups de pique et d'arquebuse. Henri, qui avait attendu que ses troupes fussent au milieu de la ville avant d'oser y entrer, passa la porte Neuve ; puis il revint sur ses pas jusqu'à quatre fois, tant il trouvait l'entreprise chanceuse, et craignait que, le peuple étant échauffé, son armée ne fût taillée en pièces « dans cette speloncque de bestes farouches ; » enfin, il entra, protégé, serré, escorté par toute sa garde, aux cris de joie de ses soldats, au bruit des derniers coups d'arquebuse des ligueurs, au milieu du silence morne des habitants. Il s'empara du Louvre, des Châtelets, du Palais, négocia pour faire évacuer aux Espagnols la Bastille, le Temple, le quartier Saint-Martin, et enfin, maître de la ville, put se dire roi de France.

§ XIV.

Tableau de Paris sous Henri IV.

Ce fut la fin de la république parisienne : on modifia ses institutions municipales ; on changea ses magistrats et ses curés ; on chassa, on persécuta prédicateurs, écrivains, chefs des milices ; le roi se déclara gouverneur de Paris. La ville se rétablit lentement de ses souffrances. « Il y avoit alors, dit un contemporain, peu de maisons entières et sans ruines ; elles étoient la plupart inhabitées ; le pavé des rues était à demi couvert d'herbes ; quant au dehors, les maisons des faubourgs étaient toutes rasées ; il n'y avait quasi un seul village qui eût pierre sur pierre, et les campagnes étoient toutes désertes et en friche. » Une maladie épidémique, suite de tant de souffrances, vint mettre le comble aux misères de la ville, mais elle n'empêcha pas la nouvelle cour de faire des fêtes. « Pendant qu'on apportoit, dit l'Estoile, à tas de tous les côtés à l'Hôtel-Dieu les pauvres membres de J.-C. si secs et si atténués, qu'ils n'étoient pas plutost entrés qu'ils rendoient l'esprit, on dansoit au Louvre, on y mourmoit ; les festins et les banquets s'y faisoient à 45 écus le plat, avec les collations magnifiques à trois services. » De plus, les guerres civiles avaient engendré une multitude d'aventuriers, de pillards, de gens sans aveu qui infestaient la ville ; espions des Espagnols, satellites des Seize, soudards royalistes, valets des princes, jetaient continuellement le désordre dans les rues ; on n'entendait parler que de vols, de meurtres, de guet-apens. « Chose étrange, dit l'Estoile, de dire que dans une ville de Paris se commettent avec impunité des voleries et brigandages tout ainsi que dans une forest.— Il y a, ajoute-t-il, adultères, puteries, empoisonnemens, voleries, meurtres, assassinats et duels si fréquens à Paris, à la cour et partout, qu'on n'ose parler d'autre chose, même au Palais, où l'injustice qui y règne rend effacés la beauté et lustre de cet ancien sénat. » A cette époque, aucune rue n'était encore éclairée pendant la nuit ; nul n'osait sortir de sa maison après le coucher du soleil ; les lieux de plaisir, théâtres, cabarets, devaient être fermés dans l'hiver à quatre heures. De plus, Paris était à peine pavé, et les voies les plus fréquentées semblaient des cloaques ou des fondrières : il n'y avait pas de quais, peu de places, point de promenoirs. Enfin, une autre cause de désordre était l'humeur batailleuse des gentilshommes, dont les rixes ensanglantaient journellement la ville et qui se battaient en duel derrière les murs des Chartreux, près du moulin Saint-Marcel, au Pré-aux-Clercs ; en moins de quinze ans, quatre mille nobles périrent dans ces combats privés, et sept mille lettres de grâce pour homicide furent accordées. Cependant le gouvernement nouveau s'efforça de rétablir l'ordre en réorganisant la police, la garde bourgeoise, le guet royal ; le Parlement, le Châtelet et les autres justices séculières et ecclésiastiques se montrèrent aussi vigilants qu'impitoyables pour tous les crimes ; chaque jour on pendait, on rouait, on fustigeait, on exposait à la croix du Trahoir, à la place de Grève, au pilori des halles ; les prisons du Châtelet, de la Conciergerie, du For-l'Évêque, de l'Officialité, du Temple, de Saint-Martin-des-Champs, de Saint-Germain-des-Prés, étaient constamment remplies. Henri IV n'usait de son droit de grâce pour personne ; il défendit le duel sous peine de mort.

Malgré les guerres civiles, quelques édifices avaient été entrepris sous les derniers Valois, qui avaient pour les arts le goût éclairé de leur aïeul : c'était d'abord le château des *Tuileries*, commencé par Catherine de Médicis sur les dessins de Philibert Delorme ; c'étaient encore la *galerie du Louvre*, l'*Arsenal*, le *Pont-neuf*, etc. ; c'étaient enfin le couvent des *Jésuites* de la rue Saint-Antoine, les couvents des *Capucins* et des *Feuillants* de la rue Saint-Honoré, etc. Henri IV, qui se garda bien de séjourner ailleurs que dans sa capitale, s'efforça de lui rendre quelque lustre par des bâtiments ; aidé du prévôt des marchands, François Miron, il fit continuer l'Hôtel-de-Ville, la galerie du Louvre, le palais des Tuileries, construire la *place Dauphine* et agrandir l'île de la Cité, commencer la *place Royale* sur l'emplacement du palais des Tournelles. On fit des quais, des abreuvoirs, des égouts ; on renouvela les règlements sur le nettoyage des rues, sur les saillies des maisons, les étalages des marchands ; on confia même la grande voirie à la vigilance de Sully ; enfin, l'on élargit et l'on pava quelques rues. La rue Dauphine fut entreprise pour ouvrir une première communication avec le bourg qui s'était formé autour de l'abbaye Saint-Germain-des-Prés, et surtout avec la foire Saint-Germain, qui devint alors très-populaire (1). Le quartier du *Marais* fut commencé sur des terrains mis en culture pota-

---

(1) « Pendant la foire de Saint-Germain de cette année (1605), dit l'Estoile, où le roi alloit ordinairement se promener, se commirent à Paris des meurtres et excès infinis, procédants des débauches de la foire, dans laquelle les pages, laquais, écoliers et soldats des gardes firent des insolences non accoutumées, se battant dedans et dehors comme en petites batailles rangées, sans qu'on y pût ou voulût y donner ordre. »

gère, et Paris eut pour la première fois des rues droites, larges, appropriées aux nouveaux besoins de ses habitants, et surtout à l'usage des coches. On construisit le quai des *Orfèvres*, la rue de *Harlay*, ainsi que l'hôtel du premier président au Parlement de Paris : c'est là qu'ont habité les Harlay, les Molé, les Lamoignon, noms qui rappellent cette grande magistrature de la France, si pleine de science et d'austérité, la gloire la plus pure de l'ancienne monarchie. On établit à Chaillot la manufacture de tapis de la *Savonnerie*, aujourd'hui réunie aux Gobelins, un hospice de soldats invalides, rue de Lourcine, et, hors de la ville, l'hôpital *Saint-Louis*, qui a traversé deux siècles et demi sans subir de transformations. On fonda les couvents des *Franciscains* de Picpus, aujourd'hui détruit, des *Récollets*, aujourd'hui transformé en hospice des Incurables, des *Petits-Augustins*, sur l'emplacement duquel est l'école des Beaux-Arts. Enfin l'Arsenal fut agrandi : Sulli y demeurait et y avait amassé « cent canons, de quoi armer quinze mille hommes de pied et trois mille chevaux, deux millions de livres de poudre, cent mille boulets et sept millions d'or comptant, tous ingrédiens et drogues, disait-il, propres à médiciner les plus fascheuses maladies de l'État. « On sait que ce fut en allant à l'Arsenal que Henri IV fut assassiné dans la rue de la Féronnerie.

Grâce à ces constructions, à ces embellissements, grâce aux plaisirs dont la capitale n'a cessé dans tous les temps d'être le centre et le théâtre, grâce à l'industrie et au commerce développés par le luxe de la cour, grâce au grand mouvement littéraire du xviie siècle qui commençait, Paris devint, peu de temps après les guerres civiles, un séjour de délices, et qui justifia ce que Montaigne disait de cette ville vingt ans auparavant : « Paris a mon cœur dèz mon enfance, et m'en est advenu comme des choses excellentes. Plus j'ay veu depuis d'autres villes belles, plus la beauté de celle-cy peult et gaigne sur mon affection. Je l'ayme tendrement jusques à ses verrues et à ses taches. Je ne suis François que par cette grande cité, grande en peuples, grande en félicité de son assiette, mais surtout grande et incomparable en variété et diversité de commodités, la gloire de la France et l'un des plus nobles ornements du monde. Dieu en chasse loing nos divisions (1) ! »

§ XV.

Paris sous Louis XIII. — Enceinte nouvelle. — Quartier du Palais-Royal et du Marais. — Hôtel Rambouillet. — Fondations religieuses. — Promenades et théâtres.

Pendant le règne de Louis XIII, Paris resta paisible et ne joua aucun rôle politique : il n'avait rien à voir aux misérables révoltes de la noblesse contre la royauté, mais il en souffrait et en parlait. « Il n'y a, dit une farce de l'hôtel de Bourgogne (1619), il n'y a si petit frère coupe-chou qui ne veuille entrer au Louvre ; il n'y a harengère qui ne se mêle de parler de la guerre ou de la paix ; les crocheteurs au coin des rues font des panégyriques et des invectives ; l'un loue M. d'Espernon, l'autre le blâme, etc. » Aussi la ville éprouva une grande émotion à la mort du maréchal d'Ancre, quand les valets des princes excitèrent la populace à brûler son cadavre et à piller son bel hôtel de la rue de Tournon ; mais elle regarda sans trop de pitié les échafauds dressés pour les Bouteville et les Marillac, les bastilles ouvertes pour les Châteauneuf et les Bassompierre ; les *petits, qui ne portent pas d'ombre,* n'avaient rien à craindre du terrible Richelieu ; et la bourgeoisie ne pouvait que gagner à l'agrandissement du pouvoir royal. En effet, sous ce règne, elle jouit d'une grande prospérité, et, grâce au luxe des seigneurs, à l'accroissement de la population, aux embellissements de la ville, elle acquit

(1) Essais, liv. III, ch. IX.

des richesses, des lumières, un orgueil qui lui inspirèrent, quelques années plus tard, la pensée de prendre part au gouvernement de l'État. Mais elle n'en montra pas moins en plusieurs circonstances cette avarice, cet égoïsme, ce manque de zèle pour la chose publique, qui, tant de fois, lui ont été reprochés. Ainsi, en 1636, la France venait de s'engager dans la guerre de Trente Ans, et, dès l'entrée, elle y avait éprouvé des revers : les Espagnols avaient passé la frontière et pénétré jusqu'à l'Oise. La terreur se répandit dans Paris, et en même temps des cris de fureur éclatèrent contre Richelieu, l'auteur de la guerre. « Lui qui étoit intrépide, disent les Mémoires de Montglat, pour faire voir qu'il n'appréhendoit rien, monta dans son carrosse et se promena sans gardes dans les rues, sans que personne lui osât dire mot. » Il harangua les groupes et excita la population ou à prendre les armes, ou à donner de l'argent pour lever les troupes. On trouva facilement des hommes parmi le peuple (1), mais point d'argent chez les bourgeois; et l'Hôtel-de-Ville et le Parlement durent taxer rigoureusement chaque maison et chaque boutique. « Ce sont affaires de princes, » disaient les bourgeois de toutes les guerres, quelque nationales, quelque justes qu'elles fussent, et ils n'avaient que des malédictions pour elles, parce qu'elles amenaient de nouvelles levées de subsides. Ainsi, la guerre de Trente Ans, gloire éternelle de Richelieu et de Mazarin, qui a établi la grandeur de la France sur les bases qu'elle a encore aujourd'hui, n'a valu à ces deux ministres que des haines, des exécrations, des sarcasmes, des chansons de la part des Parisiens, et finalement elle a été la cause de la révolte de la Fronde (2). La bourgeoisie, dans l'ancien régime, n'avait

(1) « Quand on leva à Paris des gens si à la hâte, dit Tallemant des Réaux, le maréchal de la Force étoit sur les degrés de l'Hôtel-de-Ville, et les crocheteurs lui touchoient dans la main en disant : Oui, monsieur le maréchal, je veux aller à la guerre avec vous. »

(2) Voyez à ce sujet le médecin Guy Patin (t. 1er, p. 38, de ses

guère que l'amour de sa corporation et de sa ville ; l'amour de la patrie est un sentiment qui ne s'est complétement développé chez elle qu'avec la révolution.

Sous le ministère de Richelieu, Paris prit un grand accroissement et commença à devenir une ville moderne. Une enceinte nouvelle fut construite avec fossés, bastions et courtines plantés d'arbres pour remplacer la vieille muraille d'Étienne Marcel; de la porte Saint-Denis, elle suivit l'emplacement des rues Sainte-Apolline, Beauregard, des Jeûneurs, Saint-Marc, etc., et enferma dans Paris les Tuileries et leur jardin ; à son extrémité, près de la Seine, fut élevée une porte élégante, dite de la *Conférence* (près du pont de la Concorde). Des quartiers nouveaux furent bâtis : le *Marais*, l'*île Saint-Louis*, la *butte Saint-Roch*, la *rue Richelieu*, le *Pré-aux-Clercs*, ou *faubourg Saint-Germain*, etc. — Le *Menteur*, de Corneille, en parle en ces termes :

DORANTE.

Paris semble à mes yeux un pays de romans ;
J'y croyois ce matin voir une île enchantée (*l'île Saint-Louis*) :
Je la laissai déserte et la trouve habitée.
Quelque Amphion nouveau, sans l'aide des maçons,
En superbes palais a changé ces buissons.

GÉRONTE.

Paris voit tous les jours de ces métamorphoses :
Dans tout le Pré-aux-Clercs tu verras mêmes choses,
Et l'univers entier ne peut rien voir d'égal
Aux superbes dehors du Palais-Cardinal ;
Toute une ville entière avec pompe bâtie
Semble d'un vieux fossé par miracle sortie.

Les seigneurs appelés à Paris par les fêtes de la cour, bâ-

Lettres, édit. de M. Réveillé-Parise), ce bourgeois si satirique et indépendant, si éclairé. En 1636, il avait donné 12 écus pour la levée des fantassins ; on lui demandait une seconde taxe pour la levée des cavaliers : « J'ai répondu, dit-il, que tout ainsi que mes rentes ne me sont payées qu'une fois l'an, je ne peux donner qu'une fois. »

tirent dans ces nouveaux quartiers, non plus comme dans le moyen âge, de ces fortes maisons qui ressemblaient à des citadelles, mais de riches hôtels avec de grands jardins, habitations vastes, magnifiques, dispendieuses, mais glaciales, incommodes, malpropres, garnies seulement de quelques meubles de luxe, remplies d'un cortége de domestiques inutiles, souvent inconnus à leur maître; enfin, où l'on ne trouvait aucune des recherches modernes qui rendent la vie douce et facile. Ainsi furent construits, en moins d'un siècle, les grands hôtels des rues Saint-Antoine, Saint-Louis, du Temple et autres rues du Marais, ceux des rues Neuve-des-Petits-Champs, Vivienne et autres voisines du Palais-Cardinal, ceux des rues de Grenelle, Saint-Dominique, de l'Université, etc. Que d'événements, de plaisirs, de douleurs, ont vus ces belles maisons que l'industrie a presque toutes détruites ou envahies! Que sont devenues leurs ruelles si célèbres, témoins de tant de galanteries, d'entretiens délicats, d'ouvrages d'esprit? Nobles dames, vaillants seigneurs, intrigues amoureuses, projets ambitieux, flatteries courtisanes, conversations élégantes, fêtes splendides, esprit, grâce, valeur, où êtes-vous?

> Où sont-ils? vierge souveraine!
> Mais où sont les neiges d'antan?

La plus illustre de ces maisons du xviie siècle était l'hôtel de *Rambouillet*, situé dans la rue Saint-Thomas-du-Louvre, aujourd'hui détruite (1), et par laquelle commence l'histoire si curieuse des salons de Paris. Les grâces et la vertu de la marquise de Rambouillet, cette *déesse d'Athènes*, ainsi que l'appelle mademoiselle de Montpensier, l'esprit et la beauté de sa fille, la *divine* Julie d'Angennes, attirèrent dans cet hôtel, «véritable palais d'honneur,» suivant Bayle, tout ce qu'il y avait alors d'illustre par la beauté, le rang, les

---

(1) Voir l'*Histoire des quartiers de Paris*, liv. II ch. x.

dignités, l'enjouement, le savoir, « tout ce qu'il y avoit, dit Tallemant des Réaux, de plus galant à la cour et de plus poli parmi les beaux esprits. » — « Cet hôtel étoit, ajoute Saint-Simon, une espèce d'académie de galanterie, de vertu et de science, et le rendez-vous de ce qui étoit le plus distingué en condition et en mérite; un tribunal avec qui il falloit compter, et dont la décision avoit un grand poids dans le monde sur la conduite et la réputation des personnes de la cour et du grand monde, autant pour le moins que sur les ouvrages qui s'y portoient à l'examen. » C'est là que naquit cet art de la conversation qui a été, pendant près de deux siècles, l'une des gloires de la France, qui donna à Paris le sceptre incontesté du goût, de l'esprit, de la civilisation, et dont les traditions ne se sont effacées que dans le matérialisme de nos mœurs nouvelles. On y vit successivement ou à la fois les personnages les plus éminents de l'époque, le cardinal de Richelieu, le prince de Condé, la duchesse de Longueville, les ducs de la Rochefoucauld et de Montausier, Arnaud d'Andilly, Malherbe, Chapelain, Vaugelas, Voiture, Saint-Évremond, Ménage, Pelisson, mademoiselle de Scudéry, mesdames de Sablé, de Sévigné, de Lafayette, etc. Corneille y lut son Polyeucte et Bossuet son premier sermon. On sait comment « ce cercle choisi de personnes des deux sexes liées par la conversation et par un commerce d'esprit, » après avoir eu la plus grande, la plus délicate influence sur les mœurs de la haute société, sur le goût, sur les lettres françaises, devint ridicule par l'affectation de son langage, la pruderie de ses sentiments et tomba sous les sarcasmes de Molière.

Dans le même temps s'élevaient des monuments qui ont subi bien des révolutions, mais dont Paris s'enorgueillit encore. D'abord, c'est le palais du *Luxembourg*, construit par Marie de Médicis, et qui a vu tant d'habitants différents ! Palais du Directoire, où mourut la République; palais du Sénat, où mourut l'empire; palais de la chambre des pairs, où mourrurent la Restauration, le gouvernement de 1830 et la pairie elle-même! Ensuite, c'est le *Palais-Cardinal* ou *Palais-Royal*, bâti de 1630 à 1636 par Richelieu, qui le légua à la couronne, et d'où Louis XIV enfant vit les troubles de la Fronde. Enfin, c'est l'abbaye du *Val-de-Grâce*, bâtie par Anne d'Autriche, dont le dôme a été peint par Mignard, et qui est devenu aujourd'hui un hôpital militaire.

D'autres constructions attestent la prospérité de la ville et la sollicitude du gouvernement : c'est l'*acqueduc d'Arcueil*, qui amène les eaux de Rungis et alimente presque toutes les fontaines de la rive gauche; c'est la fondation du *Jardin des Plantes*, la plantation du *Cours-la-Reine*, la reconstruction de l'église *Saint-Roch*, de l'église *Saint-Eustache*, du portail *Saint-Gervais*, etc. Les fondations religieuses devinrent si nombreuses qu'elles menacèrent de couvrir le quart de la ville : notre siècle, incrédule et positif, en a fait justice avec son dédain ordinaire pour le passé. Ainsi, les *Minimes* de la place Royale sont aujourd'hui une caserne; les *Jacobins* du faubourg Saint-Germain, le Musée d'artillerie; les *Capucins* de la rue Saint-Jacques, un hôpital; les *Oratoriens* du Père de Bérulle et les *Filles de la Visitation* de la mère de Chantal, deux temples protestants; les *Filles de la Madeleine*, une prison; les *Filles de Sainte-Élisabeth*, des écoles; les *Chanoinesses du Saint-Sépulcre*, un magasin de fourrages; *Port-Royal* de la rue Saint-Jacques, ce temple de toutes les vertus chrétiennes, c'est... l'hospice d'accouchement! A la place du couvent des *Bénédictins*, d'où sont sortis l'*Art de vérifier les dates*, la collection des *Scriptores rerum gallicarum*, et tant d'autres trésors d'érudition, devant lesquels la science moderne se prosterne la face en terre, il y a une rue! A la place du couvent des *Filles du Calvaire*, dont le père Joseph fut le fondateur, encore une rue! A la place du couvent des

Jacobins de la rue Saint-Honoré, où s'assemblèrent les terribles révolutionnaires qui en ont pris le nom, est un marché! A la place du couvent des *Filles Saint-Thomas* est la Bourse, ce temple de l'agio, dont le dieu est un écu !

Paris présentait alors un aspect très-pittoresque : les monuments du moyen âge s'y mêlaient aux édifices modernes, les palais italiens aux églises gothiques, les tours féodales aux colonnes grecques. Le peuple s'entassait dans la vieille ville, dans la Cité, les quartiers Saint-Denis et Saint-Martin, le quartier Latin : là étaient le commerce, l'industrie, les tribunaux, les collèges ; dans les quartiers neufs étaient les larges rues, les riches hôtels, la noblesse et le grand monde. D'ailleurs, la police n'était ni plus habile ni plus vigilante que sous les règnes précédents : point de lumières pendant la nuit, peu de pavés, point d'égouts, partout des tas de boue et d'ordures. « Heureusement, comme disent les *Précieuses ridicules,* on avoit la chaise, ce retranchement merveilleux contre les insultes de la boue et du mauvais temps (1). » Malgré les arrêts du Parlement, malgré les pendaisons nom-

---

(1) Voici le *tableau* que Scarron fait de Paris :

> Un amas confus de maisons,
> Des crottes dans toutes les rues ;
> Ponts, églises, palais, prisons,
> Boutiques bien ou mal pourvues ;
>
> Force gens noirs, roux et grisons,
> Des prudes, des filles perdues,
> Des meurtres et des trahisons,
> Des gens de plume aux mains crochues ;
>
> Maint poudré qui n'a pas d'argent,
> Maint homme qui craint le sergent,
> Maint fanfaron qui toujours tremble ;
>
> Pages, laquais, voleurs de nuit,
> Carosses, chevaux et grand bruit,
> C'est là Paris : que vous en semble ?

T. 1   4.

breuses, les laquais vagabonds, les mendiants valides, les soldats débandés continuaient à être maîtres des rues. On les livra vainement à la justice sommaire et souvent barbare du Châtelet; on ouvrit vainement aux pauvres trois hospices; on fit vainement des ordonnances sur les hôtelleries, les maisons de jeu et de débauche, qui servaient de retraite aux malfaiteurs; le vol, la mendicité, la truanderie continuèrent à faire vivre le dixième de la population parisienne, et les aventures, les déguisements, les tours des filous, à être l'objet principal des conversations, de la terreur et de la curiosité des bourgeois.

Aux désordres causés par tous ces vagabonds s'ajoutaient les *raffinés d'honneur*, duellistes à outrance et par désœuvrement, ayant sans cesse l'épée à la main, battant le pavé, hantant les tavernes, rodomonts et bravaches, dont les comédies se moquaient vainement et que Richelieu seul parvint à contenir en faisant décapiter le plus fameux d'entre eux, le comte de Bouteville.

Il n'y avait encore que peu de promenades, encore étaient-elles réservées à la cour et au grand monde : c'étaient le Cours-la-Reine, le jardin du Palais-Cardinal, le jardin du Temple, le jardin des Tuileries, où un valet de chambre du roi, nommé Renard, avait établi un cabaret élégant, un parterre de fleurs rares, un magasin de bijoux et de meubles précieux, lieu secret de rendez-vous galants que toute la noblesse fréquentait, et qui fut le théâtre de nombreuses aventures joyeuses ou tragiques. La seule promenade populaire était le Pont-Neuf, qui se trouvait encombré de marchands, de charlatans, de chansonniers, et surtout de tire-laines ou coupe-bourses; c'était là que Mondor vendait son miraculeux orviétan, Tabarin débitait ses folies goguenardes, maître Gonin faisait ses tours de gobelets, Brioché montrait ses marionnettes et ses singes. Voici en quels termes en parle Bertaud dans sa *Ville de Paris* :

Pont-Neuf, ordinaire théâtre
Des vendeurs d'onguent et d'emplâtre ;
Séjour des arracheurs de dents,
Des fripiers, libraires, pédants,
Des chanteurs de chansons nouvelles,
D'entremetteurs de demoiselles,
De coupe-bourses, d'argotiers, etc.

Cette époque est aussi celle des beaux jours de la foire Saint-Germain, immense bazar composé de neuf rues couvertes et de trois cent quarante loges, où se vendaient, pendant deux mois, les produits des quatre parties du monde, bijoux, meubles, soieries, vins, etc.; où se rassemblaient des spectacles et des plaisirs de tout genre : animaux rares, charlatans, loteries, jeux de hasard. Le peuple y allait le jour, la noblesse y allait la nuit, toujours masquée et déguisée, sans suite ou avec des *grisons*, c'est-à-dire des valets vêtus de gris. « Les amants les plus rusés, dit un contemporain, les filles les plus jolies et les filous les plus adroits y font une foule continuelle. Il y arrive les aventures les plus singulières en fait de vol et de galanterie. Autrefois le roi y alloit : il n'y va plus. » La foire Saint-Germain partage avec la foire Saint-Laurent, qui commence à cette époque, l'honneur d'avoir été le berceau de l'opéra comique et du vaudeville ; c'est tout ce qui nous en reste.

En ce temps, les théâtres commencèrent à prendre une forme régulière et à devenir l'amusement principal des Parisiens. Les Confrères de la Passion et les Enfants-sans-Souci étaient encore, à la fin du seizième siècle, des artisans et des jeunes gens qui montaient sur le théâtre accidentellement et seulement les jours de fêtes ; mais bientôt ils cédèrent leur privilége à une troupe régulière de comédiens, qui prirent le titre de *comédiens du roi* ; alors le *Théâtre-François* commença. Pendant trente ans, Hardy fit, avec ses huit cents pièces, tragédies, comédies, pastorales, aussi absurdes que fastidieuses, les frais de ce théâtre ; il fut aidé par les *prolo-*

gues drôlatiques de Turlupin, de Gautier Garguille, de Guillot-Gorju, dont les railleries malignes et obscènes amusaient la populace. Un nouveau théâtre fit bientôt concurrence à celui de l'hôtel de Bourgogne : ce furent les comédiens *italiens* ou *bouffons* qui s'établirent d'abord dans la rue de la Poterie, à l'hôtel d'Argent, puis dans la vieille rue du Temple, où ils prirent le nom de troupe du *Marais*. Là brillaient Arlequin, Pantalon, Scaramouche, Trivelin, qui, pendant près d'un siècle, ont eu le talent d'amuser nos pères avec de grosses farces qui nous trouveraient aujourd'hui bien dégoûtés. A ces théâtres il faut ajouter celui du Palais-Cardinal, construit par Richelieu : c'est là que le cardinal fit jouer *Mirame*; c'est là que, en 1636, parut le *Cid* (1).

Six ans auparavant était née assez bourgeoisement, dans la rue Saint-Denis, chez l'*illustre* Conrart, l'*Académie française*. Ce n'était alors que l'obscure réunion de sept ou huit beaux esprits « qui, dit Pélisson, s'entretenoient familièrement, comme ils eussent fait en une visite ordinaire, et de toute sorte de choses, d'affaires, de nouvelles, de belles-lettres... Ils parlent encore de ce temps-là comme d'un âge d'or, durant lequel, avec toute l'innocence et toute la liberté des premiers siècles, sans bruit et sans pompe, et sans autres

---

(1) Voici ce que l'acteur Mondory écrivait à Balzac, le 18 janvier 1637, sur les premières représentations du *Cid* : « Je vous souhaiterois ici pour y goûter, entre autres plaisirs, celui des belles comédies qu'on y représente, et particulièrement d'un *Cid* qui a charmé tout Paris. Il est si beau qu'il a donné de l'amour aux dames les plus continentes, dont la passion a même plusieurs fois éclaté au théâtre public. On a vu seoir en corps aux bancs de ses loges ceux qu'on ne voit d'ordinaire que dans la chambre dorée et sur le siège des fleurs de lys. La foule a été si grande à nos portes, et notre lieu s'est trouvé si petit, que les recoins du théâtre qui servoient les autres fois comme de niches aux pages, ont été des places de faveur pour les cordons bleus et la scène y a été d'ordinaire parée de croix de chevaliers de l'ordre. » (*Revue de Paris*, n° du 30 décembre 1838.)

lois que celles de l'amitié, ils goûtoient ensemble tout ce que la société des esprits et la vie raisonnable ont de plus doux et de plus charmant (1).... » — « Dans cette école d'honneur, de politesse et de savoir, dit l'abbé de Lachambre, l'on ne s'en faisoit point accroire ; l'on ne s'entêtoit point de son prétendu mérite ; l'on n'y opinoit point tumultueusement et en discorde; personne n'y disputoit avec altercation et aigreur ; les défauts étoient repris avec douceur et modestie, les avis reçus avec docilité et soumission (2)... » En 1635, Richelieu se fit le protecteur de cette réunion et l'érigea en Académie française, en la chargeant « pour que rien ne manquât à la félicité du royaume, de tirer du nombre des langues barbares la langue française que tous nos voisins parleront bientôt, si nos conquêtes continuent comme elles ont commencé. »

§ XVI.

Troubles de la Fronde. — Siége de Paris. — Bataille du faubourg Saint-Antoine.

Les troubles de la Fronde marquent une époque importante dans l'histoire de Paris : c'est celle de la ruine de ses libertés municipales, qui remontaient probablement au temps des Romains et qui disparurent dans la grande unité monarchique de Louis XIV. Les causes de cette guerre civile furent en apparence un droit d'entrée sur les denrées, une taxe mise sur les maisons bâties au delà de l'enceinte de la ville, impôts qui s'ajoutaient aux impôts innombrables qu'inventait chaque jour le cardinal Mazarin, « ce pantalon sans foi, cet escroc titré, ce comédien à rouge bonnet, » ainsi que l'appelle le frondeur Guy Patin dans sa verve de haine et

---

(1) *Hist. de l'Acad. française*, t. Ier, p. 6.
(2) Discours prononcé en 1684, p. 21.

d'injures; mais la cause réelle et profonde fut, de la part des bourgeois de Paris, moteurs et acteurs de ces troubles, le désir très-ardent, très-raisonné de secouer l'arbitraire ministériel, de prendre part au gouvernement, de faire ce que faisaient à la même époque les bourgeois de Londres, d'Amsterdam, de Genève. « Le monde est bien débêté, Dieu merci! » dit Guy Patin. Et ce mot exprime l'esprit de fierté et d'indépendance de la haute bourgeoisie, sa confiance dans ses lumières, l'humeur républicaine qu'elle devait à ses fortes études, à son commerce passionné avec l'antiquité, à ses tendances protestantes, à ses vivres sympathies pour les doctrines du jansénisme (1). Enfin dans les grands changements qu'on projetait, Paris devait prendre l'initiative des réformes, guider et éclairer les provinces, se faire chef de l'État.

Le Parlement, qui était l'âme de la bourgeoisie, commença l'attaque « contre le mauvais ménage de l'administration » en refusant l'enregistrement des nouveaux impôts et en demandant des réformes qui « déchiraient le voile qui couvre le mystère de l'État, » et changeaient la forme du gouvernement. La cour, après de longs débats, résolut de briser les résolutions séditieuses de la magistrature par un acte de vigueur. Elle fit arrêter (25 août 1648), dans sa maison de la rue Saint-Landry, le conseiller Broussel, homme médiocre que ses déclamations contre le gouvernement avaient rendu populaire. A cette nouvelle, la foule s'émeut; on veut arracher Broussel à ses gardes; les troupes royales qui occupaient les ponts sont refoulées jusqu'au Palais-Cardinal. Le maréchal de la Meilleraye, dans la rue Saint-Honoré, tue un homme: on court aux armes, un combat s'engage dans toute

---

(1) « Si j'eusse été, dit Guy Patin, lorsque l'on tua Jules-César dans le sénat, je lui aurois donné le vingt-quatrième coup de poignard! » (Lettres, t. III, p. 491.)

la rue ; Gondi, coadjuteur de l'archevêque de Paris (1), essaie d'apaiser le tumulte : au coin de la rue des Prouvaires, il est renversé d'un coup de pierre et menacé de mort. Il court au Palais-Royal pour demander la liberté de Broussel : on l'accueille par des railleries ; il se met à la tête du mouvement. Le lendemain deux compagnies de Suisses qui veulent prendre la porte de Nesle sont dispersées et massacrées. Le chancelier, qui se rend au Parlement, est forcé de se réfugier dans l'hôtel de Luynes, sur le quai des Augustins : il n'est dégagé que par les troupes du maréchal de la Meilleraye qui, en faisant retraite sur le Pont-Neuf, sont accueillies par des décharges continuelles. « Le mouvement, raconte Gondi, fut un incendie subit et violent qui se fit du Pont-Neuf à toute la ville. Tout le monde, sans exception, prit les armes. L'on voyait les enfants de cinq et de six ans avec des poignards à la main ; on voyait les mères qui les leur apportaient elles-mêmes. Il y eut dans Paris plus de douze cents barricades en moins de deux heures, bordées de drapeaux et de toutes les armes que la Ligue avait laissées entières (2). » A ces nouvelles, le Parlement vient en corps demander la liberté de Broussel. Il est reçu et accompagné dans les rues avec des applaudissements inouïs : toutes les barricades tombent devant lui ; mais il ne peut rien obtenir de la reine. Il sort. Le peuple, debout sur ses barricades, le force à rentrer au Palais-Royal : « s'il ne ramène Broussel, cent mille hommes iront le chercher. » La reine cède ; Broussel revient « porté sur la tête des peuples avec des acclamations incroyables. » Les barricades sont détruites.

Les troubles continuèrent, et la reine, insultée par des pamphlets sanglants, s'enfuit avec sa cour à Saint-Germain. « Le siége de Paris, disait un ministre, n'était pas une affaire

(1) Paris avait été érigé en archevêché en 1623.
(2) *Mém. de Retz*, t. Ier, p. 92.

de plus de quinze jours, et le peuple viendrait demander pardon, la corde au cou, si le pain de Gonesse manquait seulement deux ou trois jours. » Cependant Paris se met en mouvement et, selon sa coutume, « en huit jours enfante, sans douleur, une armée complète. » Le Parlement, le clergé, le corps de ville, votent des impôts, des levées de troupes, des amas d'armes. L'enthousiasme fut si grand qu'il gagna même le petit peuple, les mendiants, les aventuriers ; les désordres et les crimes ordinaires cessèrent tout à coup ; la police, impossible sous l'autorité royale, se fit toute seule et comme par enchantement : « Cinq mois durant, dit Guy Patin, il n'est mort personne de faim dans Paris, pas un homme n'y a été tué ; personne n'y a été pendu ni fouetté (1). » Mais les seigneurs, pour qui une rébellion était un coup de fortune, vinrent gâter la Fronde en se mettant à sa tête et en la dirigeant dans leurs vues cupides et ambitieuses. Ils accoururent comme à une proie ou à une partie de plaisir, avec leurs valets, leurs maîtresses, leurs femmes : parmi celles-ci était la belle duchesse de Longueville, qui abandonna son hôtel de la rue Saint-Thomas-du-Louvre pour aller, avec la duchesse de Bouillon, prendre séjour à l'Hôtel-de-Ville (2). La guerre commença ; mais les seigneurs conduisirent les troupes bourgeoises de telle sorte, qu'elles furent presque toujours battues, et ce mouvement populaire, si grave dans son origine, où les Parisiens avaient montré d'abord tant d'ardeur et de dévouement, dégénéra en une

---

(1) Lettres, t. Ier, p. 262.

(2) « Imaginez-vous ces deux personnes sur le perron de l'Hôtel-de-Ville, plus belles en ce qu'elles paroissoient négligées, quoiqu'elles ne le fussent pas. Elles tenoient chacune un de leurs enfants entre leurs bras, qui étoient beaux comme leurs mères. La Grève étoit pleine de peuple jusqu'au-dessous des toits ; tous les hommes jetoient des cris de joie ; toutes les femmes pleuroient de tendresse. » (Retz, t. IVe, p. 470.)

mutinerie dérisoire et où il n'y eut de sérieux que les placards « qui ne parlaient pas moins que de se défendre du roi et du Parlement, et d'établir une république comme celle d'Angleterre (1). » Les grandes dames ne virent dans ces troubles qu'une occasion de nouer des intrigues et de faire l'amour ; les seigneurs ne cherchèrent qu'à se vendre à la cour ou à s'enrichir aux dépens des bourgeois : « Paris, dit Guy Patin, a dépensé quatre millions en deux mois, et néanmoins ils n'ont rien avancé pour nous ; ils ont mis en leur pochette une partie de notre argent, ont payé leurs dettes et ont acheté de la vaisselle (2). »

Les frondeurs, ces hommes que le même écrivain appelle « les restes de l'âge d'or et les éternels ennemis de toute tyrannie, » virent qu'ils étaient dupes et ne songèrent plus qu'à s'accommoder avec l'autorité royale. On fit la paix ; et le roi revint à Paris (18 août 1649). « Plusieurs compagnies de la ville lui furent au-devant : il entra par la rue Saint-Denis, fut tout du long de la rue jusques par-delà les Innocents, puis entra dans la rue de la Ferronnerie, et passant tout du long de la rue Saint-Honoré, s'en alla entrer dans le Palais-Cardinal ; et tout le voyage se fit avec tant d'acclamation du peuple et tant de réjouissance qu'il ne se peut davantage (3). »

Les troubles recommencèrent, mais excités par les grands, qui soulevaient le peuple même contre la bourgeoisie. « Il ne se passait guère de jour qu'il ne donnât des marques de son zèle pour les princes et de sa fureur contre le cardinal Mazarin. Le prévôt des marchands et tout le corps de la ville en fut attaqué en plusieurs rencontres, particulièrement une fois, en sortant du Luxembourg, avec tant de violence qu'ils furent obligés de se réfugier dans quelques maisons de la

(1) *Mém. du P. Berthod*, p. 301 (t. XLVIII de la collection Petitot.)
(2) Lettres, t. Ier, p. 434.
(3) Lettres, t. Ier, p. 470.

rue de Tournon, et d'abandonner leurs carrosses qui furent mis en pièces (1). »

Cependant, la reine croit en finir avec l'esprit de révolte en faisant arrêter le prince de Condé ; le tumulte augmente, et le Parlement demande formellement le renvoi de Mazarin. Après de nombreuses émeutes, le ministre se retire, la reine veut le suivre; le peuple s'y oppose et cerne le Palais-Royal. La régente, pour démentir le bruit de l'enlèvement du roi, commanda, dit madame de Motteville, qu'on ouvrit toutes les portes. Les Parisiens, ravis de cette franchise, se mirent tout près du lit du roi, dont on avait ouvert les rideaux, et reprenant alors un esprit d'amour, lui donnèrent mille bénédictions. Ils le regardèrent longtemps dormir, et ne pouvoient assez l'admirer. »

La guerre civile recommence, mais elle devient la dernière campagne de la noblesse contre la royauté ; Paris, dont les désirs de liberté ont été si étrangement dénaturés, n'y joue plus qu'un rôle médiocre, mais en gardant son caractère : « On dit qu'il n'y a point d'assurance dans le peuple, disait Gaston d'Orléans, l'on a menti ; il y a mille fois plus de solidité dans les halles que dans les cabinets du Palais-Royal. » Les Parisiens, ennemis de Mazarin, ennemis de Condé, que le Parlement a également déclarés criminels de lèse-majesté, ne s'inquiètent des armées, de la cour et du prince, de leurs mouvements, de leurs combats, que lorsque toutes deux se rapprochent de leurs murs. Alors la ville devient le théâtre de continuelles émeutes ; le duc de Beaufort soulève la populace contre la bourgeoisie, et chaque jour on tend les chaînes, on rassemble les *colonelles* ou légions de garde bourgeoise, on établit des postes pour empêcher le pillage. Cependant Condé, qui était à Saint-Cloud, cherche à gagner Charenton et veut traverser Paris : il se présente à la porte

(1) *Mém. de Joly.* t. II, p. 6.

de la Conférence ; les bourgeois le repoussent ; il est forcé de tourner les faubourgs du nord, qui étaient fortifiés. Alors Turenne se porte contre lui, bat son arrière-garde dans le faubourg Saint-Denis, et attaque son corps d'armée dans le faubourg Saint-Antoine. La bataille (2 juillet 1652) s'engage avec acharnement dans la grande rue hérissée de barricades, dans les rues voisines, dans les jardins, dans les maisons mêmes, où les soldats royaux se font un chemin en perçant successivement les murs. Mazarin place le jeune Louis XIV sur la terrasse d'une maison de Popincourt pour lui donner ce terrible spectacle, qu'il n'oublia jamais. Les Parisiens étaient sur les murailles, les portes fermées, inquiets d'une lutte qu'ils devaient payer cher, quel que fût le vainqueur ; une grande agitation régnait dans la ville, les bourgeois étant opposés, le peuple favorable au prince rebelle. La fille du duc d'Orléans, mademoiselle de Montpensier, voulait qu'on lui donnât un refuge dans Paris : elle ameute la multitude, menace le conseil de ville, et se jette dans la Bastille. Condé, avec sa petite armée de nobles, se défendait avec héroïsme, mais il allait succomber : soudain une décharge d'artillerie, presque à bout portant, jette le désordre dans l'armée royale : c'est le canon de la Bastille, c'est Mademoiselle qui vient d'y mettre le feu. En même temps la porte Saint-Antoine s'ouvre ; Condé s'y jette avec ses soldats ; le canon de la Bastille redouble et l'armée du roi est forcée de se mettre en retraite.

Le prince, réfugié dans Paris, voulut s'en rendre maître par la terreur. Le surlendemain de la bataille, une grande assemblée de magistrats, de curés et de députés des quartiers, se tint à l'Hôtel de ville pour amener une pacification ; bien que, composée de frondeurs, elle se montra favorable au retour du roi. Alors Condé ameuta une masse de bandits, de soldats, « de bateliers et gagne-deniers, dont le quartier est plein, » dit le père Berthod, lesquels commencèrent à tirer des coups de mousquet sur l'Hôtel, en criant : Mort aux mazarins! puis ils enfoncèrent les portes, malgré la résistance désespérée des gardes, mirent le feu aux salles et tuèrent à coups de baïonnette et de poignards tout ce qu'ils rencontrèrent. Ce fut une des plus tristes journées de l'histoire de Paris, et qui couvre d'un opprobre ineffaçable le vainqueur de Rocroi : cinquante-quatre magistrats et bourgeois tombèrent sous les coups des assassins, et parmi eux on remarqua le président Miron, le conseiller Ferrand, le marchand de fer Saint-Yon, etc. D'autres furent rançonnés, blessés, maltraités. Alors la ville fut livrée à la plus grande anarchie; mais le prince s'efforça vainement de rendre son pouvoir durable; la bourgeoisie reprit le dessus.

« Voyant que Paris étoit dépeuplé d'un tiers, qu'une infinité de familles en étoient sorties, que les rentes de la ville ne se payoient plus, que la moitié des maisons étoient vides, que les artisans et manouvriers périssoient (1), » elle commença à faire des assemblées pour le rétablissement de l'autorité royale, à entamer des négociations secrètes avec la cour, à crier : La paix! la paix! autour du Luxembourg et de l'hôtel de Condé (2). Mazarin se hâta, pour favoriser ces bonnes dispositions, de donner satisfaction à la haine populaire; il se retira à Sedan, et le roi publia une ordonnance d'amnistie. Alors les six corps de marchands se réunirent dans la maison des Grands-Carneaux, rue des Bourdonnais, et publièrent un manifeste violent « contre les princes et les autorités enfantées par la rébellion, » où ils se déclaraient résolus, au péril de leur vie et de leurs biens, à restaurer l'autorité du roi, invitant le peuple à quitter le bouquet de paille, insigne des frondeurs, et à prendre le ruban blanc, insigne des royalistes. Ce manifeste fut accueilli par

(1) *Mém. de Berthod*, p. 302.
(2) L'Odéon a été bâti sur l'emplacement de cet hôtel. Voyez l'*Histoire des quartiers de Paris*, liv. III, ch. III.

des acclamations, et répandit la terreur dans le parti des princes, qui essayèrent de soulever le petit peuple et firent approcher des troupes étrangères de Paris. Mais les bourgeois, surtout les marchands de soie du quartier Saint-Denis, prirent les armes ; et le prince de Condé, désespérant d'empêcher la paix, s'enfuit de la ville « en protestant qu'il se vengeroit des habitants et les persécuteroit jusqu'au tombeau. » (14 octobre 1652).

Le même jour, les échevins s'assemblèrent, firent leur soumission au roi, et lui envoyèrent une députation solennelle pour le supplier de rentrer dans la capitale. « Le peuple étoit dans des tressaillements de joie inconcevables sur l'espérance de revoir le roi à Paris ; et sur cela, on peut dire qu'il n'y a que les François qui aillent si vite d'une extrémité à l'autre, car on vit presque en même temps la passion que le peuple avoit de servir les princes se convertir en une aversion mortelle pour eux. Le lendemain, le roi fit son entrée par la porte Saint-Honoré, aux flambeaux, à cheval, à la tête de son armée, et Paris le reçut avec les plus éclatantes démonstrations de joie qu'on pouvoit désirer pour un conquérant et pour un libérateur de sa patrie (1). »

Il descendit au Louvre ; le lendemain il y réunit le parlement et lui fit défense de prendre à l'avenir connaissance des affaires de l'État. Alors la ville fut traitée sans ménagement : on abolit ses priviléges, on désarma ses milices, on brisa ses chaînes, on lui imposa une garnison royale et des magistrats royaux ; les registres du parlement et de l'Hôtel de ville qui contenaient les actes de cette époque furent lacérés par la main du bourreau. Milices, chaînes, magistratures populaires, priviléges municipaux, ne furent plus rétablis pendant toute la monarchie absolue. Paris fut tenu

---

(1) *Mém. de Berthod*, p. 369.

dans la soumission la plus complète, regardé continuellement avec défiance, annulé comme puissance politique : il cessa même d'être le séjour de la cour, qui se tint dorénavant, d'abord à Saint-Germain, ensuite à Versailles. Cet état de choses dura cent trente-six ans ; alors le canon de la Bastille se fit de nouveau entendre, et cette fois il marquait non plus la lutte de la royauté et de la noblesse en face du peuple, spectateur indifférent, mais le réveil de Paris, la conquête de toutes ces libertés que la Fronde avait demandées ou perdues, la défaite de la noblesse et de la royauté, et l'avènement du peuple !

§ XVII.

Paris sous Louis XIV. — Monuments. — Habitations d'hommes célèbres. — État des mœurs. — Police nouvelle. — Situation du peuple et de la bourgeoisie.

Paris, déserté par la cour et privé de vie politique, n'en garda pas moins son importance, et prit, sous le grand règne, un immense accroissement. Ce n'était plus le temps où il y avait continuellement à craindre une incursion des Anglais ou des Espagnols : la frontière de la France avait été éloignée et si vigoureusement garnie, que la capitale pouvait laisser tomber ses murailles, s'agrandir des huit ou dix villes qui s'étaient formées au delà de ses fossés, et ne plus songer, à l'ombre de l'épée du grand roi, qu'à s'enrichir dans les travaux de la paix. Un édit royal, inspiré sans doute par les souvenirs de la Ligue, de la Fronde, et de tant de siéges où Paris avait tenu ses maîtres en échec, concéda à la ville ses murailles et portes qui tombaient en ruines et ses fossés à demi comblés, à la charge de les détruire et d'y faire des plantations et des maisons. Ainsi furent commencés, en 1670, ces boulevards du nord qui sont devenus le plus bel ornement et la partie la plus animée de la capitale. Ils n'allèrent d'abord que de la porte Saint-Antoine à la porte Saint-Denis ; mais, en 1685, le rempart du temps de Louis XIII fut porté des rues Sainte-Appolline, Beauregard, des Jeûneurs, Saint-Marc, etc., jusqu'à l'emplacement des boulevards actuels, et en 1704, cette longue promenade était achevée de la porte Saint-Antoine à la porte Saint-Honoré. Alors les faubourgs Saint-Antoine, du Temple, Saint-Martin, Saint-Denis, Montmartre, furent compris dans Paris. Du côté du midi, les autres portes et fossés furent aussi détruits ; l'on commença de même une ligne de boulevards, et les faubourgs Saint-Victor, Saint-Marcel, Saint-Jacques, les quartiers du Luxembourg, Saint-Germain-des-Prés, des Invalides, firent partie de la ville ; mais les boulevards ne furent plantés que sous Louis XV, et achevés seulement en 1760. Enfin, à cette époque, Paris fut divisé régulièrement en vingt quartiers, et cette division a subsisté jusqu'en 1790.

Dans le même temps furent construits des monuments que nous décrirons plus tard : le *collége des Quatre-Nations*, la *Salpétrière*, la *colonnade du Louvre*, l'*hôtel des Invalides*, l'*Observatoire*, les *places Vendôme et des Victoires*, les *portes Saint-Denis* et *Saint-Martin*, etc. On créa les manufactures des Gobelins et des glaces, la bibliothèque royale, les Académies des sciences, des beaux-arts, des belles-lettres, etc. Un grand nombre de maisons religieuses furent aussi fondées ; mais, au lieu d'être uniquement consacrées à la prière et à la méditation, presque toutes eurent un but d'utilité pratique, et furent destinées au soulagement des malades, à l'instruction des pauvres, à l'éducation des orphelins. Nous les décrirons aussi dans l'*Histoire des quartiers de Paris*, ainsi que les habitations célèbres de cette époque : hôtel Mazarin, hôtel Colbert, hôtel Turenne, hôtel Lamoignon, maisons de madame de Maintenon, de Ninon de Lenclos, de madame de Sévigné : noms magiques qui évoquent à nos yeux le xviie siècle avec ses grands hommes, ses grandes choses, son goût exquis pour les jouissances de l'esprit, ses écrits immortels, ses conversations délicieuses, ses femmes si pleines de séductions et de grâce! « Sociétés depuis longtemps évanouies, dit Chateaubriand, combien vous ont succédé! Les danses s'établissent sur la poussière des morts et les tombeaux poussent sur les pas de la joie! » Néanmoins nous devons dès à présent mentionner, pour l'histoire des mœurs de ce vieux Paris, que, vers la fin du siècle, la Bruyère regrettait déjà les habitations modestes de trois hommes de génie.

Dans la rue Saint-Honoré, au coin de la rue des Vieilles-Étuves, était la maison sombre et chétive qui a vu naître Molière : il est mort, dit-on, dans la maison n° 34 de la rue Richelieu, en face de laquelle Paris vient de lui élever un tardif monument. Dans la maison n° 18 de la rue d'Argenteuil, demeurait Corneille; c'est là qu'il est mort. Racine a habité pendant quarante ans dans la maison n° 12 de la rue des Maçons (1). A voir les demeures obscures de ces grands hommes, on se figure leur vie simple et silencieuse, leur intérieur si calme et si bourgeois, leurs études si larges, si fortes, dans une chambre mal éclairée, sans ornements, garnie de quelques vieux livres; on croit assister à leurs discussions savantes, candides, polies, sur le beau, sur le goût, sur la prééminence des anciens ou des modernes, sur la grâce, et le libre arbitre, vieilleries aussi ridicules qu'inutiles, dit notre

---

(1) Dans une lettre à Boileau, datée du camp de Gévries, 21 mai 1692, il lui raconte la revue que le roi vient de passer de son armée, forte de « six vingt mille hommes ensemble, sur quatre lignes, » et dit : « J'étois si las, si ébloui de voir briller des épées et des mousquets, si étourdi d'entendre des tambours, des trompettes et des timbales, qu'en vérité je me laissois conduire par mon cheval, sans avoir plus d'attention à rien; et j'eusse voulu de tout mon cœur que tous les gens que je voyois eussent été chacun dans leur chaumière ou dans leur maison avec leurs femmes et leurs enfants, et moi dans ma rue des Maçons, avec ma famille. »

superbe littérature, et qui occupaient toutes les imaginations de ce pauvre XVII° siècle (1). Qui ne voudrait revoir la chambre où Molière lisait le *Bourgeois gentilhomme* à sa servante,

(1) C'était la vie de tous les hommes d'étude, de toute la bourgeoisie lettrée de cette époque, la preuve en est dans ces lignes de Guy Patin, ce type si curieux et si complet des Parisiens du XVII° siècle; si heureux quand « il fait la débauche avec Sénèque et Cicéron; » si caustique quand il examine « le tric trac du monde qui est autant fou que jamais ; ». si profond quand « il perd pied dans les abîmes de la Providence. » (Il demeurait place du Chevalier-du-Guet, et nous l'y retrouverons.) « Je passe tranquillement, écrit-il, les après-soupers avec mes deux illustres voisins, M. Miron, président aux enquêtes, et M. Charpentier, conseiller aux requêtes. On nous appelle les trois docteurs du quartier. Notre conversation est toujours gaie : si nous parlons de la religion ou de l'État, ce n'est qu'historiquement, sans songer à réformation ou à sédition. Notre principal entretien regarde les lettres, ce qui s'y passe de nouveau, de considérable et d'utile. L'esprit ainsi délassé, je retourne à ma maison, où après quelque entretien avec mes livres, je vais chercher le sommeil dans mon lit, qui est, sans mentir, comme a dit notre grand Fernel, après Sénèque le tragique, *pars humanæ melior vitæ*. Je soupe peu de fois hors de la maison, encore n'est-ce guère qu'avec M. de Lamoignon, premier président. Il m'affectionne il y a longtemps ; et, comme je l'estime pour le plus sage et le plus savant magistrat du royaume, j'ai pour lui une vénération particulière, sans envisager sa grandeur (1658). »

Cependant ces conversations n'étaient pas toujours si littéraires; et voici d'autres lignes qui nous apprennent tout ce qu'il y avait de hardi dans la pensée secrète de ces bourgeois de la Fronde :

« M. Naudé, bibliothécaire du Mazarin, et intime ami de M. Gassendi, comme il est le nôtre, nous a engagés pour dimanche prochain à aller souper et coucher tous trois en sa maison de Gentilly, à la charge que nous ne serons que nous trois et que nous y ferons la débauche, mais Dieu sait quelle débauche ! M. Naudé ne boit naturellement que de l'eau et n'a jamais goûté vin ; M. Gassendi est si délicat qu'il n'oseroit boire et s'imagine que son corps brûleroit s'il en avoit bu... Pour moi (je ne puis que jeter de la poudre sur l'écriture de ces grands hommes), j'en bois fort peu ; et néanmoins ce sera une débauche, mais philosophique, et peut-être quelque chose davantage ; *peut-être tous trois guéris du loup-garou et délivrés du mal des scrupules, qui est le tyran des consciences, nous irons jusques fort près du sanctuaire*. Je fis l'an ou bien conversait avec Vivonne et Despréaux, ou bien dévorait les larmes que faisaient couler les infidélités de la séduisante Béjart? Qui ne voudrait revoir Corneille dans son quatrième étage, vivant avec son frère, isolé et sans valets, si pauvre, lui dont le génie a donné des millions aux acteurs et aux libraires, qu'un jour, en sortant de chez lui, il s'arrêta pour faire rapiécer ses souliers par le savetier du coin? Qui ne voudrait revoir Racine, demi-gentilhomme, demi-bourgeois, après avoir suivi le roi à l'armée ou à Fontainebleau, retrouvant dans son ménage ses filles *Babet, Nanette, Fanchon* et *Madelon*, ou bien envoyant à son fils, attaché à l'ambassade de Hollande, « deux chapeaux avec onze louis d'or et demi, vieux, faisant cent quarante livres dix-sept sous six deniers, » en l'avertissant d'en être bon ménager et de suivre l'exemple de M. Despréaux, qui vient de toucher sa pension et de porter chez son notaire dix mille francs pour se faire cinq cent cinquante livres de rente sur la ville! » Enfin, qui ne voudrait revoir ce cabaret de la *Pomme-de-Pin*, déjà illustré par Villon et Regnier, où venaient Racine et Molière, Lulli et Mignard, le marquis de Cavoye et le duc de Vivonne, où Chapelle entraînait Boileau,

> Et répandait sa lampe à l'huile
> Pour lui mettre un verre à la main.

Le lieu n'était pas brillant, mais la chère y était bonne; on n'y voyait ni glaces ni dorures, mais de grosses tables dans des retraits bien clos, où l'on fêtait à loisir la *dive bouteille* et la *purée septembrale*. Que d'esprit s'est dépensé dans cette obscure taverne! que de joyeux propos, d'entretiens charmants, de vers faciles! quelle gaieté naïve, décente et

---

passé ce voyage de Gentilly avec M. Naudé, moi seul avec lui tête à tête; il n'y avoit point de témoins, aussi n'y en falloit-il point; nous y parlâmes fort librement de tout, sans que personne en ait été scandalisé. » (*Lettres*. t. 2. p. 508.)

douce! Hélas! tout cela est déjà pour nous de l'histoire ancienne.

Après les troubles de la Fronde qui avaient augmenté dans la ville ses éléments de désordre, on avait vu Paris infesté plus que jamais de filous, de faux monnayeurs, de coupe-jarrets, de soldats vagabonds et de valets tapageurs (1); de plus les *cours des Miracles* (2) vomissaient chaque matin une armée de trente mille mendiants valides et affectant des infirmités, lesquels s'étaient organisés en *royaume* « et vivaient, dit un écrit du temps, comme païens dans le christianisme, en adultère, en concubinage, en mélange et communauté de sexes, puisant l'abomination avec le lait, ayant le larcin par habitude et l'impiété par nature, faisant commerce des pauvres enfants, enfin étant tels que parmi eux il n'y a plus d'intégrité du sexe après l'âge de cinq à six ans. »

On pendait, on rompait, on décapitait les voleurs et les assassins avec une incroyable et barbare facilité ; toutes les rues, toutes les places étaient, chacune à son tour, ensanglantées par des supplices ; c'était le spectacle de tous les jours, spectacle fort couru, fort goûté du peuple et même des grands (3); » mais, dit Guy Patin, on a beau pendre les voleurs, on ne sauroit en tarir la source (4). » Et en effet, comment empêcher le

(1) On connaît ces vers de Boileau :

> Sitôt que de la nuit les ombres pacifiques
> D'un double cadenas font fermer les boutiques...
> Les voleurs à l'instant s'emparent de la ville ;
> Le bois le plus funeste et le moins fréquenté
> Est auprès de Paris un lieu de sûreté...

) Voir *Histoire des quartiers de Paris*, liv. II, chap. v.

(3) Voir les *Lettres de Madame de Sévigné* sur les supplices de la Brinvilliers et de la Voisin. La foule qui assistait aux exécutions était si grande qu'il y avait souvent des gens étouffés.

(4) « M. de Saint-Cyran (Duvergier de Hauranne, l'ami de Jansénius) m'a dit autrefois en parlant de ces exécutions criminelles, qu'il mouroit, à Paris, plus de monde de la main du bourreau que presque

vol dans une ville où la police était tellement faite, « que les compagnies du régiment des gardes voloient impunément aux bouts des faubourgs ceux qui entroient ou sortoient de la ville (1) ? » Quant aux désordres d'un autre genre, quant aux crimes produits par la débauche, une seule phrase de Guy Patin nous en dévoilera toute l'horreur. Une demoiselle de la cour, ayant été séduite par le duc de Vitry, se fit avorter et mourut. La sage-femme qui l'avait aidée dans son crime fut condamnée à être pendue. A ce sujet « les vicaires généraux se sont allés plaindre à M. le premier président que depuis un an six cents femmes, de compte fait, se sont confessées d'avoir tué et étouffé leur fruit (2). »

En 1666, un édit royal mit fin au désordre de la capitale en créant dans la prévôté de Paris un troisième lieutenant : ce fut le *lieutenant de police* qui eut le privilége de travailler directement avec le roi. Alors la ville changea de face : par la sévérité et la vigilance de la Reynie, premier lieutenant de police, et surtout de son successeur l'illustre d'Argenson, qui devint plus tard garde des sceaux (3), Paris se trouva tout d'un coup délivré des gens sans aveu, sans domicile,

en tout le reste de la France, ce qui n'est pas absolument vrai ; mais il parloit avec horreur et extrême doléance de tant de meurtres et assassinats qui se faisoient à Paris, et il approuvoit fort les punitions exemplaires que les juges en font faire. Aussi Paris en a-t-il bien besoin, car il y a trop de larrons, de vauriens et trop de gens oiseux qui ne cherchent qu'à faire bonne chère et à être braves aux dépens d'autrui. » (*Lettres de G. Patin*, t. 3, p. 639).

(1) *Lettres de Guy Patin*, t. 2, p. 180, ann. 1655.
(2)   Id.   t. 3, p. 226.
(3) « Ç'a été, dit un écrivain du temps de Louis XV, le plus grand génie et le plus grand politique de son siècle, comparable au cardinal de Richelieu. Il avoit la confiance de Louis XIV, et il est resté lieutenant de police durant son règne, parce qu'il étoit nécessaire au roi dans ce poste par la connoissance qu'il avoit de Paris ; mais en même temps il avoit plus de crédit dans ce poste inférieur que les ministres et les premiers magistrats. » (*Journal historique de Barbier*, t. I, p. 84.

sans métier, qui étaient maîtres de son pavé. On ouvrit de nombreux asiles à la misère, à la maladie, à l'enfance, à la vieillesse, entre autres l'*hôpital général* (1) ; on établit une taxe des pauvres ; on interdit la mendicité (2) et l'on créa un corps spécial pour arrêter les mendiants, les *archers de l'hôpital ;* enfin on imposa le joug rigoureux des lois aux seigneurs, et l'on donna de la force à l'administration en supprimant les vingt-deux justices seigneuriales et ecclésiastiques qui se partageaient la ville avec la justice du roi, en les réunissant au tribunal du Châtelet, et en fermant toutes les prisons particulières, à l'exception de celles du For l'Évêque, de Saint-Éloi, de Saint Martin et de Saint-Germain. Tous les règlements de police sur la voirie furent renouvelés, étendus et sévèrement mis à exécution ; les concessions d'eau faites abusivement à des couvents et maisons particulières furent abolies et le nombre des fontaines augmenté ; le balayage et l'enlèvement des boues furent confiés à un service régulier d'agents et de voitures ; les tanneries et autres industries insalubres furent éloignées de la rivière et reléguées dans les quartiers les moins peuplés ; l'éclairage, qui ne s'était fait jusqu'alors que partiellement et accidentellement dans quelques rues et devant quelques maisons, devint général au moyen de six mille cinq cents lanternes à chandelle réparties dans tous les quartiers. On doubla les compagnies du guet royal, le guet bourgeois n'existant plus depuis l'abolition des milices parisiennes ; on confia la garde de la ville au régiment des gardes françaises qui se recrutait presque

(1) Voir l'*Histoire des quartiers de Paris*, liv. III, chap. I, pour l'ordonnance de fondation.

(2) « On va incessamment, dit le *Journal de Dangeau*, renfermer tous les pauvres qui sont à Paris ; il y aura des ateliers différents pour faire travailler ceux qui en auront la force ; on fera subsister ceux qui ne sont pas en état de travailler, et en même temps on punira sévèrement ceux qui demandent l'aumône dans les rues. »

entièrement d'enfants de Paris et on leur bâtit des casernes ; on inventa les pompes à incendie, les voitures publiques appelées *fiacres* (1), qui succédèrent à celles que nous appelons aujourd'hui *omnibus*, dont la première idée est attribuée à Pascal (2) ; on fit les premières ordonnances sanitaires relatives aux prostituées, et l'on ouvrit un premier hôpital pour ces malheureuses ; on créa la halle aux Vins, le marché de Sceaux, la caisse de Poissy, et n'eût été la crainte de l'enchérissement de la viande, on eût fait des abattoirs. « Le roi a dit, raconte Guy Patin, qu'il veut faire de Paris ce qu'Auguste fit de Rome, *lateritiam reperi, marmoream relinquo*..... Aussi on travaille diligemment à nettoyer les rues, qui ne furent jamais si belles ; on exécute la police sur les revendeuses, ravaudeuses et savetiers qui occupent des lieux qui incommodent le passage public ; on visite les maisons et l'on en chasse les vagabonds et gens inutiles ; on établit un grand ordre contre les filous et les voleurs de nuit (3). »

(1) On les appela ainsi, soit de la maison où elles s'établirent, rue Saint-Martin, et qui avait pour enseigne saint Fiacre, soit d'un moine des Petits-Pères, nommé Fiacre qui mourut, vers ce temps, en odeur de sainteté, et dont on mit l'image dans ces voitures *pour les préserver d'accidents*.

(2) « En 1650, dit un almanach, on établit à Paris des carrosses à cinq sous par place ; ils partoient à différentes heures marquées pour elle, d'un quartier à l'autre, et ressembloient aux coches et diligences dont on se sert aujourd'hui sur les routes. » Ces voitures eurent d'abord une grande vogue, mais étant mal administrées, elles ne réussirent pas. En 1662, il y avait trois lignes de *carrosses à cinq sous* : la première de la Porte-Saint-Antoine au Louvre ; la deuxième de la place Royale à Saint-Roch ; la troisième de la Porte-Montmartre au Luxembourg.

(3) *Lettres*, t. 3, p. 619 et suiv. — La grande voirie fut alors confiée à deux magistrats financiers qu'on appelait *trésoriers de France*. « Elle se bornait, dit M. de Chabrol-Volvic, à la haute surveillance de la solidité des constructions, à la prohibition des étalages extérieurs et à l'exécution de quelques règlements de salubrité. Quant aux alignements à suivre pour les constructions nouvelles,

Enfin « il y avoit plusieurs soldats et même des gardes du corps qui, dans Paris et sur les chemins voisins, prenoient par force des gens qu'ils croyoient être en état de servir et les menoient dans des maisons qu'ils avoient pour cela dans Paris, où ils les enfermoient et ensuite les vendoient malgré eux aux officiers qui faisoient les recrues. Ces maisons s'appeloient *des fours*. Le roi, averti de ces violences, a commandé qu'on arrêtât tous ces gens-là et qu'on leur fît leur procès. Il ne veut point qu'on enrôle personne par force. On prétend qu'il y avoit vingt-huit de ces *fours* dans Paris (1), » lesquels ne servaient pas seulement à retenir les hommes à vendre comme recrues, ils servaient encore à renfermer des femmes et des enfants que l'on enlevait pour les vendre et les envoyer en Amérique.

Grâce à ces importantes innovations, grâce surtout au gouvernement vigoureux, éclairé, national de Louis XIV, Paris jouit pendant tout son règne, et malgré les désastres qui en marquèrent la fin, d'une grande prospérité (2). Alors

---

ils étaient en quelques sorte indiqués sur place par l'examen isolé des lieux. On n'était pas alors frappé, comme aujourd'hui, de la nécessité de subordonner toutes ces décisions à un projet général et fixe qui eût pour but l'assainissement et l'embellissement de la capitale. » (*Recherches statistiques sur Paris.*)

(1) *Journal de Dangeau*, publié par MM. Soulié, Dussieux, etc. t. V. 168.

(2) Il faut excepter les misères causées par la famine de 1709 et qui amenèrent quelques troubles. « Il y eut le matin, dit Dangeau, (20 août 1709) un assez grand désordre à Paris. Des pauvres, qu'on avait fait assembler pour travailler à ôter une butte (la butte Bonne-Nouvelle) qui est sur le rempart du côté de la porte Saint-Denis, s'impatientèrent de ce qu'on ne leur distribuait pas assez vite le pain qu'on leur avait promis et commencèrent par piller la maison où était le pain ; ils se répandirent ensuite dans les rues de Paris en fort grand nombre, pillèrent les maisons des boulangers et marchèrent à la maison de M. d'Argenson. On fut obligé de faire marcher les gardes françaises et suisses qui sont dans Paris ; les mousquetaires même montèrent à

cette ville, dont l'industrie ne s'était exercée jusqu'à cette époque que dans les choses nécessaires à ses habitants, commença d'avoir de grands métiers, d'envoyer ses produits, ses *articles*, bijoux, meubles, modes, dentelles, dans une grande partie de la France et même de l'Europe. Les règlements de saint Louis sur les métiers, les corporations industrielles, les maîtrises furent renouvelés par Colbert et adaptés aux besoins du temps et aux progrès de l'industrie. Les fêtes données par le grand roi, les établissements fondés par lui, les monuments élevés en son honneur, les couvents, les spectacles, les sociétés, attirèrent à Paris une multitude de provinciaux et d'étrangers qui augmentèrent sa richesse. « Tout Paris est une grande hôtellerie, dit un de ces voyageurs; les cuisines fument à toute heure; on voit partout des cabarets et des hôtes, des tavernes et des taverniers... Le luxe est ici dans un tel excès, que qui voudroit enrichir trois cents villes désertes, il lui suffiroit de détruire Paris. On y voit briller une infinité de boutiques où l'on ne vend que des choses dont on n'a aucun besoin; jugez du nombre des autres où l'on achète celles qui sont nécessaires... — Le peuple, ajoute-t-il, fréquente les églises avec piété, pendant que les nobles et les grands y viennent pour se divertir, pour parler et faire l'amour. Il travaille tous les jours avec assiduité, mais il aime à boire les jours de fête, encore bien qu'une petite mesure de vin à Paris vaille plus qu'un baril à la campagne. Il n'y a pas au monde un peuple plus industrieux et qui gagne moins (1), parce qu'il donne tout à son ventre et à ses habits; malgré cela, il est toujours content. Et pourtant je ne pense pas qu'il y ait au monde un enfer plus terrible que d'être pauvre à Paris, et de se voir conti-

cheval. Il y eut quelques gens tués de cette canaille, parce qu'on fut obligé de tirer dessus et on en a mis quelques-uns en prison. »
(1) D'après Vauban, la journée d'ouvrier à Paris variait de douze à trente sous.

nuellement au milieu de tous les plaisirs, sans pouvoir en goûter aucun. »

Quant à la bourgeoisie, le règne de Louis XIV est son beau temps. La Fronde avait été pour elle un grand enseignement : elle sentit le ridicule et l'absurde de ses prétentions à gouverner une société encore toute féodale ; elle revint à sa place, elle rentra dans la subordination sans regrets et presque sans envie ; elle vécut modestement sous la main de son antique protectrice, la royauté qui, retrouvant en elle son alliée soumise, lui donna sans éclat et sans secousse une belle part de sa puissance. En effet, « sous ce long règne de vile bourgeoisie, » ainsi que l'appelle Saint-Simon, on vit les familles parlementaires et municipales de Paris occuper les hauts postes de l'administration, les intendances, les ambassades, même les ministères : témoin celles des Lepelletier, des Chamillard, des Voisin, et surtout cette famille si grande, si fameuse des Arnauld ; on les vit même dans les hautes dignités de l'armée, témoin Catinat. La bourgeoisie parisienne se fait une belle place dans la société si régulièrement classée du XVIIe siècle, non-seulement par ses services, mais par ses vertus, par la gravité de ses mœurs et la simplicité de sa vie, par sa soumission sans servitude, et son opposition calme et mesurée, par sa haine « contre les tyranneaux, les partisans, les maîtres passefins et les opérateurs d'iniquités, » enfin par sa grande instruction, sa passion pour les lettres, « son orthodoxie du bon sens, » sa bonhomie pleine de gaieté maligne et de mordant gaulois.

La population de Paris s'éleva, sous le règne de Louis XIV, à plus de 500,000 habitants : on comptait dans cette ville 500 grandes rues, 9 faubourgs, 100 places, 9 ponts, 22,000 maisons, dont 4,000 à porte cochère, et Vauban put dire d'elle : « Cette ville est à la France ce que la tête est au corps humain. C'est le vrai cœur du royaume, la mère commune de la France, par qui tous les peuples de ce grand État subsistent, et dont le royaume ne saurait se passer sans déchoir considérablement. »

§ XVIII.

Paris sous Louis XV. — Événements historiques. — État des mœurs. — Monuments et améliorations matérielles. — Théâtres, etc.

Sous le règne de Louis XV, Paris ne sort pas de l'état de soumission politique auquel le gouvernement du grand roi l'a façonné ; mais il est matériellement moins tranquille, et la misère ainsi que les tyrannies de la police y amènent de passagères séditions. D'ailleurs, il modifie ses mœurs, son caractère, ses habitudes, son esprit. Ainsi il commence à prendre un goût désordonné pour l'argent, à se livrer avidement, follement au jeu des opérations financières, à se laisser dominer par la caste égoïste de ces *traitants*, que madame de Maintenon appelait la *balayure de la nation*, et que Lesage, à cette époque, flagella dans *Turcaret*. Paris avait pourtant applaudi dans les premiers jours de ce règne aux poursuites du régent contre « les sangsues de l'État, » poursuites par lesquelles plus de quatre mille familles furent taxées arbitrairement à une restitution de cent cinquante-six millions. Mais le système de Law « fit des Parisiens, dit un poëte du temps, autant de Danaés. » On sait quelle frénésie s'empara alors de la capitale, quelle foule assiégeait chaque jour les rues Richelieu et Vivienne, où était situé l'hôtel Mazarin, demeure du grand financier, quelles scènes étranges se passèrent dans la rue Quincampoix, sur la place Vendôme, dans l'hôtel de Soissons, où se négociaient les actions ; comment enfin la chute du système amena des émeutes terribles où le Palais-Royal fut envahi, où seize victimes périrent étouffées dans la foule. Paris fut bouleversé par cette grande et désastreuse expérience qui fit hausser d'une manière exorbitante tous les objets fabriqués (1), mais il lui en advint plus de bien que de mal : cent mille provinciaux ou étrangers accoururent dans ses murs ; les joueurs jetèrent l'or à pleines mains dans toutes ses maisons de plaisirs ; la recette de l'Opéra s'éleva dans un an de 120,000 à 740,000 livres. D'ailleurs la richesse qui était auparavant dans le sol et dans un petit nombre de maisons nobles, se trouva déplacée, mobilisée ; elle s'en alla dans des mains roturières et plus nombreuses, et commença à suivre les variations du commerce ; on créa de nouveaux établissements industriels ; le salaire et l'aisance des ouvriers furent augmentés (2), et la bourgeoisie se plaça sur un pied d'égalité avec la noblesse par son goût du luxe et des jouissances matérielles. « Aujourd'hui, dit un contemporain, que l'argent fait tout, tout est confondu à Paris. Les artisans aisés et les marchands riches sont sortis de leur état ; ils ne comptent plus au nombre du peuple (3). »

(1) « Une paire de bas de soie vaut 40 liv. ; le beau drap gris vaut 70 à 80 liv. l'aune ; un train de carrosse, qui valait 100 écus, vaut 1,000 liv. ; l'ouvrier qui gagnoit 4 liv. 10 s. par jour, veut gagner 6 liv., et il est quatre jours sans travailler, à manger son argent. » (*Journal historique de Barbier*, avocat au parlement de Paris, t. 1, p. 42.) L'industrie de luxe à cette époque consistait principalement en étoffes d'or, d'argent et de soie, ferrandines moires, taffetas, rubans, galons d'or et d'argent, etc.

(2) Cette augmentation de salaire amena quelques troubles pendant les années suivantes, les ouvriers n'ayant pas voulu subir de diminution. Ainsi Barbier raconte que les ouvriers en bas, qui étaient quatre mille à Paris, « ont menacé de coups de bâtons ceux d'entre eux qui consentiroient à la diminution, et ils ont promis un écu par jour à ceux qui ne pourroient pas vivre sans cela. Pour cet effet ils ont choisi un secrétaire qui avoit la liste des ouvriers sans travail, et un trésorier qui distribuoit la pension. Ces ouvriers demeurent dans le Temple. On s'est plaint au contrôleur général, et on en a fait mettre une douzaine en prison au pain et à l'eau. Cela montre qu'il ne faut pas laisser le peuple se déranger et la peine qu'on a à le réduire » (t. I, p. 207).

(3) *Journal de Barbier*, t. II, p. 411.

Aux folies financières succédèrent les folies religieuses. Un prêtre janséniste mourut : ses amis l'honorèrent comme un saint et vinrent prier sur sa tombe ; les zélés et les intrigants du parti voulurent qu'il fît des miracles ; et bientôt l'on vit dans le cimetière Saint-Médard des fous éprouver des convulsions, de prétendus malades célébrant leur guérison, d'autres insensés recherchant la persécution et le martyre. Le gouvernement ferma le cimetière, emprisonna les convulsionnaires, poursuivit les fanatiques jusque dans leurs assemblées secrètes ; mais les convulsions et les miracles ne cessèrent que sous les sarcasmes des écrivains et des philosophes. Quant au parti janséniste, qui « compose à présent, dit Barbier, les deux tiers de Paris de tous états et surtout dans le peuple (1) » il devint de plus en plus le parti de l'opposition politique et celui qui cachait en son sein les principes mêmes de la révolution.

Les autres événements de l'histoire de Paris, pendant le règne de Louis XV, peuvent se résumer en peu de mots : d'abord c'est la consternation des Parisiens quand, le roi étant tombé malade à Metz, toutes les églises étaient encombrées de fidèles demandant au ciel la vie du monarque *bien-aimé* (2) ; ensuite leurs malédictions suivies d'une émeute

(1) *Journal*, t. II, p. 173.
(2) Ces témoignages d'affection enthousiaste se sont plusieurs fois reproduits pendant le règne de Louis XV : ainsi en 1721, le rétablissement du roi, après une petite maladie, fut célébré par des manifestations d'allégresse presque incroyables : « Il y avoit, dit Barbier, des jeux, des illuminations à toutes les fenêtres, des tables et des tonneaux de vin dans les rues, des danses et des cris à étourdir, des *Te Deum* chantés par tous les corps et communautés ; et cela dura quinze jours. Jamais on n'a vu dans Paris le monde qu'il y a eu, jusqu'à trois heures du matin, à faire des folies étonnantes : c'étoit des bandes avec des palmes et un tambour ; d'autres avec des violons ; enfin les gens âgés ne se souviennent pas d'avoir vu pareil dérangement et pareil tapage lors d'une réjouissance dans Paris : il est impossible de décrire cela » (*Journal*, t. I, p. 99).

où l'hôtel du lieutenant de police fut sur le point d'être saccagé, quand le bruit courut que le roi ravivait ses sens blasés par des bains de sang humain et qu'on enlevait à cet effet des enfants dans Paris ; puis les troubles causés par le tirage à la milice pendant les guerres de 1740 et de 1756, quand on affichait des placards séditieux où l'on menaçait « de mettre le feu aux quatre coins de la ville (1) ; » enfin les émotions de toute la population pendant la lutte que se livrèrent les jésuites et les parlements, alors que les curés

(1) Ces placards sont de l'année 1743, et néanmoins le tirage se fit sans accident. « La milice est fixée à dix-huit cents hommes dans Paris, raconte Barbier, garçons de l'âge de seize ans jusqu'à quarante, et de cinq pieds au moins. Les enfants de tous les corps et communautés, des marchands et artisans, tireront au sort, ainsi que les gens de peine et de travail et autres habitants qui ne seront pas dans le cas d'être exemptés par l'état, leurs charges et leurs emplois : cela a été étendu à tous les domestiques. Il est dit en outre que tous les gens sans aveu, profession ou domicile fixe, comme domestiques hors de condition, ouvriers sans maître et vagabonds, sont miliciens de droit... » — Il y eut ensuite exemption pour les domestiques des princes, nobles, magistrats, avocats, gens de finance et même pour les fils de certains marchands et artisans, suivant la capitation qu'ils paiaient : « ce qui fait voir que le but est de tirer de l'argent, parce que les marchands et artisans aimeront mieux augmenter leur capitation que de voir leurs enfants sujets à la milice. » Au reste les bourgeois furent très-mécontents de voir la livrée exemptée, « ce qui ne remplit pas l'idée qu'on sembloit avoir de repeupler les campagnes par la diminution des domestiques dans Paris. « Le tirage se fit dans l'hôtel des Invalides, quartier par quartier ; il y avoit cinq billets noirs sur trente billets ; ceux qui tiroient les billets noirs étoient miliciens ; ils se décoroient de rubans bleus et blancs et couroient Paris en s'arrêtant dans les cabarets. On obtint ainsi cinq mille hommes au lieu de dix-huit cents. Les faubourgs Saint-Antoine et Saint-Marceau, « qui sont remuants et composés de populace, » tirèrent les derniers et joyeusement comme à une fête, « avec violons et tambours. » Ce tirage fit ressortir l'esprit glorieux qui animait dès lors le peuple parisien : « car cette milice, dit Barbier, fait engager un grand nombre d'ouvriers qui préfèrent par honneur la qualité de soldat à celle de milicien, » (t. II, p. 353 et suiv.).

refusaient les sacrements aux jansénistes et que les magistrats faisaient communier les malades au milieu des huissiers et des baïonnettes. Ajoutons à ces événements le supplice sauvage, infernal de Damiens, honte d'une époque qui avait sans cesse à la bouche le mot d'humanité, la mort inique, infâme de Lally (1), enfin les fêtes du mariage du dauphin et de Marie-Antoinette qui furent, par la faute d'une police inepte, effroyablement attristées par la mort de cent trente-deux personnes écrasées sur la place où, vingt-trois ans après, les malheureux époux devaient périr sur l'échafaud. Ce sont là les principaux faits dont Paris a été le théâtre sous le règne de Louis XV ; mais l'histoire de cette ville, « de ce pays des madrigaux et des pompons, » ainsi que l'appelle

(1) Les exécutions criminelles furent aussi fréquentes sous le règne de Louis XV que sous le règne de Louis XIV : c'était toujours le spectacle qui plaisait le mieux à la foule. Ainsi Barbier raconte qu'un criminel fut décapité à la Croix-du-Trahoir, rue Saint-Honoré. « L'endroit était assez serré; il y a eu plusieurs personnes estropiées et des chevaux étouffés... Le bourreau l'a décollé parfaitement d'un seul coup. Il a pris la tête et l'a montrée, et tout le peuple a claqué des mains pour lui faire compliment sur son adresse » (t. II, p. 154). Ces exécutions furent souvent l'occasion de malheurs et de séditions : ainsi en 1721, « un laquais de M. d'Erlach, capitaine des gardes suisses, avoit dit des sottises de sa maîtresse et avoit été mené au Châtelet, où son procès a fini par une condamnation au carcan et aux galères. Hier l'exposition devoit avoir lieu, et on conduisit le laquais, à la queue d'une charrette, avec deux cents archers du guet, dans la rue Sainte-Anne, butte Saint-Roch, vis-à-vis la maison du sieur d'Erlach. Presque personne n'avoit suivi la charrette; mais à la maison, il y avoit cinq à six mille âmes. Aussitôt que le poteau a été enfoncé, la populace s'est émue et l'a brisé : alors le laquais a été ramené au Châtelet par les archers qui ont tiré quelques coups. M. d'Erlach, qui craignoit le peuple, avoit eu la prudence de faire entrer, le matin, presque toute sa compagnie dans sa maison, pour l'empêcher d'être pillée. Toutes les vitres ont été cassées; la compagnie a tiré, et il y a eu quatre ou cinq personnes tuées, et plusieurs blessées et d'autres prises. On n'ose plus mettre à présent au carcan. Voilà la troisième fois que pareille sédition arrive » (Barbier, T. I, p. 113).

Voltaire, n'est pas, à cette époque, dans les événements qui agitent ses rues, elle est dans son amour du luxe et des plaisirs, dans le progrès de ses richesses, dans l'état des esprits et de la société, elle est dans ses mœurs tellement licencieuses que le romancier Restif de la Bretonne écrivait : « on peut regarder Paris comme le centre de l'incontinence de la France et même comme le mauvais lieu de l'Europe ; » elle est dans les salons du baron d'Holbach, de mesdames de Tencin, du Deffand, Geoffrin, Lespinasse, où toutes les questions de réforme politique et sociale étaient abordées, dans les théâtres où l'on applaudissait les sarcasmes et les hardiesses de Voltaire, dans les livres des philosophes si avidement lus, dans la vie de Jean-Jacques-Rousseau, de Diderot, de d'Alembert et de tant d'autres *espèces,* « logés au quatrième étage, » dont les moindres actions intéressaient plus que les actes du pouvoir ; elle est surtout dans la profonde misère, la brutale ignorance, la sourde colère du peuple, qui ne connaissait du gouvernement que sa police tyrannique, ses impôts oppressifs, son *pacte de famine.* « On a traité les pauvres, dit Mercier, en 1769 et dans les trois années suivantes, avec une atrocité, une barbarie qui feront une tache ineffaçable à un siècle qu'on appelle humain et éclairé. On eût dit qu'on en voulait détruire la race entière, tant on mit en oubli les préceptes de la charité. Ils moururent presque tous dans les *dépôts,* espèces de prisons où l'indigence est punie comme le crime. On vit des enlèvements qui se faisaient de nuit par des ordres secrets. Des vieillards, des enfants, des femmes perdirent tout à coup leur liberté, et furent jetés dans des prisons infectes, sans qu'on sut leur imposer un travail consolateur. Ils expirèrent en invoquant en vain les lois protectrices et la miséricorde des hommes en place. Le prétexte était que l'indigence est voisine du crime, que les séditions commencent par cette foule d'hommes qui n'ont rien à perdre ; et comme on allait faire le commerce des blés, on craignit le désespoir de cette foule de nécessiteux, parce qu'on sentait bien que le pain devait augmenter. On dit : étouffons-les d'avance, et ils furent étouffés... »

Paris resta matériellement sous Louis XV à peu près ce qu'il avait été sous Louis XIV; néanmoins on lui adjoignit le bourg du Roule, on planta les boulevards du midi, on commença à bâtir dans la Chaussée-d'Antin. Quelques améliorations furent faites principalement par les soins de Turgot, prévôt des marchands, et de Sartines, lieutenant de police. Ainsi en 1728 on commença à mettre les noms des rues sur des écriteaux ; avant cette époque la tradition seule désignait chaque rue. On commença aussi à numéroter les maisons ; mais les portes cochères ne voulurent pas être soumises à cette inscription qui leur semblait dégradante, et il ne fallut pas moins que 1789 et la prise de la Bastille pour effectuer dans Paris cette utile opération (1). On fit encore une importante réforme dans les enseignes : jusqu'à cette époque elles pendaient à de longues potences de fer, criant au moindre vent, se heurtant entre elles, étant formées de figures gigantesques ; on força les marchands à enlever ces potences et à appliquer leurs enseignes sur les murailles. On substitua à l'éclairage par des chandelles l'éclairage par des réverbères à huile ; mais sur huit mille lanternes, il n'y en avait encore que douze cents à réverbère en 1774. On réforma le guet en le mettant sur un pied militaire et en lui donnant un uniforme (1750); et « l'on convertit ainsi les amas d'artisans et d'ouvriers, habillés auparavant de toutes couleurs, en un corps réglé, instruit, respectable et capable d'en imposer (2) ; » il comprenait 170 cavaliers et 730

(1) Le mode de numération actuel date de 1807.
(2) Il ne garda pas longtemps ce caractère, si l'on en croit Mercier :
« Il est, dit-il, composé de savetiers habillés de bleu qui, le lende-

fantassins. Enfin et par les soins du comte d'Argenson, on construisit des casernes pour les gardes françaises et suisses dans les faubourgs de Paris, « afin que ces bâtiments, dit l'ordonnance, soient autant de citadelles qui flanquent la ville et puissent en contenir les habitants. »

Les monuments de cette époque sont peu nombreux, ce sont : l'*Ecole militaire*, transformée aujourd'hui en caserne; la *Halle aux Blés*, construite sur l'emplacement de l'hôtel de Soissons; l'*Hôtel des monnaies*, construit sur l'emplacement de l'hôtel de Nevers; l'*église Sainte-Geneviève*, devenue plus tard *le Panthéon;* la *fontaine de la rue de Grenelle ;* enfin cette *place Louis XV* qui a vu autant de cadavres que les plus fameux champs de bataille, cadavres restés dans le tumulte des fêtes, ou tombés sous la hache des révolutions. Mais les maisons particulières, les maisons des grands seigneurs, des financiers, des riches, deviennent d'une somptuosité, d'une recherche qui n'ont pas été surpassées. « La magnificence de la nation, dit Mercier, est toute dans l'intérieur des maisons. On a bâti six cents hôtels dont le dedans semble l'ouvrage des fées. Aurait-on imaginé, il y a deux cents ans, les cheminées tournantes qui échauffent deux chambres séparées, les escaliers dérobés et invisibles, les petits cabinets qu'on ne soupçonne pas, les fausses entrées qui masquent les sorties vraies, les planchers qui montent et qui descendent, et ces labyrinthes où l'on se cache pour se livrer à ses goûts? »

On ne trouve presque plus de fondations religieuses, la vie monastique étant devenue un objet vulgaire de railleries, et un édit royal de 1748 ayant interdit au clergé l'acquisition de nouveaux biens : aussi l'on n'a d'autre moyen de soutenir les couvents et de réparer les églises qu'en faisant

main, quand ils auront déposé leurs fusils, seront arrêtés à leur tour, s'ils font tapage. On les appelle soldats de la Vierge, par analogie avec les soldats du pape. »

appel à la cupidité des citoyens par l'établissement des loteries. Les ordres religieux prêtent eux-mêmes les mains à leur ruine en rougissant de leur état, en affectant des airs du monde et un langage philosophique : ainsi les Génovefains, les Prémontrés, les Mathurins, répudient le nom de moines et s'appellent chanoines réguliers. Les premiers, qui comptent parmi eux l'astronome Pingré et l'historien Barre, ne visent plus qu'à être un corps savant, et d'accord avec les Bénédictins, ils demandent à quitter leur habit, à n'être plus astreints « aux formules puériles et aux pratiques minutieuses de leur règle, » à ne plus s'occuper que de travaux de science et d'érudition.

En même temps que les maisons religieuses sont en décadence, le nombre des théâtres ne cesse de s'accroître; la scène prend une importance politique et devient une tribune; enfin le goût des représentations dramatiques s'empare si bien de toutes les classes de la société, que les théâtres publics deviennent insuffisants et qu'il n'y a pas d'hôtel de grand seigneur ou de riche financier où l'on ne joue la comédie. La Comédie-Française avait passé de l'hôtel du Petit-Bourbon au Palais-Royal, puis dans un jeu de paume de la rue Mazarine, puis, en 1688, dans la rue des Fossés-Saint-Germain, en face du café Procope, qui était le rendez-vous des beaux-esprits ; elle y resta jusqu'en 1770, et c'est là qu'elle attira la foule avec les tragédies de Voltaire. L'Opéra était au théâtre du Palais-Royal et y resta jusqu'en 1782. Les Italiens continuaient à jouer à l'hôtel de Bourgogne des scènes chantantes et des arlequinades : ils se réunirent en 1762 à l'Opéra-Comique, qui était né en 1714 à la foire Saint-Germain et qui finit par déposséder les bouffonneries italiennes. A la foire Saint-Laurent était un théâtre de vaudevilles et d'ariettes, où Dancourt, Lesage, Dufresny, Piron, répandaient les flots de cette gaieté qu'on appelait alors française. Puis sur le boulevard du Temple, qui commençait à attirer la foule, s'étaient ouverts le théâtre de l'*Ambigu-Comique* pour des marionnettes et des enfants, le théâtre de la *Gaieté* pour des danseurs de corde et des singes savants; sur le boulevard Saint-Martin était le *Wauxall* de Torré, dans la Chaussée-d'Antin les feux d'artifice des frères Ruggieri, dans le faubourg du Roule le *Colysée*. Enfin, outre les théâtres, il y avait alors des lieux de plaisirs à bon marché où le peuple trouvait facilement à s'amuser, où le beau monde ne rougissait pas de partager ses joies; c'étaient les pimpantes guinguettes que notre civilisation a remplacées par les tristes salons de restaurateurs. Les plus fréquentées étaient celles des *Porcherons* qui ont vu tant de joies folles, tant de parties franches, qui ont entendu tant de flonflons, tant de refrains graveleux, tant de chansons à boire.

§ XIX.

Paris sous Louis XVI jusqu'en 1789. — Préliminaires de la révolution. — Monuments. — Tableau moral et politique de la population de Paris.

Pendant les quinze années qui précèdent la révolution, Paris est le théâtre de nombreux tumultes, mais ils ne sont que les préliminaires de cette grande rénovation qui fait de la capitale de la France, pour ainsi dire, le cœur de l'Europe. En 1775, c'est le pillage des marchés et des boulangers par des brigands que soudoyaient les ennemis du ministère Turgot. En 1778, c'est la marche triomphale de Voltaire, quelques jours avant sa mort, aux applaudissements d'une foule enivrée qui le couronna en plein théâtre, en plein théâtre des Tuileries ! En 1787, c'est la lutte du parlement contre la cour, l'arrestation de deux conseillers au milieu d'une foule menaçante qui encombre le Palais et les rues voisines, les applaudissements donnés au comte de Provence, qu'on croit partisan des réformes, les injures prodiguées au comte d'Artois, protecteur déclaré des abus; au mois d'août 1788, c'est le départ du ministre Brienne, accueilli par des démonstrations de joie si violentes qu'elles dégénèrent en une sanglante émeute : Paris devient pendant trois jours le théâtre d'un combat entre la force armée et la multitude; enfin, en avril 1789, c'est le soulèvement des ouvriers du faubourg Saint-Antoine contre le fabricant de papiers Réveillon, soulèvement où la maison de ce fabricant fut saccagée et incendiée, et où six cents morts et blessés restèrent sur la place.

Pendant ces quinze années, la nécessité des réformes et des améliorations sociales devient tellement pressante que le gouvernement, malgré ses embarras financiers, fait les plus louables efforts pour satisfaire l'opinion publique, et que Paris s'enrichit, non de monuments fastueux, mais d'institutions utiles et bienfaisantes. Telles sont le *Mont-de-Piété*, les *marchés d'Aguesseau* et *Sainte-Catherine*, les *halles aux cuirs et aux draps*, les *pompes à feu de Chaillot et du Gros-Caillou*, le *pont Louis XVI*, l'*École des ponts et chaussées*, l'*École des mines*, l'*École de chant et de déclamation*, l'*École des sourds-muets*, fondée par l'abbé de l'Épée, l'*École des aveugles*, fondée par Haüy, etc. La restauration du Collège de France, du Palais de Justice, de la fontaine des Innocents, la construction des *École de droit et de médecine*, des galeries du Palais-Royal, du Palais-Bourbon, de l'*Élysée-Bourbon*, etc., sont aussi de cette époque. En même temps le goût de la scène, qui se répand de plus en plus, fait bâtir les théâtres *Français* (aujourd'hui l'*Odéon*), des *Variétés* (aujourd'hui le *Théâtre-Français*), de la *porte Saint-Martin*, *Favart*, *Feydeau*, *Montansier*, des *Associés*, des *Jeunes-Artistes*, etc. (1). On perce plus de

(1) L'histoire de ces toutes constructions sera faite dans l'*Histoire des quartiers de Paris.*

soixante-dix rues, on comble les fossés des anciens remparts, on débarrasse les ponts des maisons qui les surchargent, on transporte les cimetières hors de la ville, on assainit les prisons ; enfin on donne à Paris une nouvelle enceinte par la construction du mur d'octroi et de ses cinquante-six portes ou barrières, opération toute financière et fort mal vue du peuple, laquelle mit dans Paris les Porcherons, le Gros-Caillou, Chaillot, et donna à la ville à peu près la même étendue qu'elle a aujourd'hui.

La spéculation se jeta sur les maisons, et il y eut alors une fureur de maçonnerie et de bâtiments, presque semblable à celle que nous avons vue de nos jours. Le trésor de l'État était vide, mais les capitaux particuliers étaient très-abondants : « on fit donc venir, dit Mercier, des régiments de limousins; on perça de toutes parts la plaine de Montrouge ; enfin l'on bâtit ou rebâtit près d'un tiers de la capitale. » La plupart des entrepreneurs firent de grandes fortunes. Mais on ne construisit que des maisons riches, que des hôtels ; nul ne songea à déblayer ces effroyables quartiers de la Cité, de la Grève, de la place Maubert, où s'entassait une population misérable et sauvage, qui se disputait des mansardes et des tanières ; on construisit des boudoirs et des salles de bains ; mais les malades de l'Hôtel-Dieu restèrent entassés quatre dans un même lit.

Ce goût des constructions devint tel que l'on songea pour la première fois à faire un plan général d'alignement de la ville. Une ordonnance de 1783 décida qu'aucune rue ne pourrait avoir une largeur moindre de trente pieds, ni être ouverte que d'après l'autorisation donnée par des lettres patentes ; que toutes celles qui avaient moins de trente pieds seraient élargies successivement; qu'aucuns travaux ne pourraient être faits sur la face des propriétés existantes sans le consentement de l'administration, etc. Elle prescrivit de plus la levée d'un plan général de toutes les voies publiques de Paris, afin qu'il fût statué sur l'alignement de chacune d'elles. Ce plan devait être fait à l'échelle de six lignes par toise. Verniquet, commissaire général de la voirie, fut chargé de cette grande opération, que la révolution interrompit, mais qui, continuée de nos jours par l'administration municipale, comprenait au 31 décembre 1848, neuf mille neuf cent quatre-vingt-douze plans. L'ordonnance de 1783 est restée la base du plan d'embellissement et d'assainissement de la capitale.

Malgré cette remarquable innovation, Paris resta ce qu'il était proverbialement depuis des siècles, c'est-à-dire sale, boueux, mal pavé, embarrassé d'immondices, traversé par des ruisseaux infects, impraticable pendant les pluies, ayant ses rues rétrécies par les échoppes des petits métiers, des petits commerçants, si nombreux à cette époque, savetiers, ravaudeuses, fripiers, écrivains publics, gargotiers en plein vent, enfin ne respirant qu'un air putride, vicié, empoisonné par les boucheries, les cimetières, les égouts, les industries insalubres. Cette saleté faisait un étrange contraste avec les modes brillantes et incommodes de ce temps, avec les habits de soie, les manchettes, les galons, les paillettes, les coiffures poudrées, les mules dorées et les escarpins à boucles : aussi le pavé semblait-il le domaine naturel des sabots, des vestes de bure, des bonnets de laine du peuple qui trouvait à y vivre à bas prix, et tout ce qui était riche ou aisé se faisait porter en *brouette* ou en *chaise*.

La population de Paris, à cette époque, s'élevait, suivant Necker, à six cent vingt mille âmes ; mais cette population ne se trouvait pas départie, comme elle l'est aujourd'hui, sous les rapports de la richesse, de l'aisance ou de la pauvreté, c'est-à-dire qu'il y avait alors de plus grandes fortunes, de plus grandes misères, avec beaucoup moins de riches et beaucoup plus de pauvres ; et c'est ce qui explique comment, après 1789, l'opulence ayant émigré ou disparu, le pavé et la puissance restèrent si facilement à la misère, comment les piques et les bonnets de laine des sans-culottes vainquirent si aisément les baïonnettes et les bonnets à poil de la garde nationale. En effet, il y avait alors des fortunes de 300 à 900,000 livres de rente ; celles même de 100 à 150,000 livres n'étaient pas rares; mais ces fortunes appartenaient à moins de deux mille familles de la noblesse, de la magistrature, de la haute finance, et en ajoutant celles des couvents et des églises, elles étaient le domaine à peine de dix-huit ou vingt mille individus. Au-dessous d'elles, il y avait les fortunes moins considérables des procureurs, notaires, banquiers, des « intéressés dans les affaires du roi, » des gros orfèvres de la place Dauphine, des gros merciers et drapiers des rues Saint-Denis et Saint-Honoré, des possesseurs de jurandes et de maîtrises, c'est-à-dire de la bourgeoisie proprement dite, de la bourgeoisie municipale et parlementaire; mais toutes ces classes de citoyens étaient peu nombreuses, et, en leur ajoutant même les fonctionnaires et les rentiers, elle comprenait à peine quatre-vingt mille personnes; de sorte que la population riche à divers degrés, l'aristocratie parisienne, ne s'élevait pas à cent mille âmes (1); ce qui donnait, en population virile et propre aux armes, à peine sept à huit mille hommes. Quant à sa valeur morale, voici ce qu'en disait, en 1790, un écrivain révolutionnaire : « Les grandes passions, les sentiments élevés, tout ce qui suppose de l'énergie, de la force et une certaine fierté d'âme, lui est complètement étranger. On la voit hausser les épaules ou vous regarder stupidement au récit de quelque sacrifice patriotique ; on dirait qu'on ne parle pas sa langue... Une place de quartinier à l'Hôtel de ville était pour elle le pinacle et l'échevinage l'apogée de sa gloire. Un bourgeois qui était venu à bout, à force d'argent et d'intrigues, de franchir le seuil de la grande salle et de s'asseoir

(1) Il n'y avait que cinquante et un mille familles imposées.

à une longue table fleurdelisée, tout à côté de M. le prévôt des marchands, était l'animal le plus vain de la terre (1). »

Au dessous de ces *heureux* de la ville, il n'y avait pas, comme aujourd'hui, les fortunes si nombreuses, médiocres ou petites, qui tiennent aux grandes manufactures, aux grands magasins, aux grandes administrations : ces établissements aujourd'hui si importants, si multipliés, qui ont fait naître ou développé tant de richesses, n'existaient pas ou bien étaient très-rares, l'industrie et le commerce de Paris, avant 1789, n'étant, sauf les articles des bijoux et des modes, qu'une industrie et un commerce de consommation. Aussi l'on descendait brusquement et sans transition aux petits métiers, aux petites boutiques, aux chefs de petits ateliers, aux marchands détaillants, qui vivaient au jour le jour, sans misère comme sans aisance, en travaillant toute leur vie (2) ; ils se disaient la bourgeoisie, mais ils étaient réellement le peuple avec ses qualités et ses vices, ses habitudes et ses passions ; « leur attitude et leur regard, dit Mercier, paraissaient exprimer un caractère souffrant, indice d'une vie contentieuse et pénible. »

(1) *Révol. de Paris*, t. VII et VIII.
(2) Rien ne ressemble moins aux *boutiques* de l'ancien régime, humbles, obscures, profondes, malpropres, que les *magasins* de nos jours avec leurs salons éblouissants d'or et de glaces et leur luxe, qui, dans beaucoup de cas, est aussi absurde qu'insolent. Le *marchand* et non le *négociant* d'autrefois vivait à son *comptoir*, non à son *bureau* ; il avait des *garçons*, non des *commis* ; il servait ses *pratiques*, non ses *clients* ; il avait pour tout appartement son arrière-boutique, et sa femme faisait elle-même sa cuisine et son ménage, toujours avec l'aide de sa fille, rarement avec l'aide d'une servante qu'on payait quinze écus. « Il est une classe de femmes très-respectables, dit Mercier; c'est celle du second ordre de la bourgeoisie : attachées à leurs maris et à leurs enfants, soigneuses, économes, attentives à leurs maisons, elles offrent le modèle de la sagesse et du travail. Mais ces femmes n'ont point de fortune, cherchent à en amasser, sont peu brillantes, encore moins instruites. On ne les aperçoit pas, et cependant elles sont à Paris l'honneur de leur sexe. » *Tabl. de Paris*, III, 153.

Cette classe très-nombreuse avait à sa tête les avocats, les gens de lettres, les médecins, qui, étant alors généralement pauvres, se trouvaient en dehors des aristocraties nobiliaire et bourgeoise ; elle se confondait avec la classe des artisans libres et des ouvriers attachés à la glèbe des maîtrises ; enfin elle formait le fond de la population parisienne : on peut l'estimer à 200,000 âmes, et en y comprenant les ouvriers, à 300 ou 320,000 ; ce qui pouvait donner une population armée de 30 à 40,000 hommes.

Au-dessous de cette basse bourgeoisie ou de ce vrai peuple, il y avait : d'abord cent mille domestiques, la plupart inutiles, oisifs, entretenus par la vanité des maîtres : « c'était, dit Mercier, la masse de corruption la plus dangereuse qui pût exister dans une ville, » et cette population, en se mêlant au peuple, eut sur lui la plus déplorable influence ; ensuite cent vingt mille pauvres, dont moitié ouvriers indigents ou paresseux, moitié mendiants de profession, prostituées, vagabonds, voleurs, armée de barbares facile à toutes les tyrannies, à toutes les corruptions, à tous les excès. Si l'on ajoute à ces chiffres le chiffre flottant de trente à quarante mille étrangers ou provinciaux, on aura le montant de la population de Paris en 1789.

Avec une telle population, avec les idées de réforme qui l'agitent, avec les souffrances innombrables qu'elle endure, l'aspect de la capitale pendant cette période est étrange. A la surface, c'est une frivolité extrême, un amour immodéré de plaisirs, une raillerie perpétuelle ; les brochures, les journaux (1), les chansons, les spectacles, les modes même ne laissent pas de relâche aux abus, aux priviléges, aux puissances, au gouverne-

---

(1) Les journaux étaient tous littéraires ou scientifiques ; mais malgré la censure, la politique parvenait à s'y faire une petite place. Les principaux cabinets de lecture étaient sur le quai des Augustins, sous le charnier des Innocents, chez les concierges des Tuileries et du Palais-Royal, etc. En 1784, on comptait 35 journaux ou gazettes.

ment. Mais sous ces rires il y a quelque chose de sérieux, d'amer, de menaçant; il y a le cri de la souffrance et celui de la haine; il y a la mise à nu de toutes les plaies sociales; il y a l'agonie d'un monde partagé » en gens avides et insensibles, d'une part; d'autre part, en mécontents dont le désespoir n'a plus de frein. » Rien de plus fier, de plus ardent, de plus généreux, que la jeune bourgeoisie de cette époque, que ces avocats, ces écrivains, ces Camille Desmoulins, ces Loustalot, « éclairés par les écrits des philosophes, brûlés du feu sacré de la liberté, » qui pérorent au café de Foy ou dans le cirque du Palais-Royal : ils voient l'approche d'une révolution avec une joie grave et solennelle ; ils y travaillent avec un dévouement enthousiaste ; ils se tiennent prêts à la lutte, et sans douter du succès, se ceignent pour le martyre. Mais personne ne semble s'inquiéter de leurs dispositions ; et la cour répète en riant un mot qu'elle prête à Marie-Antoinette: « Les Parisiens sont des grenouilles qui ne font que coasser. »

« Il ne faut pas s'en étonner, dit Bailly. Paris presque entier dépendait de la cour ou vivait des abus : il avait un véritable intérêt que l'ordre des choses ne fût pas complétement changé. Je croyais que son patriotisme serait faible et sa conduite molle et timide. » — « Paris, ajoute Mercier, a toujours été de la plus grande indifférence sur sa position politique. Cette ville a laissé faire à ses rois tout ce qu'ils ont voulu faire. Les Parisiens n'ont guère eu que des mutineries d'écoliers ; jamais profondément asservis, jamais libres. Ils repoussent le canon par des vaudevilles, enchaînent la puissance royale par des saillies ou des épigrammes, punissent le monarque par le silence ou l'absolvent par des battements de mains. » Quant au peuple, abruti par la misère, l'ivresse, la barbarie et l'ignorance, où le gouvernement, dans sa criminelle insouciance, le laissait croupir (1), il ne comptait pour

(1) En 1760, il n'y avait à Paris que 82 écoles paroissiales ou de

rien : « Le peuple, dit Mercier, est étranger à tout ce qui se fait ; il a perdu le fil des événements politiques ; il ne sait plus qui mène les affaires... A Paris, la population se disperse devant le bout d'un fusil ; elle fond en larmes devant les officiers de la police ; elle se met à genoux devant son chef : c'est un roi pour toute cette canaille. » Et cependant la situation de ces malheureux si dédaignés devait inspirer de terribles craintes, au moment où le commerce et l'industrie étaient frappés de mort par la détresse des finances, où le pacte de famine continuait ses abominables spéculations. « Le peuple, dit Mirabeau, ne demande qu'à porter paisiblement sa misère ; mais il veut des soulagements, parce qu'il n'a plus de force pour souffrir. » — En effet, « le peuple de Paris, ajoute Mercier, courbé sous le poids éternel des fatigues et des travaux, abandonné à la merci de tous les hommes puissants, écrasé comme un insecte dès qu'il veut élever la voix, est le peuple de la terre qui travaille le plus, qui est le plus mal nourri et qui paraît le plus triste. »

Nous venons de parcourir l'histoire de Paris pendant dix-huit cents ans, et nous l'avons fait en quelques pages, parce que, durant cette longue période, cette ville n'a qu'une vie restreinte et ordinaire, parce que, si elle devient le séjour des rois, le siége du gouvernement, la capitale du royaume, elle n'a qu'une action indirecte sur les autres villes qui gardent leur existence à part, leur histoire spéciale, parce que, enfin, elle n'exerce qu'une médiocre influence sur le reste de l'Europe. Mais en 1789 une ère nouvelle commence pour Paris, qui n'est plus une cité ordinaire, un vulgaire rassemblement d'hommes, un muet entassement de pierres, mais l'âme du pays, le foyer des révolutions européennes, la métropole de la civilisation moderne, l'être multiple, passionné,

charité donnant l'instruction primaire à cinq mille enfants ; en 1849, il y en avait 148 donnant l'instruction primaire à trente-six mille enfants.

intelligent, mobile, qui prend l'initiative, le fardeau et la gloire de tous les progrès, qui résume, concentre, exprime les sentiments, les idées, les intérêts, la puissance, le génie de tous ; Paris devient enfin en quelque sorte un abrégé de la France et de l'humanité dans l'Occident. Les nations sont là qui écoutent ses moindres paroles, qui épient ses moindres mouvements, qui attendent d'elle l'avenir. Il suffit de quelques mots tombés de cette tribune du genre humain pour éveiller chez les peuples les plus éloignés des sentiments inconnus ; les idées ont besoin de passer par sa bouche pour avoir droit de cité ; le froncement de ses sourcils ébranle le monde. La ville d'Etienne Marcel, de la Ligue et de la Fronde, dont les agitations avaient à peine remué quelques parcelles de la France, devient la ville de 1789, de 1830, de 1848, dont les mouvements font trembler la terre : son histoire exige plus de développement.

LIVRE II.

PARIS PENDANT LA RÉVOLUTION.

(1789. — 1848.)

§ I.

Élections aux États généraux. — Insurrection du 14 juillet. — Institution de la municipalité et de la garde nationale.

Le 28 mars 1789, le roi adressa au prévôt de Paris et au prévôt des marchands une lettre par laquelle il les avertissait « que sa volonté était de tenir les États libres et généraux de son royaume; » il leur enjoignait donc de convoquer les habitants de Paris « pour conférer et communiquer ensemble tant des remontrances, plaintes et doléances que des moyens et avis qu'ils auront à proposer en l'assemblée générale desdits États ; et, ce fait, élire, choisir et nommer des députés de chaque ordre, lesquels seront munis de pouvoirs généraux et suffisants pour proposer, remontrer, aviser et consentir tout ce qui peut concerner les besoins de l'État, etc. » En conséquence de cette lettre et d'après un règlement qui fixa le nombre des députés à élire à quarante, dont dix pour le clergé, dix pour la noblesse et vingt pour le tiers état, le 21 avril, chaque curé assembla les ecclésiastiques domiciliés sur sa paroisse, lesquels choisirent leurs représentants à l'assemblée générale à raison de un sur vingt; de même, la noblesse se réunit par quartier et choisit ses représentants à cette assemblée à raison de un sur dix; enfin, pour les élections du tiers état, Paris fut divisé en soixante districts, et chacun de ces districts forma une assemblée primaire où furent admis seulement les citoyens âgés de vingt-cinq ans et imposés à la capitation pour une somme de six livres en principal, lesquels élurent des représentants à raison de un par cent électeurs présents. Il y eut dans ces assemblées primaires environ dix-huit cents électeurs ecclésiastiques, neuf cents électeurs nobles et vingt-cinq mille électeurs du tiers état. Les élections se firent dans les principales églises de la capitale, et elles excitèrent une vive émotion.

« Quand on voyait l'activité des Parisiens, dit un contemporain, on se croyait dans un autre siècle et dans un autre monde. La population entière était sur pied et remplissait les rues et les places : on se communiquait des anecdotes, des brochures, des recommandations ; de nombreuses patrouilles parcouraient cette foule ; les régiments des gardes françaises et des gardes suisses étaient sous les armes ; on avait distribué des cartouches aux troupes, et l'artillerie des régiments suisses était consignée et à ses pièces dans les casernes. En contemplant cet appareil de guerre et ce concours d'habitants quittant leurs foyers pour se précipiter dans les églises, on eût dit qu'un danger imminent menaçait Paris. »

Malgré cet appareil, les élections se firent avec beaucoup de calme. « Il est vrai, dit un journal (*l'Ami du Roi*), qu'à l'exception des districts des faubourgs, la plus grande partie de ces assemblées se trouva fort bien composée... Mais quand on reportait les regards sur le reste du peuple qui remplissait les rues, les carrefours, les marchés, les ateliers et se livrait avec patience aux pénibles travaux de tous les jours, on ne pouvait se défendre d'un sentiment douloureux. On se disait : Quel que soit le nouvel ordre de choses qui se prépare, le pauvre qui n'ose approcher de ces assemblées sera toujours pauvre, il sera toujours dans la servile dépendance des riches : le sort de la plus nombreuse et de la plus intéressante portion du royaume est oublié... Qui peut nous dire si le despotisme de la bourgeoisie ne succédera pas à la prétendue aristocratie des nobles ? »

Les élections des représentants de chaque ordre étant faites, ceux-ci s'assemblèrent, le 26 avril, dans la grande salle de l'archevêché. Après que les pouvoirs eurent été vérifiés, les trois ordres se séparèrent, rédigèrent leurs cahiers et élurent leurs députés (1). Les opérations électorales des deux ordres privilégiés furent terminées en deux jours, mais celles du tiers état durèrent jusqu'au 19 mai : c'est que l'assemblée des représentants de cet ordre, composée de quatre

(1) Voici les noms des députés de Paris aux États généraux, avec leurs suppléants :

Clergé : MM. Barmond (Perrotin de), abbé, conseiller-clerc au Parlement de Paris ; Beauvais (de), ancien évêque de Senez ; Bonneval, chanoine de l'église de Paris ; Chevreuil, chancelier de l'église de Paris ; Decoulmier, abbé régulier de Notre-Dame d'Abbecourt, ordre des Prémontrés ; Dumouchel, recteur de l'Université de Paris ; Juigné (Leclerc de), archevêque de Paris, duc de Saint-Cloud, pair de France ; Le Gros, prévôt de Saint-Louis-du-Louvre ; Leguin, curé d'Argenteuil ; Montesquiou (l'abbé de), agent général du clergé de France, abbé de Beaulieu, diocèse du Mans ; Papin, prieur-curé de Marly-la-Ville ; Veytard, curé de Saint-Germain.

Noblesse : MM. Castries (le duc de) ; Clermont-Tonnerre (le comte de), pair de France ; Crussol (le bailli de), capitaine des gardes de M. le comte d'Artois ; Dionis Duséjour, conseiller au Parlement ; Duport, conseiller au Parlement ; Duval d'Esprémenil, conseiller au Parlement ; Lally-Tollendal (le comte de) ; La Rochefoucauld (le duc de), pair de France ; Mirepoix (le comte de) ; Montesquiou Fezenzac (le marquis de), premier écuyer de *Monsieur*; Ormesson (le président d').

Tiers état : MM. Afforty, cultivateur à Villepinte ; Anson, receveur général des finances ; Bailly, des Académies française, des belles-lettres et des sciences ; Berthereau, procureur au Châtelet ; Bévière, notaire ; Boislandry, négociant à Versailles ; Camus, avocat, de l'Académie des inscriptions et belles-lettres ; Chevalier, cultivateur ; Debourge, négociant ; Dosfand, notaire ; Ducellier, avocat ; Garnier, conseiller au Châtelet ; Germain, négociant ; Guillaume, avocat au conseil ; Hutteau, avocat ; Leclerc, libraire, ancien juge-consul ; Lemoine, orfèvre ; Lenoir de la Roche, avocat ; Martineau, avocat ; Poignot, négociant ; Sieyès, chanoine et grand-vicaire de Chartres ; **Target**, avocat au Parlement, de l'Académie française ; **Treilhard, avocat** ; **Tronchet,** avocat.

cents membres, l'élite de la bourgeoisie, voulut tracer à ses mandataires la marche qu'ils devaient suivre, et que suivit, en effet, à son début, la révolution, poser les bases de la constitution qu'attendait la France, et prendre l'initiative de toutes les réformes politiques, financières et industrielles.

Les Etats généraux se réunirent à Versailles le 5 mai 1789. Paris suivit les opérations de cette assemblée avec la plus grande anxiété, avec la plus vive ardeur ; il applaudit aux résolutions du 17 juin, où le tiers état se proclama *Assemblée nationale* ; du 20 juin, où il fit le serment du Jeu de Paume ; du 23 juin, où il résista de front à l'autorité royale. Pendant cette dernière journée, toute la ville était sur pied, résolue à marcher sur Versailles si la cour attentait à la représentation nationale. « On ne saurait peindre, dit un contemporain, le frissonnement qu'éprouva la capitale à ce seul mot : Le roi a tout cassé ! Je sentais du feu qui couvait sous mes pieds ; il ne fallait qu'un signe, et la guerre civile éclatait. »

La royauté, décidée à employer la force pour étouffer la révolution naissante, fit venir autour de Paris jusqu'à trente mille hommes, dont huit régiments de troupes étrangères : tous les villages et les routes étaient encombrés de soldats ; le Champ de Mars fut transformé en un camp. « La cour étant habituée, dit le marquis de Ferrières, à voir Paris trembler sous un lieutenant de police et sous une garde de huit cents hommes, ne soupçonnait pas une résistance. » Mais la ville vit ces apprêts avec indignation : au Palais-Royal, rendez-vous des agitateurs et des nouvellistes, on s'attroupait pour s'enquérir des délibérations de l'Assemblée et s'exciter à la résistance ; des orateurs, montés sur des tables ou des chaises, haranguaient la foule ; d'autres cherchaient à séduire les gardes-françaises, régiment formé presque entièrement de Parisiens. Quant au peuple, il restait étranger à la politique, mais il avait faim et passait les journées à se disputer à la porte des boulangers un pain noirâtre, terreux, malfaisant,

Enfin, le ministre populaire, Necker, ayant été renvoyé (12 juillet), des rassemblements se formèrent ; les troupes essayèrent de les disperser ; des dragons se précipitèrent dans le jardin des Tuileries, blessant ou tuant plusieurs personnes. Alors on sonna le tocsin, on pilla les boutiques d'armuriers, on brûla les barrières ; les gardes-françaises prirent parti pour le peuple ; les gardes-suisses refusèrent de se battre et se mirent en retraite.

C'était la jeunesse bourgeoise qui avait commencé l'insurrection ; mais aussitôt s'étaient joints à elle les ouvriers des petits métiers, les habitants déguenillés des faubourgs et des halles, des hommes affamés hurlant des cris de pillage et de mort. Alors la bourgeoisie se disposa à comprimer ou à régulariser le désordre. Les quatre cents députés des districts se rassemblèrent à l'Hôtel-de-Ville et se formèrent en municipalité provisoire avec le prévôt des marchands Flesselles ; ils décrétèrent la formation d'une garde bourgeoise portant la cocarde bleue et rouge, les couleurs de Paris, les couleurs d'Étienne Marcel. Le lendemain, les districts s'assemblent, la garde bourgeoise commence à se former, et l'on y fait entrer les soldats du guet et les gardes-françaises ; on établit des postes, on dépave les rues, on cherche ou on fabrique des armes, on pille les magasins de farine. Les troupes royales, irrésolues, chancelantes, restent immobiles dans les Champs-Élysées. Le surlendemain (14 juillet), la foule se porte aux Invalides, où elle enlève vingt-huit mille fusils et vingt canons ; elle avait à sa tête les compagnies des clercs de la Basoche et le curé de Saint-Etienne-du-Mont ; puis elle se dirige sur la Bastille, dont elle fait le siége. Après cinq heures de combat, la forteresse est prise et le gouverneur égorgé avec trois de ses officiers. Les vainqueurs reviennent en triomphe à l'Hôtel-de-Ville, portant le drapeau et les clefs de la Bastille : là, leur fureur se tourne contre le prévôt Flesselles, accusé de trahison ; il est massacré.

Cependant, l'Assemblée nationale avait applaudi à l'insurrection parisienne et supplié le roi de mettre fin à la guerre civile. La cour ne céda qu'après la prise de la Bastille ; épouvantée, elle ordonna le renvoi des troupes et le rappel de Necker. Aussitôt, cent membres de l'Assemblée se rendirent à Paris et y furent reçus en triomphe. « Jamais fête, dit Bailly, ne fut plus grande, plus belle, plus touchante. » On couronna de fleurs Bailly et La Fayette et on les proclama maire de Paris et commandant de la garde nationale. Alors on ajouta aux couleurs de la ville la couleur royale, et on composa ainsi cette cocarde tricolore qui, selon les paroles prophétiques de La Fayette, devait faire le tour du monde.

Le roi, pour achever sa réconciliation avec le peuple, se décida à venir aussi à Paris ; il fut reçu par les nouvelles autorités et se dirigea vers l'Hôtel-de-Ville à travers deux haies de la population armée qui criait : Vive la nation ! La ville portait encore toutes les empreintes de l'insurrection : les canons étaient braqués sur les ponts et dans les rues ; les gardes-françaises, ayant La Fayette à leur tête, déployaient le drapeau de la Bastille ; dans les rangs des citoyens armés on voyait jusqu'à des moines de divers ordres ; enfin le peuple paraissait inquiet, sévère, tumultueux : on sentait encore en lui le mugissement de la tempête qui venait à peine de s'apaiser. Le roi, stupéfait de ce spectacle, prit la cocarde tricolore, confirma les nominations de Bailly et de La Fayette, et s'en retourna consterné dans le palais de Louis XIV.

§ II.

État de Paris après le 14 juillet. — Meurtres de Foulon et Berthier — Famine. — Journées d'octobre.

« L'état de Paris, dit La Fayette, dans les premiers jours qui suivirent l'insurrection, était effrayant. Cette population immense de la ville et des villages environnants, armée de tout ce qui s'était rencontré sous sa main, s'était accrue de six mille soldats qui avaient quitté les drapeaux de l'armée royale pour se réunir à la cause de la révolution. Ajoutez quatre à cinq cents gardes-suisses et six bataillons de gardes-françaises sans officiers ; la capitale dénuée à dessein de provisions et de moyens de s'en procurer ; toute l'autorité, toutes les ressources de l'ancien gouvernement détruites, odieuses, incompatibles avec la liberté ; les tribunaux, les magistrats, les agents de l'ancien régime soupçonnés et presque tous malveillants ; les instruments de l'ancienne police intéressés à tout confondre pour rétablir le despotisme et leurs places ; les aristocrates poussant au désordre pour se venger. » Comme complément à ce tableau, les vagabonds et les mendiants pullulaient dans les rues, de telle sorte qu'ils inquiétaient toutes les maisons, qu'on les arrêtait par centaines et que les prisons en étaient remplies ; on en forma un camp de dix-sept mille à Montmartre et on les occupa à des terrassements inutiles, moyennant une paye d'un franc par jour ; ce camp était surveillé par des canons.

Dans cette situation, et la faim poussant le peuple à la cruauté, deux anciens administrateurs, accusés de s'être enrichis par le pacte de famine, furent arrêtés en province et amenés à Paris. Le premier, Foulon, fut conduit à l'Hôtel-de-Ville, garrotté dans une charrette, ayant des orties au cou et une botte de foin sur le dos, au milieu d'une foule ivre de fureur, qui l'enleva de la salle où siégeaient les électeurs, l'entraîna sur la place et le pendit à une lanterne ; sa tête coupée fut portée sur une pique, une poignée de foin dans la bouche, parce qu'on l'accusait d'avoir dit : Les Parisiens peuvent bien manger du foin, mes chevaux en mangent. Cette scène horrible était à peine terminée qu'une autre foule amena le gendre de Foulon, Berthier, aussi détesté que lui, dans une voiture couverte d'écriteaux infamants, d'ordures et de pierres : des bandes de bourgeois, de soldats, de femmes, d'enfants, vociféraient autour de cette voiture avec des drapeaux, des tambours, des chants. « On eût dit, raconte le *Moniteur*, la pompe d'un triomphe, mais c'était celui de la vengeance et de la fureur. » Enfin, enlevé à son escorte, il tomba percé de coups; on lui coupa la tête ; on traîna son cadavre dans les rues; on lui arracha le cœur, au milieu de cris de joie, de danses furibondes, de hurlements féroces. Ces scènes d'horreur étaient le résultat de l'abrutissement sauvage du peuple, la conséquence de la faim, ce perpétuel incitateur de tous les excès populaires. D'ailleurs, l'ancien régime par le nombre et la facilité de ses exécutions criminelles, n'avait que trop donné à la population l'habitude du sang, des tortures et des supplices, et le spectacle du gibet, de la roue, de l'échafaud, offert presque journellement aux Parisiens, sous la monarchie, n'a pas été sans influence sur les scènes de carnage de la révolution.

Cependant, l'assemblée des quatre cents électeurs avait été remplacée le 25 juillet par cent vingt députés des districts, qu'on appelait représentants de la commune, et ceux-ci, à la fin d'août, par une municipalité provisoire composée de trois cents membres, dont soixante administrateurs. Mais cette nouvelle municipalité avait tout à créer pour ramener l'ordre et n'était pas obéie, « chacun se disputant et tirant à soi la chaise curule. Dans les districts, dit Desmoulins, tout le monde use ses poumons pour être président ou secrétaire; hors des districts, on se tue pour des épaulettes : on ne rencontre dans les rues que dragonnes et graines d'épinard. » En effet, à côté des scènes terribles se passaient des scènes joyeuses ou ridicules: les femmes faisant du patriotisme jusque dans leur toilette, tressant des couronnes pour les vainqueurs de la Bastille, haranguant dans les districts, offrant à l'Assemblée leurs bijoux en dons patriotiques ; les bourgeois, ne quittant plus leur uniforme, affectant des airs belliqueux, courant toutes les cérémonies, faisant des patrouilles jusque dans les cafés et des exercices à feu jusque dans les églises. On ne vivait plus que de la vie politique ; on s'enivrait d'enthousiasme et de bruit; on singeait l'*agora* d'Athènes et le *forum* romain ; on lisait avec une confiance puérile, une avidité ignorante, les journaux de tous genres, sérieux ou plaisants, qui étaient colportés dans les rues ou qui tapissaient les murs (1) ; on ne manquait pas une séance des districts, des clubs et des autres assemblées politiques. Le Parisien, toujours badaud, même dans les circonstances les plus graves, jouait sérieusement au citoyen et au soldat, au législateur et au héros. » Tout était corps délibérant, dit Ferrières : les soldats aux gardes délibéraient à l'Oratoire, les tailleurs à la Colonnade, les perruquiers aux Champs-Élysées. » Au Palais-Royal, « ce foyer du patriotisme, dit Desmoulins, ce rendez-vous des amis de la liberté, » on discutait même les opérations de l'Assemblée, et lorsqu'il fut question du *veto*, l'agitation y devint telle que quinze mille hommes partirent pour Versailles afin de forcer le vote des députés : la garde nationale les dispersa. Chaque district formait une petite république à part, qui avait ses comités, rendait des décrets, mettait sur pied des troupes, faisait des arrestations ; tous résistaient à l'assemblée des représentants. Enfin, la défiance et la haine commençaient à séparer le peuple de la bourgeoisie : « Le bourgeois n'est pas démocrate, il est monarchiste par instinct, disaient les journalistes ; ce sont les *prolétaires* qui ont renversé la Bastille et détruit le despotisme ; ce sont eux qui combattaient pour la patrie, tandis que les bourgeois, ces traînards de la révolution, livrés à cette inertie qui leur est naturelle, attendaient au fond de leurs demeures de quel côté se déterminerait la victoire... Honorables indigents, ne vous lassez pas de porter

(1) Le plus célèbre est le journal de Prudhomme, intitulé *Les Révolutions de Paris*, qui paraissait toutes les semaines : il a eu deux cent mille souscripteurs.

le poids de la révolution ; elle est votre ouvrage ; son succès dépend de vous ; votre réhabilitation dépend d'elle (1). » — « Heureusement, dit Bailly, la voix de la raison était facilement entendue de tous, et nous avons eu plus de succès à calmer que nos ennemis n'en ont eu à exciter : le mot patrie ralliait toujours les honnêtes gens, et le mot loi faisait trembler les mutins.

Pendant ce temps, la misère était affreuse et il y avait tous les jours des troubles à la Halle pour les farines. « Je ne peux vous peindre, écrivait Bailly, le nombre étonnant des malheureux qui nous assiégent ; la majeure partie des ouvriers est réduite à une inactivité absolue. » La municipalité et les districts n'étaient occupés qu'à assurer les subsistances ; ils envoyaient jusqu'à trente lieues des corps de troupes pour acheter, moudre et faire venir des grains. Paris, étant ainsi malheureux et souffrant, accueillait tous les bruits de contre-révolution avec une colère sombre et farouche ; aussi, un banquet ayant eu lieu à Versailles, où les courtisans avaient foulé aux pieds la cocarde tricolore et insulté les Parisiens, « un cri de vengeance, raconte le *Moniteur*, retentit dans toute la ville. Marchons à Versailles, disait-on, arrachons l'Assemblée et le roi aux bandits décorés qui les assiégent. » On s'attroupe ; on prend les armes ; la garde nationale se rassemble ; des femmes de la Halle parcourent les rues en criant : Du pain! Elles arrivent à l'Hôtel-de-Ville, se précipitent dans les salles, et, aidées de quelques hommes, s'emparent de fusils et de canons, de là, elles s'en vont par la ville, recrutent partout d'autres femmes et se mettent en route pour Versailles, armées de bâtons, de fourches, de lances, de fusils, les unes montées sur des chevaux, sur des charrettes, les autres sur les canons qu'elles ont pris : elles avaient pour chefs Maillard, l'un des vainqueurs de la Bastille, une femme de la Halle qu'on appelait

(1) Prudhomme, t. VII et VIII.

la *reine Audu*, enfin une héroïne de la révolution, aussi belle que dépravée, Théroigne de Méricourt. Pendant ce temps, la garde nationale s'était rassemblée sur la place de Grève et demandait à grands cris à marcher sur Versailles pour y aller chercher le roi. La Fayette résiste pendant huit heures : on l'injurie, on le couche en joue, on lui montre la fatale lanterne. Enfin, la municipalité lui donne l'ordre, et, à cinq heures du soir, la garde nationale défile sur trois colonnes, au nombre de vingt mille hommes, avec vingt deux pièces de canon et quarante chariots de guerre, au bruit des applaudissements universels.

Les femmes étaient déjà arrivées. L'Assemblée leur avait fait délivrer des vivres, et douze d'entre elles avaient été reçues par le roi, qui leur avait remis un ordre pour la libre circulation des grains. Une rixe s'était engagée entre les gardes du corps et la troupe d'hommes armés qui avait suivi les Parisiennes, mais elle avait été promptement apaisée ; puis la pluie étant survenue, les femmes se réfugièrent dans l'Assemblée, où elles se mirent à manger, à dormir, à demander le pain à six liards la livre. Enfin, à minuit, l'armée parisienne arriva : « agitée par le ressentiment, exaltée par le fanatisme de la liberté, elle semblait ne rouler que des projets de vengeance. » La Fayette exposa au roi les demandes de la capitale, dont la principale était « qu'il vînt habiter les Tuileries ; » puis il fit occuper les postes extérieurs du château par la garde nationale, et tout parut rentré dans le calme. Mais le lendemain, avant le jour, quelques hommes du peuple ayant trouvé une grille intérieure ouverte, pénètrent dans le château ; les gardes du corps tirent sur eux, la foule pousse des cris de fureur et envahit les appartements de la reine ; plusieurs gardes sont tués : La Fayette accourt avec la garde nationale et chasse les assaillants, pendant que les cours se remplissent d'une multitude immense qui crie : Le roi à Paris ! Le roi paraît au balcon, accompagné de la reine et de La Fayette, et promet de se rendre au vœu du peuple. Alors des cris de joie éclatent de toutes parts, et sur-le-champ l'on se met en marche.

« A deux heures, raconte le *Moniteur*, l'avant-garde arriva, composée d'un gros détachement de troupes et d'artillerie, suivi d'un grand nombre de femmes et d'hommes du peuple montés dans des fiacres, sur des chariots, sur des trains de canons. Ils portaient les trophées de leur conquête : des bandoulières, des chapeaux, des pommes d'épée des gardes du corps; les femmes étaient couvertes de rubans tricolores des pieds à la tête ; ensuite venaient cinquante ou soixante voitures de grains et de farines. Enfin, le gros du cortége entra vers six heures : d'abord, c'étaient des femmes portant de hautes branches de peupliers, puis de la garde nationale à cheval, des grenadiers, des fusiliers, avec des canons. Dans leurs rangs marchaient pêle-mêle des gardes du corps et des soldats du régiment de Flandre ; les cent-suisses suivaient en bon ordre ; puis une garde d'honneur à cheval, les députations de la municipalité et de l'Assemblée nationale, enfin la voiture de la famille royale, auprès de laquelle était La Fayette ; la marche était fermée par des voitures de grains et une foule portant encore des branches de peuplier et des piques. Tout le cortége tirait continuellement des coups de fusil en signe de joie et faisait retentir l'air de chants allégoriques dont les femmes appliquaient du geste les allusions piquantes à la reine. L'ensemble de ce cortége offrait à la fois le tableau touchant d'une fête civique et l'effet grotesque d'une saturnale. Le monarque pouvait être pris pour un père au milieu de ses enfants ou pour un prince détrôné promené en triomphe par ses sujets rebelles. »

Louis XVI alla prendre séjour aux Tuileries. Il y avait cent quarante ans que la royauté avait fui ce palais devant les clameurs de la Fronde et s'en était allée se bâtir une sorte de temple à Versailles; aujourd'hui, elle y rentrait, majesté dépouillée, humiliée, vaincue, traînée par les Parisiens vengeurs de la Fronde et qui inauguraient sur les ruines de la monarchie absolue le règne d'une majesté terrible et nouvelle, la démocratie.

L'Assemblée nationale se rendit aussi à Paris et prit séjour d'abord à l'archevêché, ensuite dans la salle du Manége, qui attenait au couvent des Feuillants et au Jardin des Tuileries (1). A la suite de l'Assemblée nationale vint s'installer à Paris la société des Amis de la Constitution, qui avait pris naissance à Versailles : elle s'établit rue Saint-Honoré, dans le couvent des *Jacobins* et en reçut le nom.

§ III.

Nouvelle organisation municipale, judiciaire, ecclésiastique de la capitale. — Abolition des couvents et suppression de nombreuses églises. — Clergé constitutionnel de Paris.

« Tout est consommé, écrivait Desmoulins le 7 octobre ; la Halle regorge de blés, les moulins tournent, la caisse nationale se remplit. » Mais cette abondance dura peu, et la disette amena encore un tragique événement. Un boulanger de la Cité, accusé d'accaparement, fut saisi par le peuple, et, malgré son innocence, malgré les efforts des autorités, pendu à la lanterne de la place de Grève. La commune, consternée, demanda sur-le-champ à l'Assemblée une loi martiale contre les attroupements, et, en quelques heures, cette loi fut discutée, votée et proclamée dans tout Paris avec l'appareil le plus solennel.

Grâce à la loi martiale, grâce à l'énergie et à l'activité que déploya la municipalité pour rétablir l'ordre, désarmer les vagabonds, assurer les subsistances, Paris retrouva un peu de calme, mais il continua à s'enivrer de politique et de liberté, à se passionner pour les motions des districts et des

---

(1) Voir l'*Histoire des quartiers de Paris*, liv. II, ch. XI.

clubs, à vivre dans les rues. Cette agitation se trouvait d'ailleurs entretenue par les décrets de l'Assemblée, qui changeaient toute l'existence de la France et principalement celle de la capitale. Ainsi, un décret abolit la gabelle, cet impôt si odieux qui faisait payer aux Parisiens 62 livres le quintal de sel qui se payait ailleurs 2 l. 10 sous. Un autre abolit les *entrées* (1er mai 1790), qui produisaient près de 36 millions et ne permettaient au peuple que de se nourrir de denrées ou de boissons falsifiées (1). Un troisième (16 février 1791) abolit les jurandes et maîtrises qui faisaient de l'exercice des métiers le privilége d'un petit nombre de familles et forçaient l'ouvrier pauvre et habile à rester toute sa vie l'homme d'un maître riche et ignorant. D'autres décrets, dont nous allons parler, donnèrent une nouvelle organisation à la municipalité, à la justice, au clergé, etc.

Le décret qui organisa la municipalité de Paris composa cette commune d'un maire, de 16 administrateurs, de 32 conseillers, de 96 notables : le maire et les administrateurs formaient le *bureau;* les 32 conseillers, le *conseil municipal;* les administrateurs, les conseillers, les notables, le *conseil général.* La ville fut alors divisée en 6 arrondissements et 48 sections, et la garde nationale en 6 divisions comprenant 24,000 hommes, dont 6,000 gardes-françaises, formant 48 compagnies soldées. Enfin, la division adminis-

(1) Cette somme énorme, qui était perçue par la ferme générale (c'était pour en assurer la perception que celle-ci avait obtenu récemment la construction du mur d'enceinte), était loin d'être employée aux besoins de la ville de Paris. Le produit en était ainsi réparti : au profit du trésor public, 29,837,700 livres; au profit de la ville de Paris, 3,965,800 l.; au profit des hôpitaux, 2,023,800 l. Les articles imposés étaient à peu près les mêmes qu'à présent, sauf des droits sur le sucre, le café, le plomb et les glaces. L'article le plus productif était celui des boissons, qui produisait 19,536,000 l., le muids de vin de 268 litres payant 32 l. 8 s. 7 den.

L'octroi de Paris a produit en 1854, 40,021,838 fr.

trative du royaume ayant été changée, Paris et sa banlieue devinrent un *département* administré par un *conseil* de 36 membres, un *directoire exécutif* de 5 membres et un procureur-syndic, tous élus. — Le décret qui supprima les anciens corps judiciaires mit fin à ce Parlement de Paris, à ce Châtelet, à ces Cours des Aides et des Comptes, qui avaient joué un si grand rôle dans notre histoire. Leur existence était liée à celle de la bourgeoisie ; car huit cents magistrats, quatre mille procureurs, avocats, greffiers, huissiers, douze mille commis ou agents de tout genre y étaient intéressés ; et néanmoins leur disparition ne fit pas la moindre sensation, et il suffit d'une compagnie de garde nationale pour clore les portes de ce Parlement si redoutable aux rois, et qui avait eu si longtemps Paris sous sa tutelle. A sa place furent créés un tribunal criminel et un tribunal d'appel pour le département, un tribunal civil dans chacun des quarante-huit districts : tous les membres de ces tribunaux étaient élus et amovibles. — Quant aux décrets relatifs au clergé et aux édifices religieux, ils amenèrent des changements matériels, tels que Paris n'en avait pas éprouvé depuis plusieurs siècles.

Le clergé de Paris s'était montré, dès l'origine, partisan de la révolution, et les Parisiens avait paru mettre leurs institutions nouvelles sous la protection des vieux patrons de la cité. Ainsi, on avait vu des prêtres et des moines dans les rangs du peuple au 14 juillet ; la plupart des curés avaient ouvert leurs églises aux assemblées électorales ; la garde nationale avait fait bénir ses drapeaux dans l'église Notre-Dame, avec de grandes solennités ; dans chaque district, les demoiselles étaient allées successivement en procession porter à Sainte-Geneviève des bouquets et des ex-voto ornés de rubans tricolores, le bataillon du district et la musique formant le cortège. Mais Paris n'était plus la ville catholique si fervente, si jalouse de sa foi, si fière de ses clochers et de ses moines ; depuis un demi-siècle, les sarcasmes contre le luxe et les désordres du haut clergé, contre les abus et l'oisiveté des couvents, étaient descendus des salons de la noblesse dans les cabarets de la multitude ; aussi, les décrets de l'Assemblée relatifs au clergé excitèrent une vive émotion dans le peuple et la bourgeoisie, mais une émotion d'approbation, même de raillerie, et non de regrets. Paris avait alors 60 églises paroissiales, 20 chapitres ou églises collégiales, 80 autres églises ou chapelles, 3 abbayes d'hommes, 8 de filles, 53 couvents d'hommes, 146 de filles. D'après un premier décret, qui plaçait les biens du clergé, devenus biens de la nation, sous la sauvegarde des municipalités et des gardes nationales, Bailly et La Fayette firent mettre les scellé sur les titres des biens ecclésiastiques et inventorier les mobiliers, bibliothèques, objets d'art, qui s'y trouvaient. Un deuxième décret ayant supprimé les ordres et congrégations de l'un et de l'autre sexe, excepté ceux qui étaient chargés de l'éducation publique et du soulagement des malades, la municipalité fit ouvrir les portes de tous les couvents, inscrivit sur un contrôle les religieux ou religieuses qui en sortirent et auxquels des pensions étaient allouées, et indiqua pour chaque ordre une maison conservée où se retirèrent ceux qui ne voulaient pas rentrer dans le monde. Enfin, un troisième décret ayant ordonné la vente d'une partie des biens du clergé pour une valeur de 400 millions, et cette vente ne s'effectuant pas, la municipalité de Paris vint déclarer à l'Assemblée que, de toutes les maisons religieuses qui existaient dans la capitale, il y en avait vingt-sept précieuses par leur situation, leur étendue et leurs dépendances, dont la valeur était estimée à 200 millions et qu'on pouvait aliéner ; elle proposa de les acquérir et d'en payer le prix en obligations qu'elle remplirait avec le produit des ventes partielles et successives. L'Assemblée accepta, et elle compléta cette mesure par la création d'un papier-monnaie ou d'*assignats* qui avaient pour hypothèque les biens du clergé. Alors la commune devint propriétaire des vingt-sept maisons désignées, parmi lesquelles étaient le prieuré Saint-Martin-des-Champs, les couvents des Jacobins de la rue Saint-Jacques et de la rue Saint-Honoré, les Grands-Augustins, les Carmes des Billettes et de la place Maubert, les Capucins de la rue Saint-Honoré et du Marais, les Minimes de la place Royale, l'abbaye Saint-Germain-des-Prés, les Feuillants de la rue Saint-Honoré, les Chartreux, les Théatins, etc. Quelques parties de ces édifices furent réservées pour servir de colléges ou d'hôpitaux ; d'autres, surtout les chapelles dépouillées de leurs cloches et objets d'art, servirent de lieux d'assemblées aux districts ; le reste, principalement les jardins et maisons, furent mis en vente.

Cette révolution si importante pour la capitale, cette profanation, cette aliénation de propriétés autrefois si chères aux Parisiens, n'amena aucun tumulte et ne fit naître que des caricatures, des chansons, des plaisanteries sur les *nonnettes* et les *frocards*. D'ailleurs, la réforme des couvents de Paris était regardée depuis longtemps, même par les catholiques sincères, comme indispensable, la plupart étant ou trop riches, ou inutiles, ou dégénérés de leur institution. Il en était de même des églises, devenues trop nombreuses et si mal distribuées que le faubourg Saint-Germain n'avait que deux paroisses pendant qu'il y en avait vingt et une dans la Cité. Aussi, les décrets qui supprimèrent ou réformèrent la plupart de ces églises furent reçus sans regret, bien qu'ils dussent entraîner la destruction de monuments antiques et populaires. Voici comment s'effectua cet autre changement : La constitution civile du clergé ayant réduit le nombre des diocèses et des paroisses, ordonné que les évêques et curés seraient nommés par les électeurs, enfin aboli les chapitres et chapelles, l'archevêché de Paris redevint un évêché, le nombre des églises paroissiales se trouva réduit à quarante-huit, qui furent déclarées propriétés municipales, les églises collégiales et chapelles furent supprimées. Plus de cent églises de tout genre tombèrent ainsi dans le domaine national; et celles qui ne pouvaient être utilisées pour un service public furent sur-le-champ mises en vente avec leur mobilier, argenterie, cloches, ornements (1).

Ce grand changement fut complété par un décret qui déclara biens nationaux les biens des fondations soit de religion, soit d'éducation, soit de bienfaisance, c'est-à-dire ceux des *fabriques*, des collèges, des hôpitaux, lesquels étaient entre les mains du clergé; l'administration en fut confiée aux communes. Enfin, l'Assemblée ayant imposé aux prêtres le serment à la Constitution, l'archevêque de Paris (M. de Juigné, qui avait émigré) et la plupart des curés le refusèrent, et le pape excommunia ceux qui prêteraient ce serment. Alors les prêtres *insermentés* ou *réfractaires* furent destitués et exclus de leurs églises, quelques-uns essayant inutilement de faire résistance, et l'on procéda (27 janvier 1791) à des élections qui se firent dans l'église Notre-Dame avec plus d'appareil militaire que de sentiment religieux. Un mauvais prêtre, Gobel, membre de l'Assemblée constituante, fut élu évêque de Paris, et la plupart des curés furent choisis par les électeurs, non comme les plus dignes et les plus vertueux, mais comme les plus patriotes et les moins *cafards*. L'installation de l'évêque (27 mars 1791), ainsi que celle des nouveaux curés, se fit presque sans cérémonie religieuse, au milieu de l'indifférence voltairienne de la garde nationale, au milieu de l'indignation des royalistes, qui essayèrent de faire du scandale. Les églises paroissiales, que les prêtres constitutionnels transformèrent en succursales des clubs, et où l'on parla moins de l'Évangile que de la Constitution, furent interdites aux prêtres réfractaires; mais par respect

---

(1) Nous dirons dans l'*Histoire des quartiers de Paris* les couvents et églises qui furent alors supprimés, l'usage auquel ces bâtiments furent destinés, la date de leur destruction, etc.

pour la liberté des cultes, huit anciennes chapelles de couvents leur furent attribuées pour y officier: la principale était celle des Théatins. Ces prêtres, qui avaient trouvé des asiles dans les hôtels des nobles, firent de ces chapelles des tribunes contre la révolution : ils déclarèrent les prêtres constitutionnels hérétiques et les excommunièrent avec tous ceux qui recevraient les sacrements de leurs mains. Alors le peuple poursuivit les insermentés de huées et d'insultes ; il dévasta l'église des Théatins, en ferma les portes et maltraita les femmes qui voulaient y entrer ; il brûla dans le Palais-Royal un mannequin du pape avec les journaux royalistes. Enfin, le roi, ayant voulu aller à Saint-Cloud pour faire ses Pâques de la main d'un prêtre réfractaire, on crut que ce voyage cachait un projet de fuite : alors le peuple sonna le tocsin, battit la générale, s'empara du Carrousel et de la place Louis XV. La Fayette accourut avec la garde nationale ; mais celle-ci partageait les sentiments de la multitude : elle fit fermer les grilles, arrêta les voitures, et, malgré les ordres et les supplications de son général, elle força Louis XVI à rentrer dans son palais.

§ IV.

Fêtes et solennités parisiennes. — Fuite du roi. — Affaire du Champ de Mars.

Cependant, malgré le dégoût qu'ils avaient pris pour leurs églises et les cérémonies religieuses, les Parisiens n'avaient pas perdu leur amour de fêtes et de solennités, et ils saisissaient toutes les occasions de le satisfaire : mais il leur fallait maintenant, disaient-ils, « des fêtes raisonnables et des solennités patriotiques ; » aussi, à l'époque du carnaval, d'un consentement unanime, ils supprimèrent les mascarades. « Le peuple, dit le journal de Prudhomme, a senti toute l'absurdité de cette monstrueuse coutume, et il faut espérer qu'elle ne se reproduira plus : ce sera encore un des bienfaits de la révolution (1). » Par contre, le roi étant venu subitement dans l'Assemblée (4 février 1790) pour s'unir à elle et lui témoigner son attachement au nouvel ordre de choses, celle-ci répondit à cette marque de confiance par un serment civique, c'est-à-dire de fidélité à la nation, à la Constitution et au roi. Dès le soir même, le maire et les représentants de la commune descendirent sur la place de Grève, qui était couverte d'une foule immense ; Bailly prononça le serment, et la multitude le répéta avec enthousiasme. Pendant plusieurs jours, la ville fut en fête : chaque district, chaque corporation, chaque bataillon de garde nationale, même chaque collége, vint à son tour sur les places publiques prononcer le serment. « Nouveauté patriotique, dit un journal, digne des républiques anciennes ! »

Quelques mois après, Paris résolut de célébrer l'anniversaire du 14 juillet par une fédération nationale : l'Assemblée approuva le projet de cette fête, et tous les départements y furent convoqués. Le Champ-de-Mars avait été choisi pour cette solennité, et, comme il n'était alors qu'une plaine fangeuse, des travaux furent entrepris pour le niveler et l'assainir ; mais les ouvriers étant insuffisants pour cette opération, toute la population se porta à leur aide comme à une fête civique : districts, milices, corporations, prêtres, nobles et grandes dames s'empressèrent à manier la pelle, à traîner la brouette, et en quelques jours le champ fut prêt.

Le 14 juillet, les fédérés des 83 départements, les députés de l'armée, la garde nationale, l'Assemblée et la municipalité partirent de la Bastille, traversèrent Paris et trouvèrent le Champ-de-Mars occupé par deux cent mille spectateurs qui bravaient la pluie en chantant et en dansant. Une messe fut

(1) *Révolutions de Paris*, n° 32, p. 60. — Ajoutons que le carnaval était, sous l'ancien régime, l'occasion de scènes hideuses où le peuple se vautrait dans l'ordure et la crapule. « Dans ces jours-là, dit Mercier, ses divertissements ont une empreinte de sottise et de villenie qui rapproche ses goûts de ceux des pourceaux. »

célébrée par l'évêque d'Autun, assisté de trois cents prêtres, sur un autel dressé en plein air et qui prit le nom d'autel de la patrie ; les bannières des 83 départements furent bénies et un *Te Deum* chanté. Alors La Fayette monta à l'autel, et, au nom de la garde nationale, prononça le serment civique ; le roi et le président de l'Assemblée le répétèrent, et quarante pièces de canon, cent musiques militaires, les acclamations de trois cent mille hommes, « qui faisaient trembler le ciel et la terre, » y répondirent. Ce fut la plus belle fête de la révolution : le soir, on dansa sur les ruines de la Bastille, et, pendant un mois, les Parisiens fêtèrent dans des banquets, des bals, des spectacles, leurs frères des départements.

Huit mois après cette grande journée, Paris eut une solennité d'un autre genre et y montra le même enthousiasme : Mirabeau mourut (3 avril 1791). Le peuple qui, pendant les trois jours de sa maladie, s'était porté en foule autour de sa demeure, fit fermer les magasins, les ateliers, les théâtres, et demanda que des honneurs extraordinaires fussent rendus au grand orateur de la révolution. L'Assemblée décréta que ses restes seraient portés à l'église Sainte-Geneviève, transformée en *Panthéon* pour la sépulture des grands hommes. Toutes les autorités, la garde nationale, les clubs, les corporations, le peuple entier assistèrent à ces funérailles, qui furent célébrées avec la pompe la plus majestueuse. Le cortége partit de la rue de la Chaussé-d'Antin, où demeurait Mirabeau, et s'arrêta à l'église Saint-Eustache : là, Cérutti prononça un discours funèbre qui fut suivi, selon l'usage de la garde nationale, d'une salve de dix mille coups de fusil tirée dans l'église même. De là, on se dirigea à travers les Halles et la rue Saint-Jacques vers la vieille église Sainte-Geneviève, où l'on déposa le corps entre ceux de Descartes et de Soufflot, en attendant que le Panthéon fût achevé. Paris porta le deuil de Mirabeau pendant huit jours.

Trois mois après (11 juillet 1791), les mêmes honneurs furent rendus aux cendres de Voltaire, mais avec une pompe encore plus théâtrale. Ce fut la première de ces cérémonies imitées de l'antiquité, d'où le culte catholique se trouvait banni, et qui furent si communes pendant la révolution : char, musique, costumes, emblèmes, tout semblait emprunté aux Grecs et aux Romains. Le cortége partit des ruines de la Bastille, suivit les boulevards, stationna devant l'Opéra (théâtre de la porte Saint-Martin), passa par la place Louis XV, devant les Tuileries, sur le Pont-Royal, s'arrêta sur le quai des Théatins, devant la maison où Voltaire était mort et où se trouvait la nièce du grand homme avec les filles de Calas. De là, il stationna encore devant le Théâtre-Français (Odéon), où les comédiens lui firent de nouveaux honneurs, et enfin il arriva au Panthéon. Les Parisiens assistèrent à cette fête symbolique, ou, comme disaient les royalistes, « à cette parodie païenne d'une béatification, » avec autant d'enthousiasme que de gravité. Dans les circonstances où l'on se trouvait, l'apothéose de Voltaire était un événement politique : en effet, à cette époque, Louis XVI avait essayé de s'enfuir, et, captif dans les Tuileries, il attendait de l'Assemblée nationale ou son rétablissement ou sa déchéance.

Dans la nuit du 20 au 21 juin, le roi et sa famille, étant sortis secrètement des Tuileries, avaient gagné à pied le quai des Théatins, où les attendaient deux voitures bourgeoises, et de là la porte Saint-Martin, où ils montèrent dans leur voiture de voyage. Ils se dirigèrent sur Montmédy pour chercher un asile dans l'armée de Bouillé. A la première nouvelle de cette fuite, la municipalité fit tirer le canon d'alarme ; la garde nationale se rassembla ; les clubs et les sections se mirent en permanence ; les bonnets de laine et les piques descendirent dans les rues ; les noms de roi, de reine, de Louis, de Bourbon furent effacés sur toutes les enseignes et les tableaux des boutiques, avec les couronnes et les armoiries royales. Mais, l'Assemblée ayant pris rapidement les mesures les plus énergiques pour concentrer entre ses mains tous les pouvoirs, la ville retrouva bientôt son calme : « les ouvriers s'occupèrent de leurs travaux, les affaires s'expédièrent avec la célérité ordinaire, les spectacles jouèrent comme de coutume, et Paris et la France apprirent par cette expérience, devenue si funeste à la royauté, que presque toujours le monarque est étranger au gouvernement qui existe sous son nom (1). »

Cependant, la famille royale avait été arrêtée à Varennes et revenait à Paris escortée par plus de cent mille hommes. Elle arriva vers le soir à la barrière Saint-Martin, suivit les boulevards extérieurs jusqu'à la barrière de Neuilly et entra par les Champs-Élysées pour gagner les Tuileries sans traverser les rues populeuses de la ville. La multitude s'était portée à sa rencontre, gardant un silence menaçant, et elle couvrait toute la route; les Champs-Élysées paraissaient hérissés de baïonnettes ; la voiture allait au pas, enveloppée et protégée par un bataillon carré de trente hommes de profondeur. « Ce n'était pas une marche triomphale, dit un journal, c'était le convoi de la monarchie. » A la porte des Tuileries, la fureur du peuple éclata, et la garde nationale parvint avec peine à garantir de ses outrages la famille royale.

L'Assemblée suspendit le roi de son pouvoir jusqu'à l'achèvement de la Constitution. Mais le parti républicain voulait la déchéance du monarque, et, pendant la discussion élevée à ce sujet, il tint tout Paris en rumeurs et en alarmes: la multitude enveloppait la salle du Manége, insultait les députés, menaçait d'attaquer les Tuileries ; et quand le décret fut prononcé, les attroupements devinrent si alarmants que, le 16 juillet, l'Assemblée ordonna à la municipalité « de réprimer le désordre par tous les moyens que la loi mettait

(1) Mémoires du marquis de Ferrières, II, 339.

en son pouvoir. » Le lendemain, la municipalité convoqua toute la garde nationale et lui fit occuper les principales places ; mais les clubs ayant excité le peuple à signer une pétition pour la déchéance du roi, une grande foule se rendit au Champ-de-Mars : elle n'avait pas d'armes et se trouvait composée principalement d'oisifs, de curieux, de femmes, d'enfants. Cette foule signait la pétition sur l'autel de la patrie quand des patrouilles de garde nationale arrivèrent pour dissiper le rassemblement : elles furent accueillies par des injures, des pierres, et même un coup de pistolet tiré sur La Fayette. Alors la municipalité résolut de proclamer la loi martiale ; elle se mit en marche avec le drapeau rouge déployé, huit canons, douze cents hommes, de la cavalerie, un appareil formidable. L'entrée dans le Champ-de-Mars se fit par trois détachements et trois côtés pour envelopper la multitude ; mais, à la vue du drapeau rouge, des cris de fureur éclatèrent ; des pierres furent lancées ; la garde nationale, sans faire de sommations, tira en l'air ; la foule se précipita vers l'autel de la patrie, et de là redoubla ses cris et ses pierres. Alors deux des trois détachements firent feu, et une centaine de malheureux tombèrent tués ou blessés ; tout le reste s'enfuit et s'en alla porter la consternation dans la plupart des quartiers en essayant de les soulever : mais nul ne bougea. Le drapeau rouge resta déployé à l'Hôtel-de-Ville jusqu'au 7 août.

Cette répression si précipitée d'une émeute peu redoutable, d'un rassemblement qui se serait dissipé de lui-même, eut les plus funestes suites. Le peuple en garda un profond ressentiment : il ne la pardonna jamais à la bourgeoisie ; pour lui, La Fayette, Bailly et les *exécuteurs* du 17 juillet ne furent que des assassins ; l'uniforme de la garde nationale lui devint odieux ; il appela le terrain de la fédération « le champ du massacre. »

Cependant la Constitution était terminée : elle fut proclamée en grande pompe sur les principales places de Paris, promenée au Champ-de-Mars, déposée au bruit du canon sur l'autel de la patrie ; mais l'enthousiasme populaire avait été éteint dans le sang du 17 juillet, et le roi, ainsi que l'Assemblée nationale, ne furent accueillis à cette fête qu'avec froideur et même des injures.

Des élections nouvelles avaient été faites. D'après la Constitution, le droit électoral n'appartenait qu'aux citoyens *actifs*, c'est-à-dire payant une contribution de trois journées de travail, et ces citoyens actifs choisissaient des électeurs parmi ceux qui payaient une contribution de cent cinquante à deux cents journées : la multitude pauvre n'eut donc aucune part à ces élections, et ce fut pour elle un grand motif de réprobation contre la Constitution ; aussi, les élections de Paris n'envoyèrent à la nouvelle Assemblée que des hommes de la bourgeoisie (1). Bailly et La Fayette donnèrent leur dé-

(1) *Députés de Paris à l'Assemblée législative :* Garran de Coulon, président du tribunal de Cassation ; Lacépède, administrateur du département ; Pastoret, procureur-syndic du département ; Cérutti, administrateur du département ; Beauvais, docteur en médecine, juge de paix ; Bigot de Préameneu, juge du tribunal du quatrième arrondissement ; Gouvion, major général de la garde nationale ; Broussonnet, de l'Académie des sciences, secrétaire de la Société d'agriculture ; Cretté, propriétaire et cultivateur à Dugny, administrateur du directoire du département ; Gorguereau, juge du tribunal du cinquième arrondissement ; Thorillon, ancien procureur du Châtelet, administrateur de police, juge de paix de la section des Gobelins ; Brissot de Warville ; Filassier, procureur-syndic du district de Bourg-la-Reine ; Hérault de Séchelles, commissaire du roi ; Mulot ; Godart, homme de loi ; Boscary jeune, négociant ; Quatremère-Quincy ; Ramond ; Robin (Léonard), juge du tribunal du sixième arrondissement ; Debry, administrateur du département ; Condorcet ; Treilh-Pardailhan, administrateur du département ; Monneron, négociant.

Godart et Cérutti, décédés, Monneron, Gouvion et Boscary, démissionnaires, furent remplacés successivement par Lacretelle (5 novembre 1791) Alleaume (4 février 1792), Kersaint (1er avril), Demoy (1er mai), et Dussault (6 juin).

mission : le premier fut remplacé par Pétion, l'un des chefs du parti *girondin*, qui devint l'idole du peuple ; le second ne fut pas remplacé ; chacun des six chefs de division commanda la garde nationale à tour de rôle pendant un mois.

§ V.

Paris sous l'Assemblée législative. — Fête des soldats de Château-vieux. — Journée du 20 juin.

L'*Assemblée législative* commence sa session (1er octobre 1791). Les émigrés ayant sollicité les rois absolus d'étouffer la révolution par la force des armes, la guerre est déclarée (20 avril 1792), aux applaudissements de tous les patriotes, à la grande joie des Parisiens, dont l'ardeur révolutionnaire ne s'est pas ralentie.

La multitude avait été écartée de la garde nationale, dont les rangs n'étaient ouverts qu'aux citoyens actifs : au premier bruit de guerre, elle s'arme de piques, et, malgré les ordres de la municipalité, elle s'organise en compagnies désordonnées, qui font la loi dans les rues ; son bonnet de laine rouge, cette coiffure du pauvre si méprisée des chapeaux à cornes et des perruques poudrées, devient tout à coup un emblème patriotique, et dans les clubs, les théâtres, les promenades, les Jacobins le portent comme le bonnet de la liberté ; enfin, ce nom hideux de *sans-culottes* que les habits de satin et les talons rouges avaient donné à la foule déguenillée des faubourgs, devient un titre révolutionnaire : les parias de l'ancien régime s'en font gloire et le jettent comme un cri de guerre et de vengeance à leurs ennemis. « De quels succès, dit le journal de Prudhomme, les contre-révolutionnaires peuvent-ils se flatter contre un peuple à qui tout sert, qui fait armes de tout pour défendre sa liberté ? Avec l'air *Ça ira !* on le mènerait au bout du monde, à travers les armées combinées de l'Europe ; paré d'un nœud de rubans aux trois couleurs, il oublie ses plus chers intérêts pour ne s'occuper que de la chose publique, et quitte gaiement ses foyers pour aller aux frontières. La vue d'un bonnet rouge de laine le transporte, parce qu'on lui a dit que ce bonnet était en Grèce, à Rome le signe de ralliement de tous les ennemis du despotisme. Enfin, le peuple commence à se compter et à se dire : Vingt-quatre mille hommes bien vêtus auront dorénavant mauvaise grâce à parler de la loi martiale devant trois cent mille hommes sans uniformes, mais armés. »

Ces dispositions du peuple apparurent dans la *fête de la liberté*, donnée à l'occasion des soldats de Châteauvieux. Deux ans auparavant, ce régiment suisse, s'étant mis en rébellion à Nancy, avait engagé une bataille terrible contre la garde nationale des départements voisins : quarante des chefs de la révolte furent condamnés aux galères, et ils venaient d'être amnistiés par l'Assemblée constituante. Ils arrivèrent à Paris, et les Jacobins, en haine de la garde nationale et de l'aristocratie bourgeoise, les promenèrent processionnellement de la Bastille au Champ-de-Mars par les boulevards, avec les symboles antiques et modernes que la révolution avait mis en usage, étendards aux inscriptions démagogiques, bustes de Voltaire et de Rousseau, tables de la déclaration des droits, images sculptées de la Bastille, fers des condamnés tressés de fleurs, enfin un char, portant une statue de la Liberté, traîné par vingt chevaux *démocrates*. Les autorités ne prirent aucune part à cette fête ; la garde nationale se tint en réserve dans ses postes ; l'ordre, néanmoins, ne fut pas troublé. « Le peuple se rangea, s'aligna, à la vue d'un épi de blé qui lui fut présenté en guise de baïonnette, depuis la Bastille jusqu'au Champ-de-Mars. » Aussi les journaux révolutionnaires s'écrièrent : « Ils ont appris à connaître le peuple de Paris, à le respecter, à l'admirer, les administrateurs ineptes du directoire, les officiers de l'état-major de la garde parisienne, cette cour envieuse et scélérate avec tous les agents qu'elle tient à sa solde ! Bon peuple de Paris, cette journée te vaudra l'honneur de servir de modèle au reste de la France et aux autres nations. Persévérance et courage ! »

Les constitutionnels répondirent à la fête donnée aux soldats de Châteauvieux par une pompe funéraire célébrée en l'honneur de Simonneau, maire d'Étampes, assassiné dans une émeute. Le peuple à son tour s'en tint éloigné. Cette lutte à coups de fêtes et de costumes présageait de sanglants événements.

La guerre était commencée ; mais dès les premières hostilités, nos armées avaient éprouvé un échec. Aussitôt les Parisiens crièrent à la trahison et demandèrent des mesures de rigueur contre les prêtres réfractaires et les émigrés. L'assemblée décréta ces mesures et ordonna la formation d'un camp de vingt mille hommes sous Paris. Le roi refusa de sanctionner ces décrets : alors les Jacobins résolurent de l'y contraindre par la force et soulevèrent le peuple.

Le 20 juin, les bataillons des faubourgs Saint-Antoine et Saint-Marceau se réunissent près de la Bastille et sont grossis des compagnies de piques et d'une foule immense, avec ou sans armes, mêlée de femmes et d'enfants. Certains de l'approbation secrète de Pétion et dédaignant les ordres (de la municipalité, ils se mettent en marche par les boulevards et la rue Saint-Honoré, ayant à leur tête les tables de la déclaration des droits, escortées par des canons, et pénètrent dans la salle de l'Assemblée pour lui présenter une pétition contre le pouvoir exécutif « au nom de la nation, qui a les yeux fixés sur Paris. »

Le cortége, composé de vingt-cinq à trente mille personnes, offrait le plus étrange comme le plus alarmant des spectacles : c'était à la fois une fête populaire et un commencement d'insurrection. On voyait pêle-mêle des femmes et des enfants ayant ou des armes, ou des rameaux verts, ou des bouquets de fleurs ; des hommes demi-nus, en sabots, avec des piques, des haches, des bâtons, des broches, des couteaux, portant des culottes déchirées pour bannières ; des gardes nationaux avec ou sans uniformes, ayant au bout de leurs fusils des inscriptions menaçantes. Tous, en défilant devant l'Assemblée silencieuse et confuse, chantaient et criaient : Vive la nation ! A bas le veto ! Vivent les sans-culottes ! A bas les prêtres ! Les aristocrates à la lanterne !

De la salle du Manége les insurgés suivirent la terrasse des Feuillants (1) et continuèrent à défiler le long de la façade du château, devant lequel étaient rangés dix bataillons de garde nationale. Quatorze autres bataillons étaient dans le château, les cours et la place du Carrousel. La foule sortit du jardin par la porte du Pont-Royal. La garde nationale résista encore ; mais les officiers municipaux firent ouvrir les portes, et le peuple envahissant le Carrousel, s'entassa à la porte de la cour royale. La garde nationale résista encore ; mais les officiers municipaux ayant fait ouvrir cette porte, la foule se précipita dans la cour, entra dans le château et monta une pièce de canon dans les appartements.

Le roi, voyant que les portes intérieures allaient être enfoncées, ordonna de les ouvrir et faillit être écrasé par la cohue. Protégé par quelques gardes nationaux, il monta sur une table, et, pendant deux heures, il résista aux demandes, aux insultes, aux cris de la foule qui augmentait sans cesse, mais dont une grande partie n'était qu'égarée, entraînée ou même amenée par la curiosité ; enfin, Pétion arriva, harangua le peuple et l'engagea à se retirer. Les appartements furent ouverts, et la multitude y défila avec tumulte, mais sans excès, saluant même la reine qui s'était établie dans une salle avec ses enfants pour diviser la masse populaire et favoriser l'évacuation du château.

(1) Voir l'*Histoire des quartiers de Paris*, liv. II, ch. XI.

Cette journée excita l'indignation du parti constitutionnel : Pétion fut suspendu de ses fonctions ; la bourgeoisie parisienne, dans une pétition qui portait huit mille signatures, demanda à l'Assemblée la punition des chefs de l'insurrection ; La Fayette, qui commandait l'armée de la Meuse, accourut à Paris pour en finir avec les Jacobins par la force ; mais il sollicita vainement la garde nationale de marcher sur le club : il ne put réunir cent hommes, et s'en alla désespéré. Plusieurs sections proposèrent de le mettre en accusation ; toutes redemandèrent leur *vertueux maire*.

La majorité de la population était pourtant satisfaite de la Constitution, favorable au roi, pleine de haine contre les démagogues ; mais, comme elle se défiait en même temps de la cour, de ses projets de contre-révolution, de ses intelligences avec l'étranger, elle restait immobile, incertaine, divisée, et laissait agir le parti jacobin, qui voulait conjurer le danger extérieur par le renversement de Louis XVI.

§ VI.

Déclaration de la patrie en danger. — Révolution du 10 août.

Cependant les Prussiens approchaient de nos frontières. Un camp de réserve avait été formé à Soissons pour recevoir les volontaires des départements ; trois bataillons furent organisés à Paris, forts ensemble de seize cents hommes, et sortirent de la ville les 11, 20 et 22 juillet. Le 11 juillet, l'Assemblée déclara la patrie en danger, et, le 22, elle ordonna la levée de cent mille volontaires des gardes nationales. Le même jour, la municipalité proclama le décret du danger de la patrie sur toutes les places publiques, avec une pompe imposante et sévère. Toute la garde nationale était sur pied ; le canon d'alarme tirait de moment en moment ; les officiers municipaux allaient dans les principales rues, au bruit de l'artillerie et de la musique, lire le décret et déployer la bannière où était inscrit : *Citoyens, la patrie est en danger!* Huit amphithéâtres avaient été dressés à la place Royale, au parvis Notre-Dame, à la place Dauphine, à l'Estrapade, à la place Maubert, devant le Théâtre Français (Odéon), devant le Théâtre-Italien (salle Favart) et au carré Saint-Martin. Sur chacun de ces amphithéâtres était une tente couverte de guirlandes, chargée de couronnes civiques et flanquée de deux piques avec le bonnet de la liberté ; le drapeau de la section était planté sur le devant et flottait au-dessus d'une table posée sur deux caisses de tambour ; trois officiers municipaux et six notaires recevaient à cette table les enrôlements ; sur les côtés étaient des faisceaux de drapeaux, et sur le devant les volontaires formaient un cercle renfermant deux pièces de canon et la musique. Cette cérémonie excita un grand enthousiasme : des rangs de la garde nationale et de la multitude sortaient à chaque instant des jeunes gens pleins d'ardeur qui allaient se faire inscrire au registre patriotique ; puis ils descendaient de l'estrade en criant : Vive la nation! au bruit de la musique, au milieu des acclamations des assistants et des embrassements des femmes, qui les couronnaient de fleurs.

Le contingent de Paris, ou plutôt du département, était de dix-sept bataillons de cinq à six cents hommes, en y comprenant les trois qui étaient au camp de Soissons. Pendant la première semaine, il y eut mille à douze cents inscriptions par jour, et, en moins de trois semaines, trente-quatre bataillons, au lieu de dix-sept, étaient au complet ; mais ils ne purent être organisés que quinze jours après et ne partirent qu'au commencement de septembre.

La déclaration du danger de la patrie exalta les sentiments révolutionnaires des Parisiens et les remplit d'indignation contre le monarque qui avait appelé les étrangers à sa délivrance. Pendant quinze jours, la ville fut dans des alarmes et des agitations continuelles, et les journaux jacobins ne cessèrent de la pousser à se débarrasser de la royauté par une insurrection. « Puisque Paris, disait Prudhomme, a donné le premier exemple aux villes de l'empire, puisque, par l'immensité de sa population et de ses ressources, cette grande cité a continué d'être le principal foyer de la révolution, peuple de Paris, lève-toi tout entier, point de demi-mesures!... » Les décrets de l'Assemblée tendirent à enlever à la cour tous ses moyens de défense, et, au contraire, à créer une armée à l'insurrection qui se préparait : ainsi, on ne laissa à Paris d'autres troupes de ligne qu'un régiment suisse; on forma pour la garde des prisons, des tribunaux et la police générale une gendarmerie spéciale composée presque entièrement d'anciens gardes-françaises ; on décréta que les citoyens non inscrits dans la garde nationale ne devaient pas moins le service tant que la patrie serait en danger, et l'on ordonna de les armer de piques, à défaut de fusils. Cette garde fut alors composée de cent vingt mille hommes, mais il n'y en avait pas vingt-cinq mille habillés et équipés (1).

Une nouvelle révolution était imminente, et les Jacobins la préparèrent presque ouvertement. Danton, président du club des Cordeliers, en traça le plan ; Pétion et le conseil général de la commune promirent leur coopération ; le noyau de l'armée révolutionnaire devait être un corps de fédérés marseillais et bretons récemment arrivés à Paris ; mais on était certain du concours de la multitude. L'insurrection fut précipitée par le manifeste du duc de Brunswick qui dévoilait si maladroitement les intelligences de la cour avec l'é-

(1) « Il faut remarquer que beaucoup se font remplacer, que les remplaçants sont de pauvres gens négligents et malpropres, ce qui répugne les autres volontaires de faire le service ; que les corps de garde sont peu gardés par cette raison ; que les grenadiers sont des gens fermes et instruits au service ; que les canonniers sont des jeunes gens bouillants et pleins de feu ; mais qu'en général il n'y a pas d'ensemble dans le corps de la garde nationale. » (Note trouvée au château des Tuileries le 10 août.)

tranger, et le renversement du trône fut la réponse des Parisiens à cette insolente agression.

Le 5 août, la section des Quinze-Vingts, qui ordinairement donnait le mouvement aux autres, arrête que « si l'Assemblée législative n'a pas prononcé, le 9, la déchéance du roi, à minuit le tocsin sonnera, la générale battra et tout se lèvera à la fois. » Quarante-six sections adhèrent à cet arrêté, et l'une d'elles, la section Mauconseil, proclame d'elle-même la déchéance. Le 10, à minuit, les fédérés, au nombre de mille, sont en armes; les sections ont nommé des commissaires « pour se réunir à la commune, y remplacer de gré ou de force le conseil général et sauver la patrie; » trois corps d'insurgés, composés de gardes nationaux, d'hommes à piques, même de gens sans armes, commencent à se former au faubourg Saint-Antoine, au faubourg Saint-Marceau, aux Cordeliers ; le tocsin et le tambour retentissent dans tous les quartiers, et l'insurrection se met en marche.

Cependant, la cour avait fait ses dispositions pour la repousser : la garde nationale, convoquée à la défense des Tuileries, remplissait le jardin de ses bataillons ; le commandant général, Mandat, avait mis un bataillon à la Grève, de l'artillerie au Pont-Neuf, de la gendarmerie au Louvre, pour prendre en queue et en flanc la colonne du faubourg Saint-Antoine et l'empêcher de se joindre aux deux autres. Mais les commissaires des sections s'emparent sans résistance de l'Hôtel-de-Ville, se constituent en commune insurrectionnelle et éloignent sur le champ le bataillon de la Grève et l'artillerie du Pont-Neuf ; ils mandent à leur barre Mandat, qui est décrété d'accusation et assassiné sur les marches de l'hôtel ; ils nomment commandant général Santerre, qui est à la tête de la colonne du faubourg Saint-Antoine. Alors les trois corps d'insurgés se réunissent sur les quais et se dirigent vers les Tuileries par les deux rives de la Seine et les rues voisines du Louvre, pendant que le désordre se met dans les rangs des défenseurs du château : les canonniers placés dans les cours tournent leurs pièces ou les mettent hors de service ; les bataillons postés dans le jardin, après une revue du roi, se dispersent ou vont se réunir aux insurgés ; deux seulement, les bataillons des Petits-Pères et des Filles-Saint-Thomas, déjà signalés par leur ardeur royaliste, restent à la défense des Tuileries avec douze cents Suisses et cinq cents gentilshommes.

A huit heures du matin, l'avant garde de l'insurrection, composée d'hommes à piques et de fédérés, arrive en tumulte dans le Carrousel, enfonce les portes de la cour royale et pénètre sans résistance jusqu'au vestibule et au grand escalier ; là étaient massés les Suisses, avec lesquels ils parlementent. Cependant le roi, à l'approche de la foule, avait quitté le château et s'était retiré dans l'Assemblée avec sa famille, escorté par la garde nationale, au milieu des cris du peuple qui avait déjà envahi la terrasse des Feuillants. Il y était à peine arrivé que le combat s'engage entre les Suisses et la multitude, qui, frappée à bout portant de l'escalier, des fenêtres, des corps de logis de la cour royale, s'enfuit en couvrant le sol de ses morts et en criant à la trahison. Les Suisses sortent en deux colonnes et balayent en un clin d'œil le Carrousel et les rues voisines ; le château se croit victorieux ; ses défenseurs se disposent à marcher sur l'Assemblée, et celle-ci était résolue à mourir à son poste, lorsque le corps d'armée des insurgés, recueillant les fuyards, débouche par le Louvre, les guichets, le Pont-Royal, avec des cris de vengeance et de fureur. Aussitôt il décharge ses canons sur les Suisses, les repousse de la place, se précipite dans les cours, malgré le feu qui part de toutes les croisées, et incendie les corps de logis de la cour royale ; mais ce n'est qu'après trois heures de combat, et lorsqu'une colonne, s'emparant de la terrasse du bord de l'eau, eut attaqué le château par le jardin, qu'il envahit les Tuileries. Les Suisses se retirent en bon ordre par le jardin, la place Louis XV, les Champs-Élysées, tombant un à un, défendant le terrain pied à pied contre des masses d'assaillants, et ils ne sont complétement dispersés que par les canons du faubourg Saint-Marceau qui les prennent en flanc du coté du pont Louis XVI. A midi, la multitude avait dévasté le château, et elle se précipita dans l'Assemblée, apportant des armes, des bijoux, des meubles, amenant des prisonniers, demandant la déchéance du roi et la punition « des traîtres qui avaient assassiné le peuple. » L'Assemblée décréta la suspension du pouvoir exécutif, la translation de la famille royale au Luxembourg et la convocation d'une Convention nationale.

« Quel spectacle offrait Paris et surtout le lieu de la scène vers le soir de la journée du 10 août ! Tous les travaux interrompus, le commerce suspendu, les ateliers déserts, toutes les rues hérissées d'armes, tous les regards, tous les pas dirigés sur le château des Tuileries, qu'indiquaient assez de longs torrents de fumée. Le Carrousel était comme une fournaise ardente; pour entrer au château, il fallait traverser deux corps de logis incendiés, et on ne pouvait le faire sans passer sur une poutre enflammée ou sans marcher sur un cadavre. La façade du palais était criblée de haut en bas par les canons nationaux ; dans le vestibule, l'escalier, la chapelle, les appartements, rien de plus hideux, de plus horrible ; les murailles teintes de sang, couvertes de lambeaux, de membres d'hommes, de tronçons d'armes, un pan du manteau royal distribué à qui voulait s'en souiller les mains, des débris de meubles et de bouteilles, et partout des cadavres. La porte du château donnant sur la terrasse était obstruée par des monceaux d'autres cadavres; toutes les allées du jardin en étaient jonchées de même : on trouvait des cadavres au pied des arbres, au bas des statues de marbre et recouverts par l'herbe et les fleurs du parterre. Au pont Tournant, comme pour donner la dernière touche à cette image effroyable, la caserne de bois des Suisses brûlait, et sa flamme sinistre éclairait cinq ou six voitures qu'on chargeait de morts sur la place Louis XV (1). »

Il y eut deux mille hommes tués dans cette bataille, dont douze à treize cents Parisiens : aussi la population se regarda-t-elle comme ayant été décimée par la trahison de la cour, et, dès ce moment, il y eut dans la multitude la pensée de venger ce qu'elle appelait le massacre du 10 août par l'extermination des royalistes.

§ VII.

Domination de la Commune de Paris. — Massacres de septembre. — Départ des bataillons de volontaires.

Pendant les quarante jours qui suivirent le 10 août, Paris fut dans l'anarchie la plus complète : c'était la multitude ignorante, brutale, sanguinaire qui venait de remporter la victoire ; ce fut elle qui domina dans la commune insurrectionnelle, composée presque entièrement de gens sans instruction et sans probité. Alors commença le règne de cette fameuse Commune, qui, usurpant tous les pouvoirs, domina pendant deux ans la représentation nationale, Paris et la France, qui déshonora la révolution par ses crimes, qui précipita violemment sa marche, qui ne tomba que lorsque s'arrêta la révolution elle-même! Pendant les premiers temps de sa puissance, elle siégeait nuit et jour et rendait en vingt-quatre heures deux cents arrêtés. Elle envoya Louis XVI et sa famille dans la tour du Temple et les fit garder avec la plus grande rigueur. Elle fit enterrer les victimes du 10 août « sans les momeries sacerdotales, inutiles à la mémoires d'hommes libres, qui ne reconnaissent d'autre dieu que la liberté et d'autre culte que celui de l'égalité. » Elle ordonna la destruction des statues des rois, des monuments

(1) *Révol. de Paris*, t. XIV.

et des emblêmes « qui rappelaient au peuple les temps de l'esclavage sous lequel il avait gémi ; » et alors furent renversées la statue de Louis XIII à la place Royale, celles de Louis XIV à la place Vendôme, de Louis XV à la place qui prit le nom de la Révolution, et même celle de Henri IV, jadis si populaire. Elle fit casser le directoire du département, accusé de royalisme, suspendre les six tribunaux de Paris, dissoudre les bataillons des Filles-Saint-Thomas et des Petits-Pères, bouleverser la garde nationale par le décret du 18 août, décret qui donna à cette garde le nom de *sections armées*, abolit les compagnies de grenadiers et de chasseurs, composées de gens riches, et fit entrer pêle-mêle dans les compagnies tous les citoyens avec ou sans uniformes, avec ou sans armes, ce qui mit Paris sous la domination des piques et des sans-culottes. Elle institua un comité de surveillance, qui eut la police de Paris, exerça réellement la dictature la plus tyrannique et domina la Convention elle-même. Elle força l'Assemblée à créer un tribunal révolutionnaire, dont les membres furent élus par les sections, qui jugeait sans appel et envoya à l'échafaud, dressé en face des Tuileries encore fumantes et ensanglantées, vingt-deux royalistes ou *conspirateurs* du 10 août. Enfin, quand le danger extérieur s'aggrava, quand les Prussiens eurent passé la frontière et pris Longwi, elle décréta qu'il serait formé un camp à Montmartre, que les cloches seraient converties en canons, les fers des grilles en piques, l'argenterie des églises en monnaie ; que des visites domiciliaires seraient faites pour découvrir les armes, arrêter les suspects et enchaîner les conspirateurs. En effet, du 29 au 30 août, les barrières furent fermées, la Seine barrée, les voitures arrêtées, les rues désertes, et, à une heure du matin, les commissaires de la commune, assistés des sections armées, firent leurs visites. Tout citoyen trouvé hors de son domicile fut réputé suspect, et l'on jeta ainsi dans les prisons cinq à six mille individus ;

nobles, prêtres réfractaires, gens de l'ancienne cour, officiers de la garde nationale, etc.

Le comité de surveillance, où régnait Marat, voyant le nombre des prisonniers et croyant ou feignant de croire qu'un nouveau succès des Prussiens exciterait une insurrection royaliste, résolut de faire une Saint-Barthélemy dans les prisons. C'était la pensée féroce de la multitude, qui, voyant partout des traîtres, était dans une exaltation poussée jusqu'à la rage et ne demandait que la mort de ses ennemis. On ne parlait que des projets de vengeance des royalistes ; on répandait le bruit qu'une armée entière de nobles et d'anciens gardes du roi était prête à égorger les patriotes ; on ajoutait que le plan des rois du Nord était d'exterminer toute la population parisienne. « Qu'ils viennent, disait un des orateurs populaires à l'Assemblée, qu'ils viennent relever les murs de la Bastille, ces brigands du Nord, ces anthropophages couronnés. Si la victoire trahit notre cause, les torches sont prêtes... Ils ne trouveront que des cendres à recueillir et des ossements à dévorer! » Enfin, dans le comité de défense de l'Assemblée, on agita la question d'abandonner Paris ; mais Danton: « La France est dans Paris, dit-il ; si vous abandonnez la capitale à l'étranger, vous lui livrez la France... Il faut nous maintenir ici par tous les moyens et nous sauver par l'audace... Il faut... (et avec un geste effrayant) il faut faire peur aux royalistes !... »

Paris, menacé de ruine par l'étranger, en proie à l'anarchie, dominé, égaré par quelques hommes sanguinaires, était alors fou de terreur et de haine et présentait dans toutes ses parties le spectacle le plus terrible: des troupes de volonlontaires partant pour l'armée, des bandes d'ouvriers allant travailler au camp de Montmartre ; les femmes fabriquant dans les églises des habits et des tentes ; des orateurs populaires semant l'alarme dans les rues; les places publiques occupées par des théâtres d'enrôlement ; les barrières fermées; des hommes armés, des canons, des patrouilles, des postes partout. Tout à coup, le 2 septembre (c'était un dimanche), le bruit se répand que Verdun est pris, que les Prussiens marchent sur Paris, que les royalistes s'agitent dans leurs hôtels et les prisons pour leur livrer la ville. La Commune fait placarder des affiches menaçantes; deux sections (Poissonnière et Luxembourg) décrètent de massacrer les prisonniers; on tire le canon d'alarme; on sonne le tocsin; on arbore le drapeau noir sur les tours Notre-Dame; toute la population semble frappée de terreur ou de vertige : « Courons aux prisons ! ce cri terrible, raconte un témoin, retentit à l'instant d'une manière spontanée, unanime, universelle, dans les rues, dans les places publiques, dans tous les rassemblements, enfin dans l'Assemblée nationale même : qu'il ne reste pas un seul de nos ennemis vivants pour se réjouir de nos revers et frapper nos femmes et nos enfants (1). » Alors des rassemblements se forment autour des prisons, principalement autour de celle de l'Abbaye, où l'on amenait vingt-quatre prêtres; deux ou trois cents hommes, la plupart, dit-on, ouvriers ou gens de boutique des rues voisines, excités par les satellites du comité de surveillance, se jettent sur ces vingt-quatre prêtres et les massacrent; puis, enivrés de leur crime, ils courent aux Carmes et à Saint-Firmin, et égorgent dans ces deux prisons deux cent quarante-quatre prêtres. Ils reviennent à l'Abbaye et tuent encore soixante-quatre Suisses ou gardes du roi; puis ils forment un tribunal présidé par un huissier du faubourg Saint-Antoine, Maillard, l'un des assaillants de la Bastille, le général des femmes du 5 octobre, et ils y font comparaître cent six prisonniers : quarante-cinq sont « mis en liberté par jugement du peuple; » les autres « condamnés à mort et exécutés sur-le-champ (2). » Un des membres de la com-

---

(1) *La vérité entière*, par Méhée.
(2) Ce sont les termes du registre des écrous, qui existe encore.

mune, Billaud-Varennes, encourage les meurtriers, leur fait distribuer des vivres, promet à chacun 24 liv. « pour son travail. »

Les assassins, les jours suivants, au nombre de quatre cents au plus, se partagent par petites bandes et se portent à toutes les prisons, où ils tuent non-seulement les prisonniers politiques, mais les détenus ordinaires qui s'y trouvaient : à la Force, on forma un tribunal comme à l'Abbaye, et, sur 375 prisonniers, 167 périrent ; au Châtelet, on tua 189 voleurs ou faussaires ; aux Bernardins, 60 forçats ; à la Salpêtrière, 30 filles publiques ; à Bicêtre, des fous, des employés, des enfants. « C'était un épurement, disaient les meurtriers, c'était le peuple-Hercule nettoyant les écuries d'Augias. » Le massacre était devenu un spectacle, une jouissance ; une foule sanguinaire faisait cercle autour des victimes, applaudissait aux assassins, et, à la Force, les profanations les plus sauvages furent commises sur le cadavre de la princesse de Lamballe. Il y eut, dit-on, près de mille victimes qu'on jeta dans des charrettes et qu'on porta tout à découvert au cimetière de Clamart. Paris resta immobile pendant ce long crime, et trois à quatre cents assassins, la plupart ivres, parcoururent ses rues pendant quatre jours sans qu'une main se levât contre eux ! Santerre, complice du comité de surveillance, refusa de convoquer la garde nationale ; le maire Pétion courut à la Force et vit son pouvoir méconnu ; le ministre Roland fut menacé du sort des royalistes ; enfin, l'Assemblée, terrifiée après une vaine tentative, se tint dans un lâche silence !

Le comité de surveillance avoua hautement qu'il avait ordonné le massacre ; sa puissance ou la terreur qu'il inspirait s'en trouva augmentée, et alors il se livra à tous les excès. Ses membres dévastèrent les propriétés nationales, dilapidèrent les fonds publics, contribuèrent au pillage du garde-meuble ; ils s'emparèrent des richesses des églises, du mobilier des émigrés, des dépouilles des victimes de septembre ; ils désorganisèrent la police ordinaire, laissèrent la force publique sans action : alors les voleurs eurent libre carrière, et l'on en vit dans les promenades arrachant les bijoux des femmes, pour en faire, disaient-il, un don à la patrie. Paris parut retombé dans l'état sauvage, et, comme au moyen-âge, les habitants de quelques sections se confédérèrent pour se garantir mutuellement leurs biens et leur vie. « Commune active, mais despote, disait Roland à l'Assemblée, peuple excellent, mais dont une partie saine est intimidée ou contrainte, tandis que l'autre est travaillée par les flatteurs et enflammée par la calomnie ; confusion de pouvoirs, mépris des autorités, force publique faible ou nulle par un mauvais commandement, voilà Paris ! » « Et les Parisiens osent se dire libres ! s'écriait l'intrépide, l'éloquent Vergniaud ; ils ne sont plus esclaves, il est vrai, des tyrans couronnés, mais ils le sont des hommes les plus vils, des plus détestables scélérats ! »

C'est au milieu de cette anarchie que se fit le départ des bataillons de volontaires parisiens, au nombre de trente et un, forts chacun de cinq à six cents hommes, et formant, avec les trois bataillons partis en juillet, un effectif de dix-huit mille combattants. Leur organisation avait été retardée, avant le 10 août, par la tiédeur ou l'incurie du pouvoir exécutif, après le 10 août, par le désordre général de l'administration ; mais, à la nouvelle de la prise de Longwi, leur départ fut précipité ; il commença le 1er septembre et continua les jours suivants, au milieu du massacre des prisons et sans qu'aucun d'eux détournât ses regards sur les victimes royalistes (1).

(1) On ne cite qu'un seul volontaire qui ait pris part aux massacres de septembre : c'est le nommé Charlot, perruquier, l'un des assassins de la princesse de Lamballe ; mais, en arrivant à l'armée, il fut tué par ses camarades. — Deux bataillons, celui de Mauconseil et le 1er Républicain, se souillèrent, à Réthel, du sang de quatre déserteurs de l'armée des princes, domestiques d'émigrés qui venaient se

L'exaltation révolutionnaire étouffait-elle donc tout sentiment de pitié dans ces bataillons qui n'étaient pas uniquement composés de tailleurs et de savetiers, ainsi que le disaient les émigrés, mais de la jeunesse bourgeoise la plus éclairée (1)? Ils partirent pour la croisade révolutionnaire pleins d'un sombre enthousiasme, d'une allégresse fiévreuse, aux chants de la *Marseillaise* et du *Ça ira,* accompagnés par la musique des sections, au milieu de la foule qui criait : Vive la nation ! à travers les embrassements, les larmes, les transports des femmes, qui leur donnaient de l'argent, des armes, des vêtements. La plupart conservèrent les noms des sections où ils avaient été levés, et l'on vit figurer glorieusement dans les bulletins de nos victoires les noms parisiens de Mauconseil, des Lombards, des Gravilliers, etc. Ces bataillons si jeunes, qui savaient à peine se servir de leurs armes, à Jemmapes, tinrent ferme sous le triple feu des redoutes autrichiennes, reçurent le choc des dragons impériaux et enlevèrent d'un bond les hauteurs gardées par les grenadiers hongrois. Ce furent eux qui quittèrent les derniers le champ de bataille de Neerwinden, qui décidèrent le gain de la bataille de Hondschoote, qui formèrent la terrible garnison de Mayence ; ils figurèrent dans toutes les batailles de la Vendée.

jeter dans l'armée française et qu'ils prirent pour des émigrés nobles. Les deux bataillons furent cernés, désarmés par le général Beurnonville ; on leur ôta leurs drapeaux, on les fit bivouaquer dans les fossés de Mézières, enfin on ne leur rendit leur rang dans l'armée qu'après la punition des plus coupables et les plus touchantes marques de repentir.

(1) Il y avait quelques femmes dans ces bataillons ; parmi elles on peut citer la citoyenne *Garnejour*, du 12e bataillon, dit de la République, qui se trouva aux batailles de Vihiers, Doué, Saumur, Châtillon, « où elle combattit avec le courage d'un vrai républicain, » et reçut une récompense nationale; la citoyenne *Minard*, qui partit avec son mari, le citoyen Fortier : pendant trois campagnes, elle fit le service de canonnier dans le 10e bataillon, et reçut une récompense nationale ; la citoyenne *Rocquet*, etc.

C'étaient dans ces bataillons que se trouvaient ces *enragés* dont parle Dumouriez, qui dansaient la *Carmagnole* sous le feu des canons ennemis. Leurs commandants, jeunes, braves, intelligents, arrivèrent rapidement aux plus hauts grades ; quelques-uns même ont pris place parmi les illustrations militaires de la France. Enfin, de leur rangs sont sortis le maréchal Maison, grenadier au 3ᵉ bataillon ; le général Dutaillis, capitaine au bataillon des Filles-Saint-Thomas ; le général Friant, l'une des célébrités de l'Empire ; les généraux Leval, Thiébault, Gratien, etc.

Voici les noms de ces bataillons, la gloire de Paris, avec ceux de leurs commandants, la date de leur départ, les lieux où ils se distinguèrent :

152 DÉPART DES BATAILLONS DE VOLONTAIRES.

NOMS.	DATE de DÉPART.	COMMANDANTS.	BATAILLES ou SIÈGES.
1er bataillon de Paris.	22 juillet 92	J. B. Perrin.	Bataille de Jemmapes.
2e id.	20 juill.	Haquin, gén. de division en l'an III. Malbrancq, général de brigade en l'an II, mort en 1823. Gratien, commandant en 2e, général de division en 1804, mort en 1814.	Combat de Linselles. Prise de Menin. Bat. de l'Ourthe.
3e id.	11 juill.	Prudhon, général de brigade en l'an II.	Bat. de Jemmapes.
4e ou 1er des Sect. armées.	3 sept.	Altemez.	Bat. de Hondschoote.
5e.	5 sept.	Grandjean.	Bat. de Neerwinden.
6e.	7 sept.	Duclos. Doucret, commandant en 2e, général de division en l'an IV, mort en 1817.	Bat. de Neerwinden.
6e bis ou de l'onconseil.	12 sept.	Sabot, mort dans les prisons de l'Autriche.	Garn. de Condé.
7e ou du Théâtre-Français.	8 sept.	Joannis.	Garn. du Quesnoy.
7e bis.	2 sept.	Dejardin. Hardy, comm. en 2e gén. de division en l'an III, mort à Saint-Domingue.	Garn. de Condé.
8e ou de Sainte-Marguerite.	31 sept.	Deckers, tué à Rensselaër, an II.	Bat. de Hondschoote.
9e ou de Saint-Laurent.	16 sept.	Vieilleville.	Bat. de Jemmapes.
9e bis ou de l'Arsenal.	11 sept.	Friant, général de division en l'an VII, mort en 1829.	
10e ou des Amis de la patrie.	4 sept.	Maillet, tué en l'an II. Clément, mort à Bonn en l'an III.	Bat. de Neerwinden.
11e ou 11e de la République.	4 sept.	Boussard, général de brigade en l'an II.	Garn. de Mayence. Vendée. Embarqué pour l'Ile-de-Fr. l'an IV
12e ou 12e de la République.	1er sept.	Gosson.	
1er bat. de la Montagne ou de la Butte-des-Moulins.	5 sept.	Lebrun.	Bat. de Jemmapes.

DÉPART DES BATAILLONS DE VOLONTAIRES.

NOMS.	DATE du DÉPART.	COMMANDANT.	BATAILLES ou SIÈGES.
14ᵉ de la République ou des Piques.		Joly.	Garn. de Mayence.
Bataillon de Molière.	21 sept.	Lefebvre, général de brigade en l'an IV.	Bat. de Neerwinden.
1ᵉʳ bataillon Républicain.	24 sept.	Pichot.	Bat. de Menin.
1ᵉʳ bataillon des Gravilliers.	4 sept.	Bernier.	Garn. de Valenciennes.
1ᵉʳ b. des Lombards.	5 sept.	Lavalette, général de brigade en l'an II. Valletaux, comm. en 2ᵉ, gén. de brigade en l'an III, mort en Espagne en 1811. Lorge, capitaine, général de division en l'an VII, mort en 1826.	Prise de Courtray.
B. du Pont-Neuf.	2 sept.	Fleury.	
B. de la Commune et des Arcis.	13 sept.	Dumoulin, général de brigade.	Bat. de Fleurus.
B. de Popincourt.	5 sept.	Touronde.	Attaque de Pellingen.
B. de Franciade ou Saint-Denis.	7 sept.	Marais.	Aff. du moulin de Bossut.
1ᵉʳ des Amis de la République.	27 sept.	Roche.	Garn. de Mayence.
1ᵉʳ de la République.	15 sept.	Le Pareur.	Guerre de la Vendée.
2ᵉ de la République.	15 oct.	Bossou, tué à Quiberon.	Garn. de Mayence.
3ᵉ de la République.	17 oct.	Richard, général de brigade en 1793.	Guerre de la Vendée.
1ᵉʳ de la Réunion.		Richard François.	Aux Antilles.
1ᵉʳ de grenadiers.	8 sept.	Leval, général de division en l'an VII, mort en 1834.	Bat. de Jemmapes.
Chasseurs répub. des Quatre-Nations.	4 sept.	Adebert.	Garn. de Mayence.
Chasseurs du Louvre.		Bache.	Passage de la Sambre.
Chasseurs francs de l'Égalité.		Lauvray.	

T. I   9.

§ VIII.

Paris sous la Convention. — Procès et mort de Louis XVI. — Paris le 21 janvier.

Pendant que les volontaires parisiens couraient à l'ennemi, les élections à la Convention se faisaient sous l'influence des journées de septembre, et cette assemblée ouvrait sa longue et terrible session. La Constitution de 91 n'existait plus ; il n'y avait plus de différence entre les citoyens actifs et les autres citoyens ; tout le monde fut donc appelé à voter, et, bien que l'élection se fît à deux degrés, Paris envoya à la Convention les démocrates les plus ardents, les chefs du parti de la *Montagne*, les hommes du 10 août et du 2 septembre (1). La plupart des élections dans les provinces furent faites, au contraire, dans le sens *girondin*, c'est-à-dire favorable à la domination des classes moyennes, dans un sentiment d'hostilité contre la capitale, dans la volonté d'arrêter le despotisme sanglant de la Commune. « Il faut, disaient les Girondins, que Paris soit réduit à son quatre-vingt-troisième d'influence, comme chacun des autres départements. » Et ils reprochèrent aux Parisiens les massacres de septembre, dont ils exagéraient les horreurs ; ils demandèrent que la Convention se fît garder par les citoyens des provinces, et, sous le prétexte de secouer le joug de la *ci-devant capitale* de la *ville de Pandore* (c'étaient les noms qu'ils donnaient à Paris), ils témoignèrent des projets de décentralisation qui auraient perdu la France.

---

(1) *Députés de Paris à la Convention* : Robespierre, Danton, Collot-d'Herbois, Manuel, Billaud-Varennes, Camille Desmoulins, Marat, Lavicomterie, Legendre, Raffron, Panis, Sergent, Robert, Dussaulx, Fréron, Beauvais, Fabre d'Églantine, Osselin, Robespierre jeune, David, Boucher, Laignelot, Thomas, Égalité (duc d'Orléans).

Ces attaques n'eurent qu'un faible retentissement dans la population parisiennne. La ville avait repris un peu de calme, au moins à l'extérieur. La Commune du 10 août fut remplacée par une commune régulièrement élue (23 novembre 1792), et, bien que composée des mêmes éléments et presque des mêmes hommes, elle s'occupa avec activité de la police, de la sécurité publique, surtout des subsistances, car il y avait encore à cette époque une grande disette. Pétion fut remplacé à la mairie par Chambon, homme faible et nul, qui eut pour substituts deux hommes infâmes, Hébert et Chaumette, le premier, rédacteur du journal le *Père Duchêne*, qui dépravait le peuple par ses calomnies et ses prédications sanguinaires.

Soit lassitude des agitations politiques, soit affaissement provenant de ses souffrances, Paris ne sortit pas complétement de son repos, même pendant le procès de Louis XVI. A part les Jacobins, qui envahissaient les tribunes de la Convention et effrayaient les députés de leurs cris et de leurs menaces, à part quelques bandes tumultueuses qui entourèrent la salle du Manége quand le captif du Temple comparut devant ses juges, la population sembla indifférente à ce terrible débat. Cependant, le sentiment monarchique n'était pas complétement éteint dans Paris : la foule s'amassait tristement autour de la prison du Temple, et elle devint telle, qu'en attendant la construction d'une muraille, on entoura la tour d'un ruban tricolore, qui fut respecté. Dans les places publiques, aux Halles, dans les guinguettes, on s'entretenait de la famille royale, on plaignait son malheur, on lisait les nombreuses brochures écrites en sa faveur, et une complainte royaliste fut tellement répandue, devint si populaire, « qu'elle fit oublier, dit Prudhomme, la *Marseillaise*... J'ai vu, ajoute-t-il, le buveur qui l'écoutait laisser tomber des larmes dans son verre. » Mais la pitié du peuple n'alla pas plus loin ; et, dans le terrible jour où la Convention prononça la sentence de mort contre Louis XVI (1), sur la place du Carrousel, « sur le lieu, dit le même journaliste, où Capet commit son dernier crime, des fédérés des départements unis à leurs frères de Paris, sous l'œil des magistrats, chantaient l'hymne de la liberté et l'air *Ça ira*, dansaient de gaies farandoles et ne formaient qu'une seule chaîne de plusieurs milliers de citoyens des deux sexes, se tenant par la main. Les officiers municipaux présidaient la fête, et l'on prononça le serment d'exterminer tous les tyrans et toutes les tyrannies (2). » Enfin, quand la Commune convoqua toute la population armée pour mener Louis XVI au supplice, quand elle fit placer des canons sur les places et les quais, quand elle ordonna la fermeture des boutiques et des fenêtres dans les lieux que devait traverser le funèbre cortége, nul des cent mille hommes des sections armées ne manqua à l'appel, et, sur le passage de la voiture par la rue du Temple, les boulevards et la place Louis XV, de cette forêt de baïonnettes et de piques, il ne sortit pas un cri de grâce, un mot d'indignation, un murmure! Ce n'est pas tout; et le tableau que présentait la capitale en ce triste jour serait incomplet, si, malgré l'horreur qu'elles nous inspirent, nous n'ajoutions pas ces lignes, tirées des *Révolutions de Paris* :

« Après l'exécution, quantité de volontaires s'empressèrent de tremper dans le sang du despote le fer de leurs piques, la baïonnette de leurs fusils ou la lame de leurs sabres. Beaucoup d'officiers du bataillon de Marseille et autres imbibèrent de ce sang impur des enveloppes de lettres qu'ils portèrent à la pointe de leurs épées, en tête de leur compagnie, en disant : Voici du sang d'un tyran! Un citoyen monta sur la guillotine même, et, plongeant tout entier son bras nu

---

(1) Tous les députés de Paris votèrent la mort du roi, à l'exception de Dusseaulx, Thomas et Manuel.

(2) *Révol. de Paris*, t. XVI, p. 283.

dans le sang de Capet, qui s'était amassé en abondance, il en prit des caillots plein la main et en aspergea par trois fois la foule des assistants qui se pressaient au pied de l'échafaud pour en recevoir chacun une goutte sur le front. Frères, disait le citoyen en faisant son aspersion, frères, on nous a menacés que le sang de Louis Capet retomberait sur nos têtes: eh bien! qu'il y retombe. Républicains, le sang d'un roi porte bonheur! »

Après ces scènes d'horreur, « dignes, selon lui, des pinceaux de Tacite, » Prudhomme ajoute : « On ne manquera pas de calomnier le peuple à ce sujet, mais la réponse la plus péremptoire aux imputations odieuses dont on va s'efforcer de noircir Paris à cette occasion, c'est le calme qui régna la veille, le jour et le lendemain du supplice de Louis Capet, c'est la docilité des habitants à la voix du magistrat. Les travaux ont été un moment suspendus, mais repris presque aussitôt. Comme de coutume, la laitière est venue vendre son lait, les maraîcheux ont apporté leurs légumes et s'en sont retournés avec leur gaieté ordinaire, chantant les couplets d'un roi guillotiné. Les riches magasins, les boutiques, les ateliers n'ont été qu'entr'ouverts toute la journée, comme jadis les jours de petite fête. Il n'y eut point de relâche aux spectacles : ils jouèrent tous. On dansa sur l'extrémité du pont ci-devant Louis XVI. Le soir, dans les rues, aux cafés, les citoyens se donnaient la main et se promettaient, en la serrant, de vivre plus unis que jamais (1). »

Trois jours après, un représentant, Lepelletier de Saint-Fargeau, ayant été assassiné dans un café du Palais-Égalité pour avoir voté la mort du roi, des funérailles lui furent faites avec une pompe extraordinaire, un appareil saisissant, qui témoignent, après les scènes que nous venons de retracer, les étranges émotions de cette terrible époque.

Le corps de Lepelletier fut déposé sur le piédestal de la

(1) *Révol. de Paris*, t. XVI, p. 206.

statue renversée de Louis XIV, à la place Vendôme. « Les habits percés et tout sanglants de la victime, le sabre teint encore de son sang, ce corps étendu et laissant voir la blessure mortelle qu'il avait reçue, la tête penchée de l'infortuné martyr, pâle, mais non défiguré, les dernières paroles de l'illustre mort transcrites sur le piédestal, son frère, morne et chancelant, derrière; autour une foule de canonniers se disputant l'honneur de partager le glorieux fardeau; devant, un chœur de musique faisant entendre de loin en loin des accents plaintifs; la statue de la Loi étendant son bras comme pour atteindre l'assassin de Lepelletier; joignez à cela un ciel nébuleux, des torches funéraires, des cyprès, un silence religieux et surtout les souvenirs de la journée du 21, tout concourait à laisser dans l'âme une impression profonde (1). » Le cortége, composé de la Convention, des ministres, de la Commune, des tribunaux, de la garde nationale, de tout Paris, après avoir stationné devant les clubs des Jacobins et des Cordeliers, porta Lepelletier au Panthéon.

§ IX.

Deuxième et troisième levées de volontaires. — État de Paris.

« La tête de Louis XVI était, au dire des Jacobins, le gant jeté à la vieille Europe; » la vieille Europe presque entière déclara la guerre à la France; la Convention ordonna une levée de 300,000 hommes de la garde nationale. Vingt-quatre heures après que le décret eut été rendu (25 février 1793), les sections de Paris firent défiler dans l'Assemblée leurs contingents partiels, composant un effectif de 7,650 hommes. Le contingent général du département était de 16,150 hommes; mais il fut réduit au chiffre que nous venons de dire, à cause

---

(1) *Révol. de Paris*, t. XVI, p. 225.

des trente-quatre bataillons que Paris avait déjà donnés à l'armée, et aussi pour ne pas dégarnir de tous ses défenseurs le foyer de la révolution. Cette deuxième levée de la population parisienne ne fut pas formée en nouveaux bataillons, mais elle s'en alla renforcer les bataillons de l'armée du Nord, qui avaient fait de grandes pertes dans la campagne précédente.

Cependant, la lutte continuait entre la Gironde et la Montagne, celle-ci, étant appuyée par la commune de Paris, qui prenait l'initiative de toutes les mesures révolutionnaires. Ainsi, nos armées ayant éprouvé des revers en Belgique, la Commune appela aux armes les hommes du 10 août, fit fermer les théâtres, arborer le drapeau noir; elle vint demander à la Convention l'établissement d'un impôt sur les riches et d'un tribunal révolutionnaire (9 mars). La Gironde s'y opposa; alors les clubs résolurent de se débarrasser d'elle par la violence, et une bande de Jacobins marcha sur l'Assemblée pour la décimer; Santerre et Pache (celui-ci avait succédé à Chambon dans la mairie) la dispersèrent, mais les décrets demandés furent votés.

Quelques jours après, la Commune demanda, et, malgré l'opposition des Girondins, la Montagne fit décréter: l'inscription sur les portes de chaque maison des noms de ses habitants, la création de comités révolutionnaires dans les sections, la formation d'une garde populaire salariée aux dépens des riches, la création du comité de salut public, etc.

En même temps, la Commune tenait le peuple en haleine, soit par la fête de l'*Hospitalité*, donnée aux Liégeois réfugiés, et par les funérailles de Lajowski, l'un des chefs du 10 août, soit en lui faisant signer des pétitions pour demander l'expulsion de vingt-deux girondins, soit en l'excitant à porter en triomphe Marat, qui, accusé par les Girondins, venait d'être acquitté par le tribunal révolutionnaire, soit, enfin, en lui laissant satisfaire sa haine contre les riches, les marchands, les accapareurs. Ainsi, la guerre ayant été déclarée à l'Angleterre et à la Hollande, il se fit une hausse subite sur le sucre, le café, le savon et d'autres marchandises ; la multitude, qui souffrait déjà de la disette, cria à l'accaparement, et, Marat s'étant avisé d'écrire : « Le pillage de quelques magasins, à la porte desquels on pendrait les accapareurs, mettrait bientôt fin à ces malversations, » une foule de femmes, avec ou sans armes, envahit les boutiques et magasins d'épicerie surtout dans la rue des Lombards, les pilla ou contraignit les marchands à vendre à bas prix, sans éprouver aucun empêchement de la part des autorités ou de la force armée.

A cette époque, l'insurrection de la Vendée éclata, et la plupart des grandes villes du centre de la France décrétèrent l'envoi de volontaires pour la réprimer ; la commune de Paris suivit cet exemple : elle ordonna la levée de douze mille hommes pris parmi *les oisifs et les égoïstes,* les clercs de procureurs et les commis de banquiers. un emprunt forcé de 12 millions sur les riches et la mise en réquisition de tous les chevaux de luxe. Paris, ainsi que nous l'avons vu, avait fourni aux armées presque toute sa population jeune et dévouée ; la levée des douze mille hommes éprouva donc les plus grands obstacles. D'abord, les oisifs et les égoïstes excitèrent de tels troubles dans les sections que la levée fut réduite, par un nouveau décret, à six mille hommes ; ensuite, les riches refusant de s'enrôler, les sections furent obligées d'engager des volontaires à raison de quatre à cinq cents livres par homme ; enfin, on ne parvint à faire partir que la lie de la population, des mendiants, des vagabonds, des hommes de sang et de pillage, qui ne se distinguèrent dans la Vendée que par leurs cruautés et leurs déprédations. Cette troisième levée de la population parisienne forma douze bataillons de cinq cents hommes chacun, commandés par Santerre, et qui furent incorporés dans l'armée des côtes de la Rochelle.

ÉTAT DE PARIS.

NOMS des BATAILLONS.	DATE DU DÉPART.	NOMS des COMMANDANTS.
1er.	13 mai 1793.	Royer.
2e ou du Panthéon.	14 mai.	Pradier.
3e.	10 mai.	Bonnetête, prisonnier au combat de Saumur. Richard, tué aux Sables-d'Olonne.
4e ou 2e des Gravilliers.	14 mai.	Commain, général de division en septembre 1794, mort l'année suivante de ses blessures.
5e ou de l'Unité.	16 mai.	Moreau se signale aux combats de Doué et de Vihiers.
6e ou du Luxembourg.	16 mai.	Tanche.
7e.	28 mai.	Loutil.
7e bis ou des Cinq-Sections réunies.	14 juin.	Cartry.
8e ou 2e des Lombards.	1er juin.	Deslondes se signale à la bataille de Chollet.
8e bis ou du Faubourg-Antoine.	14 mai.	Foin. A ce bataillon appartenait l'orfévre Rossignol, qui devint général en chef de l'armée de la Vendée.
9e ou de la Réunion.	21 mai.	Richard.
10e ou du Muséum.	mai.	Menand, général de brigade en l'an IV.

Au reste, malgré la gravité de la situation, malgré les événements dont il était chaque jour le théâtre, malgré la domination de la multitude brutale et farouche, Paris était moins triste, moins agité, moins malheureux que nous ne le supposons : « Malgré quatre années de révolutions, dit Prud'homme, et deux ans de guerre, Paris est un peu moins peuplé peut-être, mais il jouit du calme et va rire à la représentation de Marat (sur le théâtre de l'Estrapade). Dans d'autres temps et en pareilles circonstances, Paris nagerait dans le sang et ne serait bientôt plus. On bâtit dans toutes les rues. L'officier municipal suffit à peine à la quantité des mariages. Les femmes n'ont jamais mis plus de goût et plus de fraîcheur dans leur parure. Toutes les salles de théâtres sont pleines... »

§ X.

Journées des 31 mai et 2 juin.

Cependant l'ennemi avait envahi nos frontières, et l'insurrection vendéenne prenait des proportions menaçantes. La Commune, accusant les Girondins de complicité avec les étrangers et les royalistes, reprit ses complots et ses projets d'extermination. Le 16 mai, dans une réunion des sections, celle du Temple proposa « d'enlever trente-deux représentants, de les conduire aux Carmes et de les faire disparaître du globe. » La Gironde avait conçu pour la population parisienne, si docile à tous les meneurs, si crédule, si passionnée, si changeante, un profond mépris ; elle ne le cachait pas : « Jamais la Constitution, disait-elle, ne pourra être faite dans une ville souillée de crimes » Elle dénonça les complots de la Commune à la Convention et obtint d'elle la création d'une commission de douze membres, qui devait examiner les actes de la municipalité et rechercher les auteurs des conspirations tramées contre la représentation nationale. La Convention se mit sous la sauvegarde des bons citoyens, ordonna à tous les Parisiens de se rendre dans les sections armées et prescrivit aux Douze de lui présenter les grandes mesures qui devaient assurer la liberté publique.

Alors la Commune résolut d'en finir avec la Gironde par

une insurrection, et des commissaires, nommés par les sections, se formèrent en comité central révolutionnaire. Les Douze lancent des mandats d'arrêt contre ces commissaires et contre Hébert. Aussitôt, les sections et les clubs se mettent en permanence ; la Commune vient demander justice de la commission des Douze. Le président était Isnard, l'un des plus fougueux Girondins : « Écoutez ce que je vais vous dire, dit-il à la députation ; si jamais par une de ces insurrections qui se renouvellent depuis le 10 mars, il arrivait qu'on portât atteinte à la représentation nationale, je vous le déclare, au nom de la France entière, Paris serait anéanti ; oui, la France entière tirerait vengeance de cet attentat, et bientôt on chercherait sur quelle rive de la Seine Paris a existé. »

Cette menace barbare, ce cri de guerre des départements contre la capitale, furent répétés dans les clubs, les faubourgs, les cabarets, et mirent en fureur le peuple parisien, qui croyait sincèrement qu'il avait sauvé la France, qui voulait que les provinces lui en fussent reconnaissantes. Alors la destruction du parti girondin fut résolue. Le 30 mai, une assemblée, formée de commissaires de la Commune, des sections, des clubs, se tient à l'Évêché et arrête le plan de l'insurrection. Le lendemain, le tocsin sonne, la générale est battue, les barrières sont fermées ; les commissaires des sections se rendent à l'Hôtel-de-Ville et déclarent la Commune *révolutionnaire*, c'est-à-dire chargée de la dictature. Celle-ci nomme pour commandant général des sections Henriot, chef du bataillon des Sans-Culottes ; elle donne une solde de 40 sous à tout citoyen pauvre qui prendra les armes ; elle prescrit le désarmement de tous les citoyens suspects ; elle entraîne autour des Tuileries les sections armées, même les sections de la Butte-des-Moulins, du Mail, des Champs-Élysées, qui étaient dévouées aux Girondins ; puis elle se présente à la Convention et lui demande la suppression des Douze et l'arrestation des députés qui « ont voulu perdre Paris dans l'opinion publique et détruire ce dépôt sacré des arts et des connaissances humaines. » L'Assemblée décrète seulement la suppression des Douze ; comme réparation à la ville de Paris, « si indignement calomniée », elle déclare qu'elle a bien mérité de la patrie, et, pour la réconcilier avec les provinces, elle décrète une fédération générale pour l'anniversaire du 10 août.

La Commune, heureuse de cette victoire, ordonne une illumination générale, et les sections, mêlées et confondues, font une promenade civique aux flambeaux. Mais pour la Montagne la victoire n'était pas complète : aussi, dès le soir du 1er juin, le tocsin sonne de nouveau, et le comité insurrectionnel décide que la Convention sera assiégée jusqu'à ce qu'elle ait livré les Vingt-Deux et les Douze. La nuit se passe à convoquer les sections armées, et, le lendemain, les Tuileries sont enveloppées par cent mille hommes avec cent soixante canons et tout l'appareil de la guerre. Jamais Paris n'avait donné un pareil exemple de docilité aveugle et ignorante à ses autorités, ou, pour mieux dire, à une poignée d'individus qui venaient de s'emparer du pouvoir municipal : de toute cette armée qu'on tint sur pied pendant trois jours, il n'y avait pas six mille hommes qui connussent, qui comprissent le but de l'insurrection ; tout le reste croyait défendre l'Assemblée et assurer son indépendance.

La Commune entre dans la Convention et lui signifie de nouveau les volontés du peuple. L'Assemblée, se voyant captive, essaie de sortir de la salle et de se montrer au peuple pour recouvrer sa liberté ; elle arrive dans la cour royale, mais Henriot tourne contre elle ses canons ; elle rétrograde dans le jardin, mais elle trouve ses issues fermées et gardées ; alors elle rentre humiliée et décrète l'arrestation des trente-quatre proscrits. La représentation nationale, violée et décimée, tombait sous la domination de la Commune de Paris.

§ XI.

Lutte de Paris et des provinces. — Levée en masse. — Fêtes révolutionnaires.

La ville de saint Louis et de Louis XIV avait été, sous la monarchie, le centre du gouvernement et la première cité du royaume; mais elle était à demi étrangère pour les autres villes, qui, ayant une existence distincte et une sorte d'indépendance, ne subissaient ni son action ni son influence et voyaient en elle non une maîtresse, non une sœur, mais une rivale trop favorisée, trop puissante, dont elles étaient jalouses; Paris, en un mot, était la tête de la France, il n'en était pas le cœur. Depuis quatre ans, depuis que l'unité française, réellement et définitivement établie, avait fait de la capitale l'expression de cette unité, Paris, fier de la révolution que son courage avait enfantée, défendue, propagée, semblait avoir changé de rôle envers les provinces et pris un air de gouvernant et de dominateur : à lui seul la pensée, l'inspiration, l'initiative; aux départements l'imitation et l'obéissance; il leur envoyait, pour ainsi dire toutes faites, leurs lois et leur histoire. Enfin, Paris semblait devenu ce qu'était Rome dans l'empire romain. Le fait le plus éclatant, le plus odieux de cette domination de la capitale sur les provinces est la révolution du 31 mai, coup de main hardi de quelques hommes, surprise arrogante d'une faction, mais qui avait eu tout Paris pour complice. Aussi les provinces indignées y répondirent par la guerre, et cinquante départements se soulevèrent contre la capitale et la Convention. Mais, malgré ses erreurs et ses crimes, la cause de Paris était celle de la révolution, c'était la cause de l'indépendance du pays ; au contraire, derrière les provinces soulevées combattaient l'ancien régime et l'étranger. Paris opposa donc au fédéralisme des provinces sa formidable unité, sa centralisation salutaire, et la Convention fut victorieuse ; mais par quels moyens! Le gouvernement révolutionnaire, la dictature du comité de salut public, la levée en masse, le maximum, la loi des suspects, les échafauds, la terreur! L'instrument principal de cette victoire fut le peuple de Paris, « ce peuple, dit Robert Lindet, qui faisait à la patrie le continuel sacrifice de ses travaux, de ses vêtements, de ses subsistances, s'oubliant pour elle et recommençant chaque jour son dévouement! » — « Ce qui me passe, disait un autre révolutionnaire, c'est que les ouvriers, les manœuvres, les indigents, en un mot, les classes de la société qui perdaient tout à la révolution et que des législatures vénales avaient exclus du rang des citoyens, soient les seules qui l'aient constamment soutenue; si ces classes avaient été moins nombreuses au sein de la capitale, il était impossible qu'elle se soutînt contre ses ennemis. »

En effet, les trois levées faites dans Paris en juillet 92, février et mai 93, avaient tiré de la ville plus de 31,000 hommes ; mais cette pépinière de soldats de la révolution semblait inépuisable : 2 bataillons nouveaux, formant 1,300 hommes, en sortirent pour marcher, en juillet, contre les fédéralistes de l'Eure; et la loi du 23 août 1793, portant réquisition permanente de tous les Français pour le service des armées, encore bien qu'elle n'eût demandé à Paris, qu'on croyait épuisé, que trois bataillons, en fit sortir en moins de deux mois 25 bataillons nouveaux formant un effectif de 20,775 hommes.

Voici leurs noms, ceux de leurs commandants et la force de chacun d'eux :

NUMÉROS.	NOMS DES BATAILLONS	CHEFS.	EFFECTIF.
1er	Maison-Commune.	Compagnon.	1,020
2e	Réunion.	Peret.	978
3e	Gravilliers.	Morant.	1,015
4e	Sans-Culottes.	Bertrand.	829
5e	Panthéon-Français.	Paris.	920
6e	La Montagne.	Roidot.	1,020
7e	Guillaume-Tell.	Dupré.	852
8e	Du Temple.	Liénard.	729
9e	Amis de la Patrie.	Lefebvre.	733
10e	Halle-aux-Blés.	Salatz.	795
11e	Tuileries.	Grant.	750
12e	Fraternité.	Chrétien.	656
13e	Faubourg-Antoine.	Auvache.	1,094
14e	Contrat-Social.	Vallot.	840
15e	Indivisibilité.	Bessat.	1,042
16e	Bonne-Nouvelle.	Antoine.	743
17e	Bonnet-Rouge.	Fournier.	564
18e	Unité.	Roy.	864
19e	Théâtre-Français.	Sautray.	600
20e	Piques.	Gontalier.	779
21e	L. M. Le Pelletier.	Bellet.	782
22e	Gardes-Françaises.	Hébert.	694
23e	Lombards.	Le Bourbon.	889
24e	Bataillon de Françiade.		653
25e	— de Bourg-Égalité.		933

Ainsi, en moins de quinze mois, la ville du 14 juillet, que la révolution avait pourtant privée d'une partie de sa population, qui ne comptait guère à cette époque que 520,000 habitants, avait envoyé sur les frontières CINQUANTE-TROIS MILLE HOMMES (1)! Tel est le glorieux contingent de

(1) Il faut ajouter à ce chiffre celui de l'armée dite *révolutionnaire*, dont la formation fut décrétée le 5 septembre 1793, et qui se composa de 6,000 hommes, dont 1,200 canonniers. Cette armée fut recrutée par enrôlement volontaire parmi les plus fougueux républicains de Paris, les hommes du 10 août et du 31 mai, qui passèrent tous au scrutin épuratoire de la société des Jacobins. Elle était destinée à comprimer les mouvements contre-révolutionnaires et « à appuyer partout où besoin serait les mesures de salut public décrétées par la

Paris et de sa banlieue dans la première guerre de la révolution (1)!

Aussi, dans la Convention, à la Commune, dans les sections, on ne parlait du peuple de Paris qu'avec des transports d'enthousiasme, de respect et presque d'adoration. « Il était tout, disait Prudhomme, il pouvait tout, il avait droit sur tout, il commandait à ses chefs, il gouvernait ses gouvernants, il cassait ses propres arrêts, il désobéissait à sa volonté et n'était jamais inconséquent. « On le nourrit avec la loi du maximum ; on le tint sur pied en assignant une solde de 40 sous aux citoyens qui assisteraient aux assemblées de sections ; on lui donna à surveiller, à arrêter les suspects aux moyens des comités révolutionnaires ; on satisfit ses ardeurs de vengeances en entassant les royalistes dans les prisons, en lui donnant à détruire les tombeaux de Saint-Denis, en envoyant à l'échafaud Marie-Antoinette, les Girondins, Bailly, etc. ; on fit pour lui la constitution de 93 ; on le laissa tous les jours, à chaque instant, interrompre les travaux de l'Assemblée pour apporter des pétitions, des fleurs, des chants, des dons civiques (2) ; on lui donna de ces

---

Convention. » Elle devint l'instrument du parti hébertiste, et, après la chute de ce parti, elle fut licenciée le 27 mars 1794.

(1) Paris fournissait annuellement à l'armée, avant 1789, 6,339 recrues.

(2) Citons pour exemple le bulletin de la séance du 6 juillet : « La section de 92 est admise dans l'intérieur de la salle ; elle annonce son acceptation de l'acte constitutionnel. — Les artistes Chenard, Narbonne et Vallière entonnent des hymnes patriotiques, dont la Convention décrète l'impression et l'envoi aux départements. — La section du Mont-Blanc porte en triomphe le buste de Lepelletier. Une citoyenne couvre le président d'un bonnet rouge et en reçoit la cocarde. — Les citoyennes de la section du Mail jettent des fleurs sur les bancs des législateurs. — Trois cents élèves de la patrie, précédés d'une musique militaire, viennent remercier la Convention d'avoir préparé la prospérité du siècle qui s'ouvre devant eux. — Une

fêtes païennes qu'il aimait tant et dont nous allons raconter les plus étranges et les plus solennelles : les funérailles de Marat, la fédération du 10 août, la fête des Victoires.

Le 13 juillet, Marat avait été assassiné par Charlotte Corday : la Convention lui décerna les honneurs du Panthéon, et il y fut porté avec une grande pompe. Le club des Cordeliers réclama son cœur, l'enferma dans une urne magnifique, provenant du garde-meuble, et lui dressa un tombeau de gazon avec un autel dans le jardin de l'ancien couvent ; là, pendant plusieurs jours, on fit des processions, on chanta des hymnes, on répandit même des libations autour des *reliques* du martyr de la liberté. « Un orateur, disent les *Révolutions de Paris*, a lu un discours qui a pour épigraphe : *O cor Jésus, ô cor Marat !* Cœur, sacré de Jésus, cœur sacré de Marat, vous avez les mêmes droits à nos hommages. L'orateur compare dans son discours les travaux du fils de Marie avec ceux de l'ami du peuple ; les apôtres sont les Jacobins et les Cordeliers ; les publicains sont les boutiquiers ; les pharisiens sont les aristocrates : Jésus est un prophète ; Marat est un Dieu. « Paris fut alors inondé de bustes, de portraits, de biographies de Marat. On lui éleva une pyramide

---

société patriotique de citoyennes est suivie de la section des Gardes françaises, qui offre des fleurs, de celle de la Croix-Rouge, qui dépose sur le bureau une couronne de chêne, et dont les citoyennes jurent de ne s'unir qu'à de vrais républicains. — La section de Molière et La Fontaine présente une médaille de Franklin. Un décret ordonne la suspension de cette médaille à la couronne de chêne qui surmonte la statue de la Liberté. — Les Enfants-Trouvés, aujourd'hui enfants de la République, défilent, mêlés parmi les citoyens de la section des Amis de la patrie. La Convention décrète que ces enfants porteront désormais l'uniforme national. — Les sections de la Butte-des-Moulins, du Temple, de la Cité, des Marchés, des Champs-Élysées défilent successivement. Toutes annoncent avoir librement et unanimement accepté la constitution. » (*Révolut. de Paris*, t. XVII, p. 709.)

(1) *Révol. de Paris*, t. XVIII.

sur la place du Carrousel; on donna son nom à plusieurs rues, et la butte Montmartre devint le *Mont-Marat.*

A la fête du 10 août, on avait élevé sur l'emplacement de la Bastille une fontaine, dite de la Régénération et composée d'une statue colossale de la Nature, laquelle pressait de ses mains ses mamelles, d'où sortaient deux jets d'eau tombant dans un bassin. Les commissaires envoyés par tous les départements y puisèrent tour à tour avec la même coupe et burent « l'eau de la régénération en invoquant la fraternité, » au bruit du canon et de la musique. Ensuite, le cortége parcourut les boulevards et se dirigea vers le Champ-de-Mars en faisant des stations au faubourg Poissonnière, où était un arc de triomphe élevé en l'honneur des femmes des 5 et 6 octobre; à la place de la Révolution, où l'on brûla les attributs de la royauté; sur la place des Invalides, où la statue du peuple abattait le Fédéralisme dans un marais. Enfin au Champ-de-Mars, le président de la Convention, sur l'autel de la patrie, proclama l'acceptation de la Constitution.

La *fête des Victoires* eut lieu le 30 décembre et célébra l'immortelle campagne de 93, où nos soldats avaient repris Toulon, étouffé la grande insurection de la Vendée et chassé l'ennemi de nos frontières. Quatorze chars représentaient nos quatorze armées : ils étaient chargés chacun de douze défenseurs de la République et de quatorze jeunes filles vêtues de blanc et portant des branches de laurier. Ensuite venait la Convention en masse, entourée d'un ruban tricolore qui était tenu par les vétérans et les enfants de la patrie entremêlés. Puis venait un char portant le faisceau national surmonté de la statue de la Victoire; il était environné de « cinquante invalides et de cent braves sans-culottes en bonnet rouge. » Le cortége partit des Tuileries, stationna au *temple de l'humanité* (Hôtel des Invalides) et arriva au Champ-de-Mars; les quatorze chars se rangèrent autour de *l'autel de l'immortalité*, et un hymne fut chanté, dont les paroles étaient de Chénier et la musique de Gossec.

§ XII.

Abolition du culte catholique. — Cérémonies du culte de la Raison.

La Commune était toute-puissante, mais elle voulait assurer et perpétuer sa domination ; elle crut y parvenir en dépassant la Convention en mesures révolutionnaires. Dirigée par des athées et des fous, elle définit les classes des suspects avec un acharnement si stupide que les neuf-dixièmes de la population s'y trouvaient compris, que le nombre des détenus s'élevait, vers la fin de 93, à cinq mille, et qu'il fallut transformer en prisons le Luxembourg, Port-Royal, le collège du Plessis, etc. Après avoir affecté les haillons, la saleté, les sabots, le langage des sans-culottes, elle voulut se populariser, aux dépens du comité de salut public, en détruisant le culte catholique. Déjà elle avait fait disparaître les croix des cimetières et à l'extérieur des églises; déjà elle avait débaptisé les rues qui avaient des noms de saints et leur avait imposé des noms grecs ou romains ; mais lorsqu'elle voulut interdire la messe de minuit, le jour de Noël, il y eut des émeutes : le peuple fit ouvrir de force les églises; celle de Sainte-Geneviève fut trop petite pour la foule qui s'y entassa et qui fit descendre la châsse de la patronne de Paris comme dans les grandes calamités. La Commune s'arrêta dans ses violences, sachant d'ailleurs qu'elles étaient vues de mauvais œil par Robespierre, Danton et les membres les plus influents de la Convention ; mais alors elle complota, avec l'évêque Gobel et plusieurs autres prêtres disposés à l'apostasie, d'en finir avec les *momeries* catholiques par un coup d'éclat. Gobel et onze de ses vicaires se présentèrent à la Convention, coiffés du bonnet rouge, et lui déclarèrent « qu'ils renonçaient aux fonctions du culte catholique, parce qu'il ne devait plus y avoir d'autre culte public et national que celui de la liberté et de l'égalité. » La Convention applaudit à cette déclaration, et la Commune obtint d'elle (10 novembre) la transformation de l'église métropolitaine en *temple de la Raison*. Trois jours après, la vieille cathédrale, dépouillée de ses autels, tableaux, ornements chrétiens, fut le théâtre d'une fête sacrilége, qui est ainsi décrite dans les *Révolutions de Paris*.

« On avait élevé dans l'église un temple d'une architecture simple, majestueuse, sur la façade duquel on lisait : *A la philosophie!* On avait orné l'entrée de ce temple des bustes des philosophes qui ont le plus contribué à l'avénement de la révolution actuelle par leurs lumières. Le temple sacré était élevé sur la cime d'une montagne. Vers le milieu, sur un rocher, on voyait briller le flambeau de la vérité. Toutes les autorités constituées s'étaient rendues dans ce sanctuaire; une musique républicaine, placée au pied de la montagne, exécutait en langue vulgaire un hymne qui exprimait des vérités naturelles. Pendant cette musique majestueuse, on voyait deux rangées de jeunes filles, vêtues de blanc et couronnées de chêne, descendre et traverser la montagne, un flambeau à la main, puis remonter dans la même direction sur la montagne. La Liberté, représentée par une belle femme, sortait alors du temple de la philosophie et venait sur un siège de verdure recevoir les hommages des républicains qui chantaient un hymne en son honneur en lui tendant les bras. La Liberté descendait ensuite pour rentrer dans le temple, s'arrêtant avant d'y rentrer et se tournant pour jeter encore un regard de bienfaisance sur ses amis. Aussitôt qu'elle fut rentrée, l'enthousiasme éclata par des chants d'allégresse et par des serments de ne jamais cesser de lui être fidèles. »

Après cette ridicule comédie, le cortège des acteurs et des spectateurs se dirigea vers la Convention. « Assise sur un siège de simple structure, qu'une guirlande de feuilles de chêne entrelaçait et qui était posé sur une estrade que portaient quatre citoyens, la statue de la Raison est entrée dans le sanctuaire des lois, précédée d'une troupe de très-jeunes citoyennes vêtues de blanc et couronnées d'une guirlande de roses... La statue de la Raison était représentée par une femme jeune et belle comme la Raison. Toutes deux étaient à leur printemps. Une draperie blanche recouverte à moitié par un manteau bleu céleste, ses cheveux épars et un bonnet de la liberté sur la tête composaient tous ses atours : elle tenait une pique dont le jet était d'ébène.

A la suite de cette mascarade, la Commune décréta la fermeture de toutes les églises et la mise en surveillance de tous les prêtres ; elle fit abattre les statues des rois de France qui décoraient Notre-Dame ; elle transporta nuitamment les reliques de sainte Geneviève sur la place de Grève, les brûla et envoya la châsse à la Monnaie (8 novembre) ; elle décréta la démolition des clochers (13 novembre), « qui, disait Hébert, par leur domination sur les autres édifices, semblaient contrarier les principes de l'égalité ; » elle fit défiler successivement dans la Convention la plupart des sections qui vinrent, en déclarant qu'elles renonçaient au culte chrétien, apporter les vases sacrés et les ornements sacerdotaux de leurs églises. Ces processions furent l'occasion de hideuses saturnales, qui sont ainsi racontées dans le *Moniteur* du 22 novembre 1793 :

« La section de l'Unité défile dans la salle ; à sa tête marche un peloton de la force armée ; ensuite viennent des tambours, suivis de sapeurs et de canonniers revêtus d'habits sacerdotaux et d'un groupe de femmes habillées en blanc, avec une ceinture aux trois couleurs ; après elles vient une file immense d'hommes rangés sur deux lignes et couverts de dalmatiques, chasubles, chapes. Ces habits sont tous de la ci-devant église de Saint-Germain-des-Prés ; remarquables par leur richesses, ils sont de velours et d'autres étoffes précieuses, rehaussées de magnifiques broderies d'or et d'argent. On apporte ensuite sur des brancards des calices, des ciboires, des soleils, des chandeliers, des plats d'or et d'argent, une châsse superbe, une croix de pierreries et mille autres ustensiles de pratiques superstitieuses, Ce cortége entre dans la salle aux cris de Vive la Liberté! Vive la Montagne! Un drap noir, porté au bruit de l'air: *Marlborough est mort*, figure la destruction du fanatisme. La musique exécute ensuite l'hymne révolutionnaire. On voit tous les citoyens revêtus d'habits sacerdotaux danser au bruit des airs : *Ça ira, la Carmagnole, Veillons au salut de l'empire.* L'enthousiasme universel se manifeste par des acclamations prolongées. »

Hâtons-nous de dire que ces folies et ces profanations ne durèrent qu'un mois. L'abjuration de Gobel est du 7 novembre, la fête de la Raison du 10 et l'arrêté de la Commune pour la fermeture des églises du 23. Mais les hommes d'État de la Convention étaient très-irrités de la *déprétrisation* qui allait, disaient-ils, « justifier toutes les calomnies des émigrés et donner cent mille recrues à la Vendée. » Le 24 novembre, Robespierre attaqua au club des Jacobins « les athées qui troublent la liberté des cultes et font dégénérer les hommages rendus à la vérité pure en farces ridicules. La Convention, dit-il, n'a point proscrit le culte catholique, elle n'a point fait cette démarche téméraire, elle ne la fera jamais. » Le 24, Danton fit décréter par la Convention qu'elle ne recevrait plus les offrandes provenant des églises. Le 28, la Commune rapporta son arrêté du 23 et décida « que l'exercice des cultes était libre, mais qu'elle ferait respecter la volonté des sections qui ont renoncé au culte catholique. » Enfin, la Convention, qui avait déjà repoussé les pétitions de citoyens demandant « que l'État ne salarie plus d'intermédiaires entre eux et la divinité, » la Convention, le 6 décembre, interdit toute violence ou mesure contraire à la liberté des cultes et rappela les autorités à l'exécution des lois relatives à cette liberté. Alors les folies du temple de la Raison cessèrent ; mais le culte catholique ne fut rétabli que dans quatre ou cinq églises, ou dans quelques maisons particulières (1), et, pour ainsi dire, en secret ; toutes les autres églises restèrent fermées ou transformées en magasins ; on continua à être athée dans la Convention, à la Commune, dans les clubs, dans les théâtres ; les prêtres, même constitutionnels, ne cessèrent pas d'être un objet de moquerie et de défiance.

§ XIII.

Supplices des hébertistes et des dantonistes. — Tableau de Paris pendant la terreur.

La Montagne s'étant divisée en trois partis : celui des athées, des enragés ou des *hébertistes*, qui voulaient pousser la terreur jusqu'à l'extermination de tous les ennemis de la révolution ; celui des immoraux, des indulgents ou des *dantonistes*, qui, croyant « que la République était maîtresse du champ de bataille, » voulaient qu'on renversât les échafauds ;

(1) Le culte catholique n'a pas cessé d'être exercé à Paris, même pendant les jours les plus sanglants de la terreur, dans la salle de la bibliothèque de l'ancien séminaire des Missions étrangères. Cet édifice avait été vendu comme bien national au commencement de 1793 et acheté par mademoiselle de Saron ; il devint le lieu de réunion de quelques prêtres et de quelques nobles, qui s'y livrèrent aux pratiques du culte, sous la direction d'un ancien jésuite, l'abbé Delpuits. Cette réunion, qui continua, même après le rétablissement public du culte catholique, a été le noyau et l'origine de la fameuse *congrégation* qui a joué un si grand rôle sous le règne de Charles X.

enfin celui des gens de milieu ou du comité de salut public, que dirigeait Robespierre et qui, croyant les deux autres partis également dangereux pour la révolution, résolurent de les détruire.

Les hébertistes, se voyant menacés, essayèrent un 31 mai contre le comité; mais la Commune les abandonna; les faubourgs restèrent immobiles, ils furent arrêtés, condamnés, conduits à l'échafaud. « Un concours prodigieux de citoyens, dit le *Moniteur*, garnissait toutes les rues et les places par lesquelles ils ont passé. Des cris répétés de Vive la République! et des applaudissements se sont fait partout entendre (25 mars 1794). » Le supplice des hébertistes remplit de joie et d'espérance les indulgents, les suspects, les nombreux habitants des prisons; mais, six jours après, les dantonistes furent à leur tour arrêtés et traduits au tribunal révolutionnaires. A cette nouvelle, Paris fut dans la consternation; la foule se porta à la Conciergerie; elle couvrait les rues voisines, les quais, les ponts, la place du Châtelet, pleine d'anxiété, écoutant avidement la voix tonnante de Danton, dont les éclats (les fenêtres du tribunal étant ouvertes) allaient jusqu'au quai de la Ferraille. L'émotion fut surtout très-vive dans les prisons, où l'on se crut dévoué à un égorgement certain. Enfin, dans le quartier des Cordeliers, dans le faubourg Saint-Martin, où la personne et le nom de Danton étaient très-populaires, il y eut des pensées d'insurrection; mais, en définitive, personne ne bougea: la bourgeoisie, depuis la mort des Girondins, était moite de terreur et se cachait au fond de ses maisons; le peuple ne comprenait rien à cette destruction des révolutionnaires les uns par les autres; la Commune, depuis la mort des hébertistes, était entièrement dévouée à Robespierre. Danton et ses amis périrent, et en voyant passer la fatale charrette on disait que c'était « le tombereau de l'esprit et du patriotisme. » Quelques jours après, on mena encore à l'échafaud Gobel, Chaumette et les restes du parti hébertiste : ils avaient été condamnés « pour avoir voulu persuader aux peuples voisins que la nation française en est venue au dernier degré de dissolution en détruisant jusqu'à l'idée de l'Être suprême. » Alors le comité de salut public régna sans conteste, sans compétition, sans qu'il y eût contre sa tyrannie une ombre de résistance.

Paris, à cette époque, avait un aspect profondément triste : « il ressemblait, dit Prudhomme, à une ville en état de siège. » Les places publiques étaient occupées par des fabriques d'armes et de canons ; on voyait affichées sur toutes les murailles des lois de terreur ; la plupart des églises étaient fermées ou mises en démolition, ou transformées en hôpitaux et en magasins ; les monuments et objets d'art en avaient été enlevés et formaient un musée dans l'église, les cours et le jardin des Petits-Augustins. Les palais et les hôtels de la noblesse avaient été abandonnés, un décret de la Convention interdisant le séjour de la capitale aux nobles et aux étrangers, décret qui mit en fuite plus de vingt mille personnes (1) ; la plupart se trouvaient marqués en lettres rouges de ces mots : *Propriété nationale*, avec la devise de la République. Tous les insignes de l'ancien régime avaient été effacés ; on ne voyait que des bonnets rouges pour enseignes ; à la porte de chaque maison était un écriteau portant les noms, âge, profession des habitants ; dans l'intérieur des habitations, tous les signes royalistes avaient disparu, et les murs étaient tapissés des images de Lepelletier et de Marat. La plupart des boutiques de luxe étaient fermées ; celles d'objets de consommation renfermaient des marchands soucieux, tremblants, faisant un double commerce, l'un ouvert, l'autre secret, l'un de denrées avariées au prix du maximum

---

(1) La liste des émigrés du département de la Seine comprend 3,530 noms.

et pour les pauvres, l'autre de denrées en bon état à un prix plus élevé et pour les riches. A la porte des magasins était une inscription portant la quantité et la qualité des denrées de première nécessité qui s'y trouvaient déposées. Le commerce de Paris avec les villes maritimes, même pour les approvisionnements, ne se faisait plus qu'au comptant et en envoyant l'argent à l'avance. Néanmoins, et par suite de la terreur, les vivres étaient abondants, à des prix modérés, et le comité de salut public faisait des efforts et des dépenses énormes pour nourrir le peuple et empêcher le retour de la disette (1). L'industrie était très-active, mais elle était entièrement consacrée aux choses de guerre, fusils, équipements, habits, souliers, et se trouvait continuellement sous le coup de réquisitions forcées; ainsi, tous les ouvriers serruriers, mécaniciens, horlogers, orfèvres, avaient été requis pour la fabrication des armes; ainsi, un décret de la Convention ordonna à la commission des approvisionnements « d'exercer son *droit de préhension* sur tous les souliers existant dans les magasins, boutiques, ateliers, et de les faire passer immédiatement aux armées. » Les fournitures des troupes étaient l'objet de spéculations très actives et souvent criminelles, d'un agiotage effréné, de vols scandaleux, malgré la sévérité du gouvernement et la présence de l'échafaud.

La police était faite par les comités et les commissaires des sections; elle avait pour agents les gendarmes nationaux, qui formaient un corps de dix mille hommes et qui étaient appuyés, pour les arrestations politiques, par les compagnies de sans-culottes armés de piques et en bonnets rouges. Les malfaiteurs étaient rigoureusement poursuivis, les vols et

---

(1) D'après Robert Lindet, au 9 thermidor, le comité de salut public avait en magasin 2 millions 500 mille quintaux de blé achetés à l'étranger,

les meurtres très-rares, la prostitution sévèrement réprimée (1); mais chaque citoyen était continuellement exposé, sur la dénonciation de quelque orateur des sections ou de quelque voisin haineux, à se voir arraché de ses foyers et traîné en prison ; chaque maison pouvait être subitement investie, la nuit comme le jour, sur l'ordre d'un comité révolutionnaire, envahie par la foule, fouillée de fond en comble pour y découvrir ou des armes ou quelque suspect, et, sans que rien y fût dérobé, on y mettait sous le scellé argent, assignats, papiers (2). Les rues étaient souvent attristées ou par le passage d'une troupe de sans-culottes conduisant dans les prisons quelques suspects, ou par le cri sanguinaire des aboyeuses de la police vociférant *la liste des soixante ou quatre-vingts gagnants à la loterie de la sainte guillotine*, ou par la rencontre d'un chariot à quatre chevaux, *grande bière roulante*, allant de prison en prison quérir les victimes

(1) Voyez à ce sujet, dans l'ouvrage de Parent-Duchâtelet (*De la prostitution dans la ville de Paris*), un arrêté de la Commune, rendu sur le réquisitoire de Chaumette, et dont les austères considérants ont été rédigés par l'ex-chevalier Dorat de Cubières, alors secrétaire du conseil-général.

(2) Voici ce que raconte à ce sujet Beaumarchais, dont la belle maison, située près de la Bastille, fut ainsi visitée et fouillée : « Pendant que j'étais enfermé dans un asile impénétrable, trente mille âmes au moins étaient dans ma maison, où, des greniers aux caves, des serruriers ouvraient toutes les armoires, où des maçons fouillaient les souterrains, sondaient partout, levaient les pierres et faisaient des trous dans les murs, pendant que d'autres piochaient le jardin, repassant tous vingt fois dans les appartements, mais quelques uns disant, au grand regret des brigands qui se trouvaient là par centaines : Si l'on ne trouve rien ici qui se rapporte à nos recherches, le premier qui détournera le moindre meuble, une paille, sera pendu sans rémission... Enfin, après sept heures de la plus sévère recherche, la foule s'est écoulée. Mes gens ont balayé près d'un pouce et demi de poussière ; mais pas un binet de perdu. Une femme au jardin a cueilli une giroflée : elle l'a payée de vingt soufflets ; on voulait la baigner dans le bassin des peupliers. » (*Mém. sur les prisons*, I, 182.)

désignées pour le tribunal révolutionnaire, ou enfin par le passage des charrettes sortant de la Conciergerie, chargées de condamnés et suivies, avec des cris insultants, des chansons atroces, par des femmes hideuses, qu'on appelait *furies de guillotine*.

L'édilité parisienne, dirigée par deux amis de Robespierre, le maire Fleuriot et l'agent national Payan, s'occupait faiblement des embellissements et même de la propreté de la ville ; mais elle avait supprimé la loterie, amélioré et agrandi les hôpitaux, réuni le palais de l'Évêché à l'Hôtel-Dieu, afin que chaque malade fût placé dans un lit séparé, organisé les bureaux de bienfaisance, préparé le musée du Louvre, etc. Les priviléges de tout genre étant abolis, les théâtres étaient devenus très-nombreux et ils se trouvaient continuellement remplis, surtout les nouveaux théâtres de Molière, du Vaudeville, Louvois, encore bien qu'on y jouât des pièces révolutionnaires. « Mais, dit Prud'homme, on consentait à s'ennuyer aux pièces patriotiques pour avoir le droit de s'amuser à un charmant ballet. » Le Palais-Royal, rendez-vous des agioteurs, était plein de maisons de jeu et de débauche, de cafés, de restaurants, de lieux de plaisir, où la foule ne tarissait pas. Les promenades étaient très-fréquentées : on y rencontrait des jeunes gens qui alliaient le costume des sans-culottes au luxe des muscadins, c'est-à-dire la carmagnole, les sabots et le gros bâton aux bijoux à la guillotine et aux bagues à la Marat. « Sur le Pont-Neuf, raconte Prud'homme, les aristocrates se promènent la tête haute et toisent insolemment les braves et laborieux sans-culottes. Il se tient encore, dans certaines maisons, des cercles d'oisifs qui calomnient tout à leur aise les choses et les personnes. Dans d'autres, on affiche un épicuréisme révoltant; des maîtres de maison reçoivent comme jadis bonne compagnie, des gens comme il faut et défendent aux convives de parler affaires et d'attrister leur banquet. » L'amour des plaisirs était aussi ardent que dans l'ancien régime ; il animait même les prisons; car, si l'on en peut croire un prisonnier, le Luxembourg, Port-Royal, les Carmes, les Bénédictines, Saint-Lazare, ces pourvoieries d'échafaud, étaient des maisons d'arrêt *muscadines*, « où les heureux détenus n'ont connu longtemps de chaînes que celles de l'amour. » Il est peu d'époques où l'on ait tant chanté, où l'on ait fait plus de petits vers, de poésies érotiques, de chansons obscènes ou impies, et ces œuvres étranges appartiennent presque toutes aux royalistes, aux persécutés, aux martyrs de la révolution, tant était grande l'insouciance pour la vie, tant était universelle l'incrédulité! Les prisons seules ont enfanté des volumes de ces incroyables frivolités, écrites la plupart entre deux guichets, à la porte du tribunal révolutionnaire, au pied même de l'échafaud ; les victimes de Fouquier-Thinville essayaient encore leur lyre quand

> Le messager de mort, noir recruteur des ombres,
> Remplissait de leur nom ces longs corridors sombres ;

enfin, les iambes vengeurs d'André Chénier ont eu moins de lecteurs que les bouts-rimés et les madrigaux de Vigée. (1)

§ XIV.

Fête de l'Être suprême. — Loi du 22 prairial. — Révolution du 9 thermidor. — Fin de la Commune de Paris.

Cependant Robespierre, délivré de ses rivaux ou de ses ennemis, songeait à « assigner un but à la révolution » et à commencer la reconstruction de la société. Ce fut dans cette pensée qu'il fit rendre un décret par lequel le peuple français reconnaissait l'existence de l'Être suprême et l'immor-

(1) Voyez les *Mém. sur les prisons*. (Coll. Berville et Barrière.)

talité de l'âme. Une grande fête fut célébrée à ce sujet le 20 prairial; David, qu'on appelait le Raphaël des sans-culotte, en avait encore donné le plan, et, en le lisant, on croirait qu'il s'agit, non du fangeux et prosaïque Paris, mais de quelque bergerie mythologique de l'Arcadie. La fête fut d'ailleurs très-pompeuse, et, comme de coutume, pleine d'allégories. On y voyait des groupes de jeunes filles tenant des corbeilles de fleurs, de mères de famille tenant des bouquets de roses, de vieillards tenant des branches de chêne, d'adolescents armés de piques, un char portant les productions du territoire et traîné par huit taureaux, « la Convention entourée d'un ruban tricolore porté par l'Enfance ornée de violettes, l'Adolescence ornée de myrte, la Virilité ornée de chêne et la Vieillesse ornée de pampre et d'olivier. » Aux Tuileries était une statue de l'Athéisme, à laquelle on mit le feu, et de ses cendres sortit la statue de la Sagesse. Au Champ-de-Mars était un autel élevé sur une montagne, au pied de laquelle on chanta un hymne à l'Être suprême et l'on jura d'exterminer les tyrans. La plupart des maisons étaient tapissées de verdure et de fleurs, et, dans les principales places, il y eut des danses et des repas civiques. « On eût dit, raconte le *Journal de la Montagne*, que Paris était changé en un vaste et beau jardin, en un riant verger. » Enfin, si l'on en croit Vilatte, « une foule immense couvrait le jardin des Tuileries; l'espérance et la gaieté rayonnaient sur tous les visages; les femmes ajoutaient à l'embellissement par les parures les plus élégantes. On sentait qu'on célébrait l'auteur de la nature. (1) » Robespierre, comme président de la Convention, fut le roi de cette fête, qui le jeta dans un ravissement fanatique, et il affecta d'y jouer un rôle de grand-prêtre.

1) *Causes de la révol. du 9 thermidor*, p. 196.

Deux jours après, il présenta et fit décréter la loi du 22 prairial, la plus atroce de toutes les lois révolutionnaires, qui accélérait l'action du tribunal par des moyens tellement iniques qu'elle en faisait à peu près le tribunal des égorgeurs de septembre. Les maisons d'arrêt, au nombre de trente-six, renfermaient alors plus de huit mille détenus : on se servit de cette loi pour les vider ; et le tribunal qui depuis sa création, c'est-à-dire du 10 mars 1793 au 18 juin 1794, avait condamné à mort 1,269 personnes, en condamna, du 10 juin au 27 juillet 1,400. Les proscripteurs eurent horreur, non des flots de sang qu'ils versaient, mais du passage des charrettes de condamnés à travers les quartiers les plus populeux de Paris, et ils transportèrent l'échafaud de la place Louis XV, où il était en permanence, d'abord à la place de la Bastille, ensuite près de la barrière du Trône. Et dans ce massacre, il n'y eut pas que des nobles, des prêtres, des ennemis réels ou supposés de la révolution, qui périrent, mais des bourgeois, des ouvriers, des femmes du peuple, des républicains sincères. On assassinait au hasard, parce qu'il suffisait de la haine d'un délateur (et la délation était devenue le métier de tous les scélérats) pour envoyer dans une maison d'arrêt le patriote paisible et obscur, et, pour l'envoyer au tribunal révolutionnaire, de la haine d'un de ces émissaires infâmes, appelés *moutons*, qui dressaient des listes de proscription dans les prisons. « La Conciergerie, dit Riouffe, à très peu d'exceptions près, pendant plus de dix mois, n'a renfermé que des patriotes ; un langage aristocratique y aurait autant surpris qu'indigné ; ses voûtes étaient fatiguées de chants patriotiques ; et, pour un homme de castes opposantes, on massacrait mille sans-culottes, qu'on traînait à la boucherie en criant : Vivent les sans-culotte (1) ! »

(1) *Mémoires sur les prisons*, t. I, préface, p. 11.

Cependant, les partis de Hébert et de Danton n'avaient pas été entièrement détruits ; menacés par la loi du 22 prairial, ils se réunissent pour renverser Robespierre et donnent la main même aux débris des Girondins, même aux *crapauds du Marais*. Robespierre dévoile la conspiration à la Convention ; mais l'Assemblée presque entière se soulève contre lui ; il est décrété d'accusation avec quatre de ses collègues et conduit au Luxembourg. Robespierre jeune est envoyé à Saint-Lazare, Couthon à la Bourbe, Lebas à la maison de justice du département, Saint-Just aux Écossais.

Dans la lutte qui s'engageait, Robespierre croyant naïvement que sa cause était aussi légitime que populaire, n'avait préparé aucun moyen de succès, même de défense ; il comptait sur cette population de Paris, qui n'avait jamais failli à la révolution ; mais, depuis deux ans, il s'était fait de grands changements dans la composition et le chiffre de cette population. Paris avait été pour la révolution la pépinière la plus féconde de ses défenseurs ; mais ce n'était pas impunément qu'il avait envoyé soixante mille de ses enfants sur les champs de bataille, outre ceux qui avaient péri dans ses rues ou par la misère ; sa population révolutionnaire se trouvait donc considérablement réduite. Aussi, ce n'était, matériellement parlant, qu'une minorité très-petite qui avait soutenu le régime de la terreur ; on ne voyait plus guère que des femmes dans les troubles des rues, dans les sections, dans les tribunes de la Convention ; les bataillons des faubourgs n'avaient plus qu'un petit nombre d'hommes et ne faisaient montre de leur force que par leurs compagnies de canonniers ; enfin, au contraire, les bataillons des quartiers riches, quoique annihilés et tremblants, se trouvaient encore complétement garnis. Dans cet état de la population, l'issue de la lutte engagée le 9 thermidor, à part l'opinion publique évidemment soulevée contre le régime de la terreur, ne pouvait être douteuse.

Cependant, à la nouvelle de l'arrestation de Robespierre, la Commune s'était déclarée en insurrection et avait mis tout en mouvement, sections, jacobins, comités révolutionnaires ; elle avait fait sonner le tocsin, fermé les barrières, garni de canons la place de Grève. Des officiers municipaux avaient fait ouvrir le Luxembourg et les autres prisons, délivré les cinq représentants détenus, et ils les avaient conduits à l'Hôtel-de-Ville, « ce Louvre du tyran Robespierre, » suivant l'expression du thermidorien Fréron. Mais le commandant des sections, Henriot, ne donna aucun ordre aux bataillons des faubourgs, qui restèrent immobiles dans leurs quartiers ; et, pendant ce temps, la Convention prit l'offensive : elle mit hors la loi les cinq représentants, la Commune, Henriot ; elle appela à elle les sections des quartiers riches. Celles-ci accourent, nombreuses, pleines d'ardeur, heureuses d'avoir à combattre la terreur, la Montagne, la Commune, la révolution elle-même ; elles jurent à la Convention de mourir pour sa défense et marchent sur l'Hôtel-de-Ville. Il était minuit : la Commune et les représentants proscrits n'avaient pris aucune mesure de défense ; il n'y avait sur la place que quelques compagnies de canonniers, avec des groupes de femmes et de gens non armés. Au bruit que la Commune et ses défenseurs sont mis hors la loi, tout se disperse. Les sections Lepelletier, des Piques, de la Butte-des-Moulins, arrivent, cernent l'Hôtel-de-Ville et arrêtent sans résistance les représentants avec Henriot et tout ce qui était autour d'eux. Le lendemain, Robespierre, ses collègues et dix-huit membres de la Commune furent conduits au tribunal révolutionnaire, qui constata leur identité, et de là au supplice, au milieu d'une foule immense qui poussait des cris de joie et des imprécations contre les condamnés. Les deux jours suivants, quatre-vingt-deux membres de la Commune, hommes obscurs et presque tous ouvriers ou de la petite bourgeoisie, furent de même envoyés en masse et sans jugement à l'échafaud.

Ainsi finit cette Commune fameuse, qui, pendant près de deux ans (du 10 août 1792 au 27 juillet 1794), avait dominé Paris, la Convention et la France ; elle s'est souillée de tant d'excès, elle a répandu tant de sang et laissé tant de ruines, que la mémoire des hommes qui la composèrent est encore et sera à jamais exécrée.

§ XV.

Réaction thermidorienne. — Nouvelle administration de Paris. — Jeunesse dorée. — Fin du club des Jacobins. — Apothéoses de Marat et de Rousseau.

La mort de Robespierre fut le signal d'une réaction violente, non-seulement contre la terreur, mais contre les hommes et les choses de la révolution, réaction qui ne devait s'arrêter qu'avec le rétablissement de la monarchie. D'abord on ouvrit toutes les prisons, qui, huit mois après, se trouvèrent remplies de dix mille républicains ; on modifia, puis on supprima le tribunal révolutionnaire, dont la plupart des membres furent envoyés à l'échafaud ; on cessa de donner les 40 sous de présence aux citoyens pauvres qui assistaient aux assemblées de sections, et celles-ci se trouvèrent ou abandonnées ou occupées entièrement par les royalistes ; on modifia, puis on abolit le maximum, « et l'unique effet de cette abolition, dit le royaliste Toulongeon, fut d'accroître le discrédit et de hâter la chute des assignats, qui tombèrent bientôt dans un avilissement tel qu'il fallut 24,000 livres tournois pour payer une mesure commune de bois à brûler. » On désarma Paris de sa terrible Commune, et l'administration de cette ville, dont la concentration avait été si redoutable, fut éparpillée de la plus étrange manière et donnée : 1° à deux commissions spéciales de police et de finances, nommées par la Convention ; la première, qui était chargée réellement du gouvernement de Paris, avait sous ses ordres les comités d'arrondissement, les comités civils et les commissaires de police des sections ; elle était elle-même sous la surveillance du comité de sûreté générale ; 2° aux diverses commissions nationales du gouvernement, qui remplaçaient alors les ministères, c'est-à-dire que cette administration dépendit : pour les subsistances, de la commission de commerce et des approvisionnements ; pour les hôpitaux, de la commission des secours publics ; pour les écoles et les spectacles, de la commission d'instruction publique ; pour l'illumination et entretien des rues, de la commission des travaux publics ; pour les ateliers et les arts, de la commission d'agriculture ; pour les munitions et armes, de la commission des armes ; pour les prisons, de la commission de police et tribunaux ; pour les revenus et domaines de la Commune, de la commission des revenus nationaux. De plus, les fonctions relatives à l'état civil étaient remplies dans chaque section par un officier public nommé par la Convention, les comités civils des sections restant chargés de quelques détails et de la liste des émigrés. Avec une organisation aussi défectueuse, aussi anarchique, Paris n'eut plus réellement d'administration, plus de police, et le désordre y devint extrême. Toutes les mauvaises passions, les vices, les crimes que la main sanglante des triumvirs avait comprimés par la terreur, se donnèrent pleine carrière : des maisons de jeu et de débauche s'ouvrirent dans toutes les rues ; la prostitution se montra toute nue, tête haute, en plein jour et partout ; les vols et les meurtres devinrent aussi nombreux qu'au temps des tire-laine et des coupe-jarrets du xvie siècle ; les rues, à peine éclairées et nettoyées, ne furent plus praticables pendant la nuit que les armes à la main ; enfin, la guerre civile recommença, mais ignoble et lâche, à coups de poing, à coups de bâton.

Les jeunes gens dont les familles avaient été victimes de

la terreur, ceux qui avaient échappé à la levée en masse ou déserté les armées, les habitués de cafés et de spectacles, les hommes de finance, les beaux, les égoïstes, les débauchés de l'ancien régime, enfin tous ceux qui détestaient la République par amour des plaisirs et de l'argent, dès qu'ils n'eurent plus peur, se mirent en campagne contre la révolution. On les appelait *incroyables, muscadins, jeunesse dorée, jeunesse de Fréron,* et ils se recrutaient principalement dans les sections thermidoriennes. Ils se donnèrent un costume ridicule, dit *à la victime,* et qui fut reproduit spirituellement dans les caricatures de Carle Vernet (1) ; ils affectèrent un zézaiement puéril jusqu'à l'idiotisme ; ils s'armèrent de bâtons plombés et s'en allèrent attaquer dans les rues, au Palais-Royal, dans les théâtres, les Jacobins, les agents de la terreur, les ouvriers des faubourgs, tout ce que le journal de Fréron appelait *la queue de Robespierre.* Ils obtenaient ainsi des victoires faciles, car la queue de Robespierre se composait principalement de femmes, de vieillards et à peine de quelques milliers d'hommes jeunes et valides ; ils venaient ensuite parader dans les salons qui commençaient à se rouvrir et y étaient applaudis par la femme de Tallien, qu'on appelait la *Notre-Dame de Thermidor,* par la veuve du général Beauharnais, qui, plus tard, fut appelée la *Notre-Dame des Victoires,* et par d'autres dames qui donnaient le ton à la société nouvelle. « Tout jeune homme, dit Lacretelle, qui refusait d'entrer dans la troupe vengeresse, était disgracié auprès des femmes les plus aimables (2) » Ce furent eux qui inventèrent les *bals des victimes,* où l'on dan-

---

(1) Cheveux courts par derrière, longs et rabattus sur les yeux par devant, pour imiter la *toilette* des condamnés à la guillotine, bas chinés, habit court et carré, gilet de panne chamoise à dix-huit boutons de nacre, cravate verte montant jusqu'à la bouche, des lunettes, deux montres, etc.

(2) Lacretelle. *Hist. du* XVIIIe *siècle*, XII, 148.

sait en deuil, où n'étaient admis que les individus dont les parents avaient péri sur l'échafaud ; ils mirent à la mode chez les femmes les costumes et les nudités des courtisanes grecques, avec les saluts *à la victime*, les bonnets *à l'humanité*, les corsets *à la justice* ; ils ramenèrent le goût du luxe, des mœurs élégantes et des plaisirs. « Paris reprit l'empire de la mode et du goût, dit Thibaudeau ; l'antique, introduit déjà dans les arts par l'école de David, remplaça, dans les habits des femmes, dans la coiffure des deux sexes et jusque dans l'ameublement, le gothique, le féodal et ces formes mixtes et bizarres inventées par l'esclavage des cours (1). »

Les principaux efforts de la jeunesse dorée furent dirigés contre le club des Jacobins, dont ils envahirent les tribunes et les couloirs à coups de pierres et de bâton, fouettant les femmes, se colletant avec les hommes. Après plusieurs jours de ce tumulte, qui tint tout Paris en alarmes, la Convention ordonna la fermeture du club (21 brumaire). Si l'on en croit Fréron, ce conventionnel qui se disait le disciple de Marat et qui, pourtant, était regardé comme le chef de la jeunesse dorée, cette mesure excita la plus vive allégresse : « on dansait, on s'embrassait, on chantait ; une partie de la ville fut illuminée. »

Au milieu de cette réaction, les thermidoriens, sans doute dans l'espoir d'aveugler le peuple sur leur alliance avec les royalistes, s'avisèrent de célébrer l'anniversaire de l'établissement de la République par l'*apothéose* de Marat. Ce fut la cérémonie la plus étrange de la révolution, à cause du contraste qu'offraient et la vie du hideux personnage qu'on transportait au Panthéon et l'état nouveau de l'opinion publique. Elle fut d'ailleurs aussi pompeuse que les apothéoses de Mirabeau et de Voltaire. « Les sociétés populaires, dit le

(1) *Mém. sur la Convention*, t. I, p. 130.

Moniteur (4 vendémiaire), les autorités constituées et une grande partie des élèves de l'Ecole de Mars (1) précédaient le char qui portait les restes précieux de Marat... Au moment où l'on descendait du char le cercueil qui contenait les cendres de l'ami du peuple, on rejetait du temple des grands hommes, par une porte latérale, les restes impurs du royaliste Mirabeau. »

Quelques jours après, la même pompe fut renouvelée pour l'apothéose de Jean-Jacques Rousseau, et ce fut la dernière des fêtes symboliques de la Convention. Jusqu'à la fin de cette assemblée, les anniversaires de la révolution, les fêtes funèbres, les fêtes triomphales furent célébrées, non plus dans la rue, mais dans la salle de la Convention, et se bornèrent à des décorations, des discours et de la musique.

Le retour des thermidoriens aux idées révolutionnaires n'eut pas de durée, et, trois mois après l'apothéose de Marat, on brisait partout ses bustes, qui furent jetés dans les égouts ; on démolit le monument du Carrousel ; on proscrivit son nom, ainsi que celui des Montagnards et des Jacobins, dans les établissements publics, les cafés, les théâtres.

---

(1) L'École de Mars avait été créée par la Convention le 13 prairial an II. Elle était recrutée « avec des enfants de sans-culotte » âgés de quatorze à dix-sept ans et envoyés, au nombre de dix par district, de toutes les parties de la France, ce qui porta le nombre des élèves à trois mille. Ces élèves campaient sous des tentes dans la plaine des Sablons et une partie du bois de Boulogne. Des baraques en planches renfermaient l'hôpital, l'arsenal, les écuries et la salle d'étude, vaste hangar orné seulement d'une statue de la Liberté, au pied de laquelle Robespierre, Lebas, Saint-Just venaient haranguer la jeunesse et la former aux vertus républicaines. Le camp était fermé par une enceinte de palissades et de chevaux de frise, et gardé militairement par les élèves. Cette école, qui figura dans toutes les fêtes révolutionnaires, fut supprimée le 2 brumaire an III

§ XVI.

Famine. — Journées du 12 germinal et du 1ᵉʳ prairial.

L'année qui suivit le 9 thermidor est, de toutes les années de la révolution, celle où le peuple de Paris fut le plus malheureux. Le comité de salut public l'avait nourri avec le maximum, avec la solde attribuée aux sectionnaires, avec de nombreux travaux ; il lui avait donné sa part de tyrannie et de proscriptions ; il s'était occupé avec une ardente sollicitude de ses besoins, de ses caprices même, de ses plaisirs, à l'exemple de ces tyrans de Rome qui donnaient au peuple-roi du pain et les jeux du cirque. Avec le 9 thermidor, le peuple tomba du trône dans la plus profonde misère : les riches, les marchands, les agioteurs, tout ce qui avait souffert ou tout ce qui avait eu peur, se vengea de lui en le faisant mourir de faim. La hausse des denrées devint exorbitante ; une famine causée par les accapareurs et les ennemis de la révolution mit la désolation dans les faubourgs et les quartiers pauvres, où les travaux manquaient, où les ouvriers n'étaient payés qu'en assignats. La Convention fut obligée de fixer une ration journalière pour la subsistance de chaque personne : mesure déplorable qui fut éludée par les riches et ne fit qu'augmenter la misère des pauvres. « Paris, dit un historien royaliste, fut réduit, à cette époque, à une telle détresse, que le pain et la viande étaient mesurés et distribués nominativement chez les fournisseurs. Là, aux portes, on voyait les citoyens gardant leurs places dès le point du jour, attendre leur tour pour reporter chez eux la subsistance de la journée, fixée à trois onces de pain et un quarteron de viande. Dans la classe indigente et même dans la classe aisée, des familles vécurent plusieurs mois de légumes et surtout de pommes de terre, dont on avait ensemencé tous les terrains occupés par des jardins de luxe et d'agrément. Quelques mesures de grains ou de farine, envoyées des départements, étaient un présent reçu avec reconnaissance (1). » — « Il faut l'avoir vue, dit un autre historien, il faut l'avoir sentie, cette affreuse disette, pour s'en faire une idée ! » Enfin, pour combler la détresse, l'hiver fut très-rigoureux : le bois et le charbon manquèrent comme le pain ; il fallut les distribuer aussi par rations ; on fit queue dans les chantiers et aux bateaux sur la Seine, et plusieurs femmes y furent étouffées.

En présence de si grandes calamités, le peuple était plein de fureur contre les riches, contre les royalistes, contre la Convention qui laissait faire ce nouveau pacte de famine ; plusieurs fois, des troupes de femmes envahirent les Tuileries avec des plaintes et des menaces ; mais elles furent poursuivies et maltraitées par les muscadins ; enfin, le 12 germinal, les distributions de pain ayant manqué dans la Cité, les femmes de ce quartier battirent le tambour, rassemblèrent la foule et furent bientôt grossies de bandes d'hommes venus des faubourgs, quelques-uns armés de piques et de fusils, portant sur leur chapeau : Du pain et la Constitution de 93! Cette multitude envahit les Tuileries et se rua dans la salle de la Convention avec un tumulte effroyable ; mais les sections thermidoriennes, « la garde nationale de 1789, » dit un contemporain, arrivèrent au pas de charge et forcèrent la foule à évacuer le palais.

La Convention crut que le parti de Robespierre avait fait cet essai d'insurrection : elle ordonna le désarmement de tous les individus « qui avaient contribué à la vaste tyrannie abolie le 9 thermidor;» elle mit Paris en état de siége ; elle ordonna (28 germinal) la restauration de la garde nationale telle qu'elle existait en 1789, c'est-à-dire qu'elle devait être

---

(1) Toulongeon, t. III, p. 67.

composée de quarante-huit bataillons d'infanterie, de sept cent soixante hommes chacun, avec compagnie d'élite, et de deux mille quatre cents hommes de cavalerie ; mais ce décret si important ne fut que mollement, que lentement exécuté, tant était grande la lassitude de la bourgeoisie. « L'apathie des citoyens de cette grande commune, disait un représentant, est vraiment inconcevable : chaque jour, ils sont exposés à voir leurs propriétés la proie du pillage, et ils ne s'empressent point d'exécuter un décret qui seul peut leur en assurer la jouissance. »

Ces mesures n'apaisèrent pas l'agitation populaire qui avait une cause permanente et terrible, la faim. « Les subsistances étaient le prétexte du moment, dit Toulongeon, et ce prétexte, sans être juste, était vrai. Les distributions venaient d'être réduites à deux onces de pain par jour ; et cependant, la consommation qui, dans les temps communs, ne s'élevait qu'à quinze cents sacs de farine, était alors de deux mille sacs et plus. Il faut le redire encore, sans pouvoir l'expliquer, la disette était tellement factice que l'abondance reparut avant la récolte de l'année (1), » « Il serait difficile, écrivait Mercier dans les *Annales patriotiques*, de trouver aujourd'hui sur le globe un peuple aussi malheureux que l'est celui de la ville de Paris. Nous avons reçu hier deux onces de pain par personne ; cette ration a été encore diminuée aujourd'hui. Toutes les rues retentissent des plaintes de ceux qui sont tiraillés par la faim. » « Enfin, raconte le *Moniteur*, de violentes rumeurs, des propos séditieux, des menaces atroces marquèrent la soirée du 30 germinal. Partout on ne voyait que des groupes, presque tous composés de femmes, qui promettaient pour le lendemain une insurrection. On disait hautement qu'il fallait tomber sur la Convention nationale ; que, depuis trop longtemps,

---

(1) T. III, p. 118.

elle faisait mourir le peuple de faim; qu'elle n'avait fait périr Robespierre et ses complices que pour s'emparer du gouvernement, tyranniser le peuple, le réduire à la famine en faisant hausser le prix des denrées et en accordant protection aux marchands qui pompaient les sueurs de l'indigent (1). »

Dans cette situation, quelques meneurs obscurs résolurent de faire contre la Convention un 31 mai, et ils l'annoncèrent naïvement dans un manifeste, disant que le peuple de Paris, « sur lequel les républicains des départements et des armées avaient les yeux fixés, » avait arrêté de se rendre à la Convention pour lui demander du pain, la Constitution de 93, la destitution du gouvernement actuel, la mise en liberté des patriotes détenus, (2), la convocation d'une assemblée législative. La Convention, avertie, décréta « que la commune de Paris était responsable envers la République entière de toute atteinte qui pourrait être portée à la représentation nationale; » elle requit les citoyens de se porter en armes dans les chefs-lieux de sections, envoya douze représentants pour les diriger et fit battre le rappel dans les sections thermidoriennes. Mais déjà le tocsin sonnait dans les faubourgs, le Marais et la Cité, et une grande foule, principalement composée de vieillards, de femmes, d'enfants, se rua par toutes les rues de la ville, en se dirigeant vers les Tuileries. L'immense colonne, dans laquelle il n'y avait pas cinq cents hommes armés, se déroula principalement par la rue Saint-Honoré, hâve, déguenillée, affamée, hurlant des cris de mort et des regrets de guillotine, faisant d'imbéciles recrues, d'ailleurs toujours crédule et docile à ses meneurs, et, comme dans toutes ses journées, comme au temps de sa puissance, passant devant

(1) *Moniteur* du 4 prairial.
(2) L'état officiel inséré au *Moniteur* donne pour le 24 avril le chiffre de 2,338 détenus.

les maisons somptueuses et les riches magasins sans un regard de menace. Les postes de gendarmerie qu'elle rencontra sur son passage ou se dispersèrent ou se joignirent à elle. L'épouvante se répandit partout : on fermait les boutiques, on se cachait dans les maisons ; jamais plus grande masse de misère et de haillons n'était sortie des profondeurs de Paris ; jamais pareil cri de vengeance et de fureur ne s'était élevé contre les iniquités ou les inepties du gouvernement. Au 14 juillet, au 10 août, au 31 mai, le peuple, mêlé à la bourgeoisie, était animé par une idée, exalté par la liberté, enthousiasmé par le sentiment révolutionnaire ; mais, en ce jour, le dernier de cette tragédie qu'il jouait depuis six ans, c'était l'insurrection de la faim, le soulèvement de la misère, le commencement de la guerre sociale !

Cette marée immonde et terrible, qui grossissait à tout moment, envahit les Tuileries à travers les bataillons indécis des sections thermidoriennes qui ne voyaient pas devant eux une armée d'insurgés, mais une cohue de misérables. Elle pénétra dans le palais et enfonça la porte de la salle des séances, dont les tribunes étaient déjà remplies de femmes furieuses ; un bataillon de garde nationale se précipita à sa rencontre et la rejeta dans les escaliers, mais sans qu'il y eût de sang répandu : il semblait qu'il n'y eût que des femmes dans cette multitude. Elle revint à la charge, entra de nouveau, fut de nouveau repoussée ; enfin une troisième fois, renversant tous les obstacles, elle inonda la salle, les couloirs, les bancs, la tribune. Les représentants se réfugient dans les gradins supérieurs, où quelques gendarmes les protègent ; le président Boissy d'Anglas reste ferme sur son siége et ordonne à un officier d'appeler la force armée ; celui-ci est menacé par trente sabres ; un député, Féraud, veut le secourir ; il est frappé d'un coup de pistolet, entraîné, massacré, et sa tête est apportée au bout d'une pique. Mais la rage populaire semble assouvie par ce crime : pendant toute cette journée si confuse, au milieu de toute cette foule ardente de fureur, il n'y eut pas d'autre sang versé, et cette scène si terrible dégénéra en un tumulte sans fin, sans but, sans résultat. Il n'y avait pas eu dans toute la révolution de semblables saturnales : la multitude aveugle et délirante s'entassait, criait, hurlait, faisait tapage, insultait les représentants, battait le tambour, tirait des coups de fusil contre les murs ou donnait des coups de sabre sur les bancs. Ce tumulte stupide dura huit heures. A la fin, les insurgés forcèrent les députés à descendre dans le parquet et à voter toutes leurs demandes, parmi lesquelles étaient le rétablissement de la Commune de Paris et la permanence des sections. Au moment où ils venaient de nommer un gouvernement provisoire, les sections de la garde nationale arrivent, Lepelletier en tête, « puis Fontaine-de-Grenelle, Gardes-Françaises, Contrat-Social, Mont-Blanc, Guillaume-Tell, Brutus et cette autre, dont on ne peut jamais prononcer le nom sans un vif sentiment de reconnaissance, la Butte-des-Moulins. Elles débouchent de toutes parts, par toutes les issues, au pas de charge, tambours-battant, drapeaux déployés, baïonnettes en avant (1). » En un instant la multitude est renversée, poussée, dispersée. Il n'y eut pas de résistance, pas de combat, pas de morts, à peine quelques blessés, quelques prisonniers. La masse des envahisseurs pouvait s'élever à vingt mille; mais sur ce nombre, même avec les gendarmes qui s'étaient joints à eux, il n'y avait pas le dixième d'hommes armés. « Nous n'avons eu, disait Louvet, que quinze cents brigands à vaincre. »

Le lendemain, la plus grande partie du peuple, honteuse, humiliée de cette triste journée, rentra dans son calme et sa misère. Il n'y eut que le faubourg Saint-Antoine où le tumulte continua : ses trois bataillons prirent les armes. Sur

---

(1) Éloge de Féraud, dans le *Moniteur* du 18 prairial an III.

le bruit qu'ils avaient établi à l'Hôtel-de-Ville une commune insurrectionnelle, les sections thermidoriennes marchèrent sur la place de Grève ; mais, à l'approche des insurgés, elles reculèrent jusqu'au Carrousel et furent suivies par les trois bataillons qui braquèrent leurs canons contre les Tuileries. Au moment où le combat allait s'engager, des représentants accoururent, parlementèrent, et, à force de promesses, décidèrent les hommes des faubourgs à se retirer. Le surlendemain, ceux-ci prirent encore les armes et délivrèrent l'un des assassins de Féraud qu'on menait au supplice. Mais la Convention avait fait venir six mille dragons, qu'elle joignit à quinze mille hommes des sections : le faubourg fut investi par cette armée, sommé de livrer ses canons, menacé d'un bombardement. Les trois bataillons comptaient à peine, en ce moment, douze cents hommes valides ; toute résistance était donc impossible ; d'ailleurs les propriétaires et les chefs d'ateliers décidèrent les ouvriers à se soumettre. Les canons furent livrés et amenés en triomphe aux Tuileries, au milieu des acclamations de la bourgeoisie enivrée de sa victoire. Ce fut pour le peuple de Paris une véritable destitution du pouvoir qu'il avait conquis le 14 juillet 1789 : à dater du 4 prairial et jusqu'au 27 juillet 1830, il ne prit aucune part directe et efficace aux révolutions. L'opinion publique se prononça alors définitivement contre ces mouvements populaires, qui, depuis trois ans, mettaient sans cesse la représentation nationale à la merci de quelques bandes d'émeutiers. « Les vingt-cinq millions d'hommes, disait Chénier à la Convention, qui nous ont envoyés ici ne nous ont pas placés sous la tutelle des marchés de Paris et sous la hache des assassins ; ce n'est pas au faubourg Saint-Antoine qu'ils ont délégué le pouvoir législatif... Citoyens de Paris, sans cesse appelés *le peuple* par tous les factieux qui ont voulu s'élever sur les débris de la puissance nationale, vous, longtemps flattés comme un roi, mais à qui il faut enfin dire la vérité, songez que la représentation nationale appartient à la République et méritez de la conserver (1). »

La Convention compléta sa victoire par des mesures énergiques et sanguinaires : elle envoya à l'échafaud neuf représentants et vingt-neuf insurgés, aux galères vingt-sept autres personnes, dont huit femmes; elle mit en arrestation trente et un autres députés et fit incarcérer en moins de huit jours plus de dix mille individus « comme assassins, buveurs de sang, voleurs et agents de la tyrannie qui précéda le 9 thermidor. » « Plusieurs sections, connues par la turbulence de leurs principes et la scélératesse de leurs meneurs, telles que les sections de la Cité, du Panthéon, des Gravilliers, furent forcées de rendre leurs canons (2). » Toutes les autres en firent autant de leur propre mouvement, et Paris se trouva ainsi désarmé de la principale force qui avait fait toutes les journées révolutionnaires. On dépouilla de leurs piques les quarante huit sections, et il fut défendu de paraître en public avec cette arme, « qui n'est d'aucune défense réelle et ne peut servir qu'à assassiner. » On décréta que les attroupements de femmes seraient dissipés par la force. On donna à la capitale une garnison de troupes de ligne ; on établit un vaste camp de cavalerie et d'artillerie d'abord dans les Tuileries, ensuite dans la plaine des Sablons; on licencia les gendarmes des tribunaux, « cette troupe, disait l'arrêté, qui a vu naître la liberté (3), qui n'a jamais obéi qu'avec dégoût, qui insultait les victimes qu'elle conduisait à l'échafaud, qui a partagé les efforts des factieux. » Dix-huit furent envoyés au supplice, cinq aux galères, le reste fut déclaré incapable de service. On effaça

---

(1) *Moniteur* du 10 prairial.
(2) *Moniteur* du 9 prairial.
(3) Nous avons dit qu'elle était en grande partie composée d'anciens gardes-françaises.

sur tous les murs les inscriptions révolutionnaires, les bonnets rouges, même la devise de la République; enfin, on réorganisa la garde nationale, qui fut entièrement composée de bourgeois, « d'après ce principe fondamental de tout ordre politique, disait le décret, que la force destinée à maintenir la sûreté des propriétés et des personnes doit être exclusivement entre les mains de ceux qui ont à la maintenir un intérêt inséparable de leur intérêt individuel. »

§ XVII.

Journée du 13 vendémiaire. — Fin de la Convention.

A la suite des journées de prairial, la réaction thermidorienne devint en plein et à découvert la contre-révolution. Des agences royalistes se formèrent à Paris et travaillèrent au retour des Bourbons. La bourgeoisie et la garde nationale, encore tremblantes au souvenir de la terreur, ne désiraient plus que le rétablissement de la monarchie. Les assemblées de sections, d'où les Jacobins furent chassés, devinrent des foyers de royalisme, des tribunes toujours ouvertes aux ennemis de la Convention et de la République : c'était sur elles que l'émigration avait les yeux; c'était en elles que le prétendant mettait toutes ses espérances. La jeunesse dorée, « ces réquisitionnaires, disait un orateur, qui avaient fait leurs campagnes au Palais-Égalité et dans les spectacles, « excitait des émeutes, insultait les soldats, empêchait le chant de la Marseillaise. « Les jours de 1789, dit Lacretelle, semblaient revenus, mais dans une direction complétement inverse. Les orateurs se présentaient en foule; les journaux, les brochures, les pamphlets, les affiches ne laissaient pas un moment de relâche à la Convention. » — « Déjà, raconte un autre contemporain, l'on exposait publiquement dans Paris l'effigie du dernier roi et celle de sa famille; déjà les rubans étaient préparés, les signes de ralliement, les emblèmes prêts, et les femmes allaient les arborer sur leurs coiffures. » — « Personne n'ignore à Paris, disait-on dans la Convention, quels dangers nouveaux courent en ce moment les patriotes et la République. Toutes les factions sont coalisées dans l'intérieur; les émigrés rentrent; des chouans se montrent dans cette commune. Tous ont des pratiques calculées sur les honorables misères que le peuple endure depuis si longtemps pour la liberté (1). De toutes parts, l'aristocratie lève la tête et souffle ses antiques poisons jusque dans les bataillons de la force armée. Ajoutons à ces symptômes l'arrogante dictature qu'affectent et qu'exercent en effet des sociétés opulentes, où la République, confondue avec le sans-culottisme, est maudite et abjurée (2). »

Cependant la Convention avait fait la Constitution de l'an III et rendu deux décrets additionnels par lesquels les deux tiers du nouveau corps législatif devaient être composés de conventionnels. La majorité des départements accepta la Constitution et les décrets; la majorité des sections de Paris n'accepta que la Constitution. Alors les royalistes, à l'imitation des Jacobins, « voulurent persuader à la capitale que seule elle composait le souverain, et lui faire renouveler le 31 mai; » ils vinrent jusque dans la Convention proférer des menaces; ils préparèrent ouvertement une insurrection. « Les meneurs des sections de Paris, disait

---

(1) « Il faut que le peuple souffre, écrivait le prince de Condé : c'est le seul moyen de le forcer à désirer l'ancien ordre de choses. Il n'a d'ailleurs que ce qu'il mérite. Les raisonnements les plus simples sont perdus pour lui; il n'y a que la misère qu'il comprenne bien, et c'est par elle qu'il faut espérer le retour de la monarchie. » Lettre du 22 fév. 1796 dans les mémoires relatifs à la trahison de Pichegru, publiés par Montgaillard.

(2) *Moniteur* du 1er fructidor an III.

Laréveillère, qu'ils soient parés d'habits élégants et de jolies coiffures, ou couverts de haillons et de sales bonnets, ne perdent jamais de vue leur éternel projet de concentrer la souveraineté dans Paris (1). « Ces prétentions, ces projets excitèrent l'indignation des départements, qui offrirent un asile à la représentation nationale. « Il est temps, disaient leurs pétitions, que Paris, cet enfant gâté de la révolution, aujourd'hui infecté de royalisme, dise s'il prétend être la République entière, le rival de la Convention, le maître de la France, une nouvelle Rome (2). » Et la Convention rendit les habitants de Paris responsables de sa conservation, déclara qu'elle se retirerait à Châlons si un attentat était commis contre elle, et appela les armées à sa défense.

« Cependant les royalistes, dit Tallien, choisirent pour point central celle des sections de Paris, qui, de tout temps, renferma le plus grand nombre de ces oisifs opulents, amis de la royauté, cette section dont le bataillon était dans le camp de Tarquin, lorsque, le 10 août, on combattait contre la tyrannie. » La section Lepelletier, encore toute glorieuse de ses victoires de thermidor et de prairial, donna le signal de l'insurrection en invitant les électeurs à s'assembler dans la salle du Théâtre-Français (Odéon). La Convention dissipa ce rassemblement, appela à sa défense les restes du parti jacobin, dont elle forma un bataillon de quinze cents hommes, dit des Patriotes de 89, et ordonna de désarmer la section rebelle. Les sections Lepelletier, de la Butte-des-Moulins, du Contrat-Social, du Théâtre-Français, du Luxembourg, Poissonnière, Brutus et du Temple répondirent par des arrêtés « qu'on aurait jugé à leur teneur, dit le rapport fait à la Convention sur cette journée, avoir été pris au quartier général de Charette. » « Bientôt, continue ce rapport, la ré-

---

(1) *Moniteur* du 30 fructidor.
(2) *Moniteur* du 6 vendémiaire.

volte prend un caractère décidé et ne ménage plus rien : une commission centrale s'organise dans la section Lepelletier ; les dépôts des chevaux de la République sont au pouvoir des rebelles ; les envois d'armes à la fidèle section des Quinze-Vingts sont interceptés ; la trésorerie nationale est occupée ; les subsistances destinées à nos troupes sont enlevées ; les représentants du peuple, que leurs fonctions conduisent hors de l'enceinte du Palais-National, sont arrêtés, insultés, gardés en otage ; les comités du gouvernement sont mis hors la loi... « Cependant le général Menou s'avança en trois colonnes, par la rue Vivienne et les rues voisines, sur le couvent des Filles-Saint-Thomas, où siégeait la section Lepelletier ; mais il parlementa avec elle et se retira. Il fut destitué et remplacé par Barras, auquel on adjoignit trois autres représentants, et le faubourg Saint-Antoine ayant offert son concours, on y envoya Cavaignac et Fréron pour réorganiser ses bataillons mutilés et désarmés. Barras ayant pris pour second le jeune général Bonaparte, celui-ci forma des Tuileries et des environs une sorte de camp retranché, dont il garda toutes les issues par des corps de troupes postés dans la cour des Feuillants, et à l'entrée des rues de la Convention, de l'Echelle, Saint-Nicaise, au Pont-Neuf, au Louvre, au Pont-National, à la place de la Révolution. Il avait trente canons et neuf mille hommes, dont moitié venant du camp des Sablons et moitié composée des grenadiers de la garde de la Convention, de la légion de police (1), du bataillon des Patriotes de 89, enfin du bataillon des Quinze-Vingts, de compagnies ou d'hommes isolés des sections de Montreuil, Popincourt, des Thermes et des Gardes-Françaises. Les généraux qui commandaient ces divers corps de troupes étaient assistés de représentants qui avaient le sabre à la main.

(1) Cette légion venait d'être établie par un décret du 9 messidor pour le service des tribunaux, des prisons, des ports, etc. Elle était casernée sur le quai d'Orsay.

Quant à la Convention, elle resta pendant tout le combat immobile, calme, silencieuse.

Le lendemain, trente-deux sections se mirent en rébellion ouverte; onze restèrent neutres; cinq prirent parti pour la Convention, mais les Quinze-Vingts seuls purent envoyer leur bataillon aux Tuileries. Les sections insurgées, formant une armée de vingt-cinq mille hommes, se mirent en marche sur deux colonnes, la plus forte par le quartier Saint-Honoré, la plus faible par le faubourg Saint-Germain; elles avaient à leur tête les muscadins, les jeunes gens à cadenettes et en collet vert, des chouans, des émigrés rentrés, d'anciens officiers de la garde du roi. « La multitude, dit Lacretelle, n'entrait pas dans leurs rangs et paraissait spectatrice indifférente du combat. »

La grande colonne arriva par le haut et le bas de la rue Saint-Honoré, par les rues Saint-Roch et Richelieu, s'empara de l'église Saint-Roch, garnit le perron et le clocher, et commença de là un feu meurtrier jusque dans les Tuileries. Barras et Bonaparte démasquèrent leurs canons aux rues de la Convention, de l'Échelle et Saint-Nicaise, et balayèrent à l'instant l'entrée de ces rues et l'église Saint-Roch; les insurgés se retirèrent dans le bas de la rue Saint-Honoré, où ils firent des barricades, et dans le Palais-Égalité; mais les troupes conventionnelles s'élancèrent dans la rue Richelieu, enlevèrent à la baïonnette le théâtre de la République et le Palais-Égalité, se rabattirent dans la rue Saint-Honoré et emportèrent à coups de canons les barricades de la barrière des Sergents. Pendant ce temps, quatre canons placés à la tête du Pont-Royal balayaient la colonne du faubourg Saint-Germain. Enfin, un corps de cavalerie dégagea le haut de la rue Saint-Honoré, la place Vendôme et les boulevards.

Le lendemain, les insurgés essayèrent de tenir dans le couvent des Filles-Saint-Thomas; mais, à l'approche de

Barras, ils se dispersèrent. Celui-ci, avec des forces considérables, parcourut les boulevards, la place des Victoires, les Halles, la place de Grève, l'île Saint-Louis, le faubourg Saint-Antoine. « Là, dit-il, il retrouva un attachement pur et solide pour la République et la joie qu'inspire la victoire. » Enfin, il visita la rive gauche de la Seine et fit disparaître les barricades qui avaient été faites près du Panthéon et du Théâtre-Français. On licencia les compagnies d'élite de la garde nationale; on désarma les sections Lepelletier et du Théâtre-Français; on installa trois commissions militaires dans ces deux sections ainsi que dans celle de la Butte-des-Moulins, et ces commissions prononcèrent de nombreuses condamnations à mort, dont deux seulement furent exécutées. Comme après les journées de prairial, il y eut une réaction violente contre l'omnipotence de la capitale. « Tout Paris, disait un orateur, a été témoin inactif ou complice du combat terrible que vous venez de soutenir contre l'immonde royauté; que tout Paris soit désarmé!... Tant que Paris sera ce qu'il est, l'impossibilité morale de faire de bonnes lois au centre d'un immense population en rendra le séjour calamiteux pour la représentaton nationale (1). « Quant au parti vaincu, il ne perdit rien de ses prétentions ; mais la bourgeoisie, humiliée de sa défaite, honteuse du rôle qu'elle avait joué à la suite des royalistes, rentra dans le repos et la soumission, en gardant ses répugnances, ses haines, ses terreurs. C'était la première fois qu'elle avait voulu faire sa *journée,* ce fut aussi la dernière ; et, jusqu'en 1830, elle ne joua plus, comme le peuple, qu'un rôle passif dans les événements.

La Convention approchait du terme de sa mission. Les derniers temps de son long règne n'avaient pas été employés uniquement à combattre les ennemis de la République, mais à poser quelques fondations sur le sol couvert de tant

---

(1) *Moniteur* du 20 vendémiaire an III.

de ruines, à faire dans Paris des créations utiles qui consolèrent cette ville de tant de monuments des arts détruits dans la tourmente révolutionnaire. Ainsi, après avoir supprimé les loteries et les maisons de jeu, elle créa le *Bureau des longitudes*, qui fut placé à l'Observatoire, l'*École centrale des travaux publics* ou *École polytechnique*, qui fut placée au palais Bourbon, l'*Institut des aveugles-travailleurs*, le *Muséum d'histoire naturelle*, le *Conservatoire des arts et métiers*, l'*Institut national de musique*, le *Musée du Louvre*, le *Musée des Petits-Augustins*, le *Musée d'artillerie*, etc. Elle enrichit toutes les bibliothèques ; elle améliora tous les hôpitaux et créa ceux de Saint-Antoine et de Beaujon ; elle ordonna la formation de plusieurs marchés et avait conçu de grands plans pour l'assainissement et l'embellissement de Paris.

L'avant-dernier jour de sa session, elle décréta l'établissement d'écoles primaires, d'écoles centrales, d'écoles spéciales, de l'Institut national des sciences et des arts, divisé en trois classes. Le dernier jour, encadrant le souvenir de Paris, de la ville de la révolution, du lieu qui rappelait ses scènes les plus terribles, entre deux grands actes d'avenir et d'humanité, elle termina sa session par ce décret :

1° A dater du jour de la publication de la paix générale, la peine de mort sera abolie.

2° La place de la *Révolution* portera désormais le nom de place de la *Concorde*. La rue qui conduit du boulevard à cette place portera le nom de rue de la *Révolution*.

3° Amnistie est accordée pour les faits relatifs à la révolution.

§ XVIII.

Paris sous le Directoire. — Fêtes directoriales.

Sous le gouvernement directorial, Paris continue à perdre sa puissance révolutionnaire et à prendre une organisation municipale empruntée au régime monarchique. Une loi le divise en douze municipalités ou arrondissements, et son administration est confiée au *département* de la Seine, composé de sept administrateurs, dont trois sont spécialement chargés des contributions, des travaux, secours et enseignement public, de la police et des subsistances. Une autre loi, dont la portée a été lourdement aggravée par les gouvernements suivants, rétablit les droits d'entrée à Paris pour subvenir aux dépenses locales de la ville et aux besoins des hôpitaux, et leur donne le nom mensonger d'*octroi municipal et de bienfaisance* (1) (18 octobre 1798). Enfin, un arrêté directorial reprend l'ordonnance de 1783 pour les alignements de Paris, partage les rues, suivant leur largeur, en cinq classes de 6 à 15 mètres, et ordonne la continuation des travaux de Verniquet.

Le chef-lieu de la révolution semble avoir abdiqué toute passion politique. La bourgeoisie, lasse d'agitations, ne demande que du repos, de l'ordre, de la stabilité, ne cherche qu'à se guérir de ses longues souffrances, et, au lieu des passions sérieuses et dévouées de 89, paraît uniquement possédée de l'amour des plaisirs et de l'argent. Quant au peuple, la partie la plus turbulente avait péri sur les champs de bataille ou dans les journées révolutionnaires ; l'autre partie, « trompée dans ses espérances, égarée par la calomnie ou par les menées du royalisme et du pouvoir, affamée, sans travail, occupée chaque jour du soin de vivre le lendemain, languissait dans une profonde indifférence, accusant même la révolution des maux sans nombre qui pesaient sur elle (2). »

---

(1) Cet octroi ne produisit dans chacune des trois premières années que 2 millions. De 1798 au 4 décembre 1849, il a produit 1,241,269,150 francs.

(2) Buonarotti, *Hist. de la conspiration de Babeuf.*

Vainement les deux partis extrêmes essaient de ranimer les passions politiques, les Jacobins en ouvrant le club du *Panthéon*, les royalistes en ouvrant le club de *Clichy*, la population ne prend que de l'impatience et de l'inquiétude de ces excitations à des révolutions nouvelles. Vainement Babeuf essaie une conspiration « pour livrer les riches aux pauvres et amener le règne du bonheur commun ; » les conjurés sont sabrés dans la plaine de Grenelle, arrêtés, déportés ou fusillés, sans que les Parisiens fassent le moindre mouvement. Ils ne s'émeuvent pas davantage au 18 fructidor, quand, les royalistes étant arrivés en majorité dans les conseils et travaillant ouvertement à une contre-révolution, le Directoire sauve la République par la violence : ce jour là, Paris fut tout à coup occupé par douze mille hommes que commandait Augereau, et, sans qu'il y eût un coup de fusil tiré, la grande conspiration royaliste avorta et ses principaux membres furent arrêtés et déportés. « Tout cela fut exécuté, dit Thibaudeau, aussi tranquillement qu'un ballet d'opéra. Il n'y eut aucune résistance ; le peuple de Paris resta immobile. »

Le Directoire, voyant les idées populaires se tourner avec regret vers le passé, essaya de ranimer les sentiments républicains par des fêtes. La Convention avait ordonné la célébration, tous les ans, de sept fêtes nationales, outre les anniversaires de la révolution. Ces fêtes étaient celles de la *Fondation de la République* (1er vendémiaire), de la *Jeunesse* (10 Germinal), des *Epoux* (10 floréal), de la *Reconnaissance* (10 prairial), de l'*Agriculture* (10 messidor), de la *Liberté* (9 et 10 thermidor), des *Vieillards* (10 fructidor). On y ajouta celle de la *Souveraineté du peuple*, pour l'époque des élections, et l'on célébra d'ailleurs accidentellement tous les grands événements, les victoires de Bonaparte en Italie, la mort de Hoche, le traité de Campo-Formio, etc. Il y eut donc, sous le gouvernement directorial, des fêtes très-nombreuses; la plupart furent élégantes et ingénieuses, et se passèrent avec beaucoup d'ordre; mais, malgré la pompe théâtrale des costumes antiques dont s'étaient affublés le Directoire, les conseils, toutes les autorités, malgré les hymnes de Lebrun-*Pindare* et la musique de Méhul, elles ne furent vues qu'avec ennui, et le peuple, qui n'y était plus acteur, assista avec une grande indifférence à ces cérémonies païennes, que souvent il ne comprenait pas, malgré les commentaires pédants qu'en faisaient les journaux officiels (1). « La liberté, dit un contemporain, n'était plus la déité séductrice qui avait son amour, c'était la gloire qui lui apparaissait avec une beauté toute nouvelle aux champs de l'Italie et de l'Égypte. » Cependant quelques-unes de ces fêtes, par leur nouveauté et leur pompe étrange, excitèrent, sinon l'enthousiasme, au moins la curiosité publique.

La première de ces fêtes originales fut celle du 9 thermidor an IV, dédiée à la Liberté, et où l'on promena en triomphe les dépouilles opimes de nos conquêtes. Le cortége partit du Jardin-des-Plantes, suivit les boulevards du midi et s'arrêta au Champ-de-Mars; il était formé de trois divisions. La première, consacrée à l'histoire naturelle, était composée de dix chars portant des animaux, des minéraux, des végétaux de l'Italie, de l'Égypte, de l'Helvétie; ces chars étaient escortés et suivis par les professeurs et les élèves du Muséum d'histoire naturelle, des écoles Normale et Centrale, etc. La deuxième division, consacrée aux sciences et lettres, était formée de six chars portant le buste d'Homère, des manus-

(1) Ainsi, le *Moniteur* (12 messidor an VI) dit de la fête de l'Agriculture : « Elle représentait à l'imagination ces anciennes fêtes que la fertile Phrygie célébrait en l'honneur de la déesse des moissons au pied du mont Ida. » Il dit de la fête funèbre de Hoche (15 vendémiaire an VI) : « Elle retraçait parfaitement les magnifiques obsèques que Télémaque fit faire au fils de Nestor sur les bords du Galèse; on pourrait même croire qu'on les avait prises pour modèle. »

crits, des médailles, des antiquités, des livres orientaux, des instruments de physique, des machines; ils étaient suivis par les professeurs et élèves du Collége de France, de l'École Polytechnique, des savants, des hommes de lettres, etc. La troisième division, consacrée aux arts, était formée de vingt-neuf chars portant les copies des chefs-d'œuvre de la sculpture antique et des tableaux acquis par ces traités où Raphaël et Michel-Ange payaient la rançon de leur patrie. Parmi ces trophées de nos victoires étaient les chevaux de Venise, « transportés, disait l'inscription, de Corinthe à Rome, de Rome à Constantinople, de Constantinople à Venise, de Venise à Paris. » Ils étaient suivis par les professeurs et élèves du Musée du Louvre, des peintres, des sculpteurs, des graveurs, etc. Le Champ-de-Mars était décoré lui-même avec des copies de tableaux célèbres et de statues antiques. Cette fête offrit l'un des spectacles les plus saisissants de la révolution :

Rome n'est plus dans Rome, elle est toute à Paris,

disaient les républicains avec orgueil ; mais elle fut à peine intelligible pour le peuple et n'attira qu'un petit nombre de spectateurs.

Une autre fête, remarquable par son caractère, fut celle du 22 septembre 1798, où se fit la première exposition des produits de l'industrie française, heureuse idée due à François de Neufchâteau et qui n'a plus été abandonnée. Cette exposition, qui ressembla plutôt à une grande foire qu'à nos magnifiques expositions modernes, se fit dans le Champ-de-Mars.

Ajoutons à ces fêtes celle du 10 décembre 1797, où Bonaparte présenta au Directoire le traité de Campo-Formio ; elle eut lieu dans la cour du palais du Luxembourg et fut très-imposante ; mais ce ne fut pas la pompe des costumes et des décorations, celle des discours et de la musique qui enivrait les spectateurs, ce fut l'objet même de la fête, la joie et l'orgueil de nos prodigieuses victoires, la vue du drapeau triomphal où elles étaient inscrites en lettres d'or, enfin et surtout la présence du triomphateur, de « ce jeune homme, petit, pâle, chétif, au regard ardent et profond, au costume et aux manières simples, qui saisissait toutes les imaginations et laissait dans tous les esprits une impression indéfinissable de grandeur et de génie (1). »

§ XIX.

Culte naturel ou des Théophilanthropes.

Dans ces fêtes du Directoire, tout était païen, costumes, langages, ornements ; Cérès et Bacchus avaient des autels sur nos places publiques ; la pensée, le rêve du gouvernement était de ressusciter Athènes et Rome ; mais le peuple parisien commençait à se moquer de tous ces oripeaux mythologiques, de toutes ces allégories, de tous ces personnages de théâtre, et lorsque ces pompes vides et muettes passaient devant les vieilles basiliques, devant les monuments délabrés de la foi de nos pères, il regardait en soupirant leurs portes fermées, leurs saints mutilés, leurs croix abattues ; il se retournait vers ses croyances anciennes et regrettait les cérémonies si touchantes du catholicisme.

La Convention avait décrété la liberté des cultes ; mais cette liberté se trouvait empêchée presque complétement par les passions et les préjugés révolutionnaires, par la crainte que le souvenir du passé entretenait dans les esprits : « la plupart des autorités, disait Lanjuinais, continuant le système persécuteur des Hébert et des Chaumette, érigeaient en délit

---

(1) *Hist. des Français*, t. IV, p. 269.

l'exercice des cultes dans les édifices nationaux qui avaient toujours eu cette destination. » Le 11 prairial an III (31 mai 1795), elle décréta que les citoyens des communes auraient le libre usage des édifices non aliénés destinés, ordinairement aux exercices des cultes ; qu'ils pourraient s'en servir sous la surveillance des autorités, tant pour ces exercices que pour les assemblées ordonnées par la loi ; que ces édifices seraient réparés et entretenus par les communes sans contribution forcée ; qu'il en serait accordé quinze à la Commune de Paris ; que ces édifices pourraient être communs à plusieurs cultes ; que nul ne pourrait y remplir le ministère d'aucun culte, à moins qu'il n'eût fait acte de soumission aux lois de la République, etc. Le 6 vendémiaire an IV, elle compléta ce décret en prononçant des peines contre ceux qui empêcheraient l'exercice d'un culte ou insulteraient ses ministres, contre ceux qui voudraient contraindre les citoyens à observer certains jours de repos, qui exposeraient extérieurement les signes d'un culte ou en porteraient le costume, qui provoqueraient dans des prédications religieuses à la rébellion, à la guerre civile, au rétablissement de la royauté, etc. Les réunions pour l'exercice d'un culte dans les maisons particulières étaient d'ailleurs autorisées, pourvu qu'elles ne comprissent, outre les habitants de la maison, que dix personnes.

D'après ces deux décrets, quinze églises, dont nous allons donner les noms, furent rouvertes dans Paris, mais sans bruit, sans pompe, avec crainte, sous l'œil peu bienveillant des autorités civiles ; d'ailleurs elles ne se rouvrirent que pour les prêtres constitutionnels qui consentirent seuls à faire soumission aux lois de la République, et elles furent peu fréquentées, les prêtres réfractaires continuant à officier dans les maisons particulières. Néanmoins, cette résurrection légale des cérémonies catholiques fit sensation ; le clergé révolutionnaire essaya même de reformer une église nationale, et il se tint, à cet effet, dans l'église Notre-Dame, un concile sous la présidence de Grégoire, évêque de Blois, qui attira un grand nombre de spectateurs.

Le Directoire s'inquiéta de ce réveil de l'esprit religieux, et il essaya ou de le détourner ou de le combattre en fondant, à l'imitation de Robespierre, une religion nouvelle; ce fut le culte de la Nature ou des *Théophilantropes*, dont Laréveillère-Lépeaux fut le promoteur, et, pour ainsi dire, le grand-prêtre. Cette secte, qui avait pour toute croyance l'existence de l'être suprême et l'immortalité de l'âme, s'établit d'abord dans l'église Sainte-Catherine, au coin des rues Saint-Denis et des Lombards, et se mit à copier ou à parodier les cérémonies catholiques. On tapissa le temple d'inscriptions morales, de vers et de sentences; on y plaça un autel carré, sur lequel on déposait des corbeilles de fleurs ou de fruits, une tribune, d'où un lecteur en tunique bleue et robe blanche faisait des instructions morales; puis, les jours de décade, on y fit une sorte de service religieux, où l'on chantait des hymnes pieux, une paraphrase du *Pater*, des odes de J.-B. Rousseau. On y célébra des fêtes à la Jeunesse, à la Vertu, à la Vieillesse, au Courage; on y faisait des cérémonies de mariage, de naissance, de décès, etc. Tout cela était prétentieux, froid, puéril; mais les idées philosophiques de Rousseau avaient encore tant d'influence, le catholicisme et le clergé étaient encore si impopulaires, que le *culte naturel* attira des curieux et eut des sectateurs. Alors Laréveillère voulut lui donner de plus grands théâtres, et il fit rendre un arrêté départemental par lequel il était ordonné au clergé constitutionnel, en vertu de la loi du 6 vendémiaire an III, de partager les édifices religieux avec les théophilanthropes; de sorte que les jours de décadis, tout exercice du culte catholique devait cesser à huit heures du matin et ne pouvait être repris qu'à six heures du soir; les signes du culte devaient être enlevés ou voilés, et les costumes affectés à des cérémonies catholiques proscrits. Les frais d'entretien de ces édifices étaient partagés par les deux cultes, et les clefs devaient être déposées chez le commissaire de police. Les prêtres constitutionnels consentirent seuls à ce sacrilége arrangement, qui augmenta leur discrédit, et les fidèles catholiques n'en furent que plus empressés à chercher la messe d'un prêtre proscrit dans quelque pièce obscure d'une maison isolée, comme les premiers chrétiens dans les catacombes. Les quinze églises accordées par la loi du 11 prairial pour l'exercice des cultes furent ainsi converties en temples païens et se trouvèrent placées sous l'invocation de ces idéalités allégoriques qui étaient si chères à la philosophie révolutionnaire(1).

(1) Voici en quels termes et par quels rapprochements puérils Laréveillère expliqua gravement les noms dont il affublait les vieux monuments de la piété de nos pères :

« L'église *Saint-Philippe-du-Roule* est consacrée à la *Concorde*. Ce premier arrondissement renferme les promenades des Tuileries et des Champs-Élysées et tous les jardins où, depuis deux ans, les citoyens se réunissent pour y jouir des fêtes qu'on y donne. — L'église *Saint-Roch*, au *Génie*. Dans ce temple reposent le grand Corneille, le créateur du théâtre français, et Deshoulières, la plus célèbre des femmes qui aient cultivé la poésie française. — L'église *Saint-Eustache*, à l'*Agriculture*. Cet édifice est situé près la halle aux grains et de toutes les autres où l'on vend des subsistances. — L'église *Saint-Germain-l'Auxerrois*, à la *Reconnaissance*. On doit la plus vive reconnaissance aux sciences et aux arts, qui ont retiré les peuples de la barbarie. Les poëtes et les anciens historiens ne cessent de louer tous ceux qui, comme Orphée, ont adouci les mœurs des hommes et leur ont appris à vivre en société. Si un édifice doit être dédié à la Reconnaissance, c'est sans doute celui qui se trouve placé devant le palais national des sciences et des arts, celui où repose Malherbe, auquel nous devons la pureté du langage. — L'église *Saint-Laurent*, à la *Vieillesse*. En face de cet édifice est l'hospice des Vieillards. — L'église *Saint-Nicolas-des-Champs*, à l'*Hymen*. Le sixième arrondissement est un des plus peuplés; il renferme la division des Gravilliers, qui est une de celles qui ont le plus fourni de défenseurs à la patrie. — L'église *Saint-Merry*, au

§ XX.

Tableau de Paris sous le Directoire.

L'aspect de Paris pendant la période directoriale marque la transition qui se fait de la République à la monarchie : à

Commerce. On sait que le commerce est le lien des nations et la source de leurs richesses : si on honore l'agriculture, on doit également honorer le commerce. L'église Saint-Merry est placée devant le tribunal de commerce et dans un des quartiers les plus marchands de Paris. — L'église *Sainte-Marguerite*, à la *Liberté* et à l'*Égalité*. Ce nom doit particulièrement appartenir au lieu de la réunion des habitants du faubourg Saint-Antoine; on sait le courage qu'ils ont déployé dans tous les temps et à toutes les époques pour renverser le despotisme et établir la République. — L'église *Saint-Gervais*, à la *Jeunesse*. La loi du 3 brumaire a institué une fête pour la Jeunesse; l'édifice dont il s'agit est spacieux et est décoré d'un portail fait par Debrosses; ce portail date de l'époque de la renaissance de la bonne architecture, et où l'on a enfin abandonné le gothique. — L'église *Notre-Dame*, à l'*Être suprême*. On a pensé que, pour imposer silence aux ennemis de la chose publique, qui affectent d'accuser d'athéisme et d'irréligion les autorités constituées, on devait consacrer l'édifice le plus vaste, le plus majestueux et le plus central du canton de Paris, à l'Être suprême. — L'église *Saint-Thomas-d'Aquin*, à la *Paix*. Les Romains avaient un temple ainsi dédié : le temple de la Paix ne peut être mieux placé qu'auprès de celui dont on va parler. — L'église *Saint-Sulpice*, à la *Victoire*. Cet édifice est dans la division du Luxembourg, où est situé le palais directorial. — L'église *Saint-Jacques-du-Haut-Pas*, à la *Bienfaisance*. Dans le quartier où est situé ce temple, il y a plusieurs hospices. — L'église *Saint-Médard*, au *Travail*. La division du Finistère renferme beaucoup de journaliers, de gens de main-d'œuvre qui sont occupés à des travaux pénibles et utiles à la société. — Et *Saint-Etienne-du-mont*, à la *Piété-filiale*. Cet édifice est situé près le Panthéon, que la République a dédié aux grands hommes. Il apprendra à chacun que la République honore à la fois les vertus éclatantes et les vertus domestiques, et qu'en couronnant les guerriers courageux et les législateurs éclairés, elle n'oublie pas le bon père. » (*Moniteur* du 27 octobre 1798.)

l'extérieur, dans les actes du gouvernement, dans les lois, sur les murs, tout est encore républicain; à l'intérieur, mœurs, langage, passions, tout redevient monarchique. Le peuple a quitté son bonnet rouge et sa pique; il est rentré dans ses échoppes, dans ses taudis, dans sa misère; pour tous plaisirs, il a les fêtes officielles, le récit de nos victoires et la loterie que le Directoire vient de rétablir. La bourgeoisie est sortie de sa peur et fait revoir ses richesses; les équipages reparaissent; les magasins de luxe sont rouverts; tous les lieux de plaisirs, surtout les maisons de jeux, sont encombrés de riches oisifs et de parvenus. La vente des biens nationaux, le trafic des assignats, les accaparements de blé et surtout les fournitures des armées avaient engendré des fortunes nouvelles, fortunes infâmes, cimentées du sang de nos soldats; les possesseurs de ces fortunes, « enfants de l'agiotage et de l'immoralité, » jettent l'argent à pleines mains, affichent le luxe le plus effréné et une ardeur de débauche, une fureur d'orgie renouvelées des temps de la Régence. Imitateurs des marquis de l'ancien régime, qu'ils surpassent en insolence et en ridicule, ils remettent à la mode les bals de l'Opéra, la sotte promenade de Longchamp, les petites maisons, les soupers de prostituées, vantant toutes les habitudes monarchiques, calomniant les institutions républicaines, se moquant de toutes les croyances et de tous les sentiments. Les chefs des thermidoriens, Barras surtout, qui était le protecteur de tous les voleurs publics, donnèrent le signal de toutes ces folies et justifièrent ainsi le nom de *pourris* que Robespierre leur avait donné. On vit alors dans les salons, dans les théâtres, dans les promenades, au jardin des Tuileries, au boulevard des Italiens, à Tivoli, à Frascati, des femmes impudiques, madame Tallien entre autres, se montrer costumées à l'antique, vêtues seulement d'une robe de gaze retenue par des camées, les seins, les bras et les jambes nues, en sandales ou en cothurnes, avec des bagues aux pieds, les cheveux bouclés et épars. Tuniques, bijoux, coiffures, meubles, tout était à la grecque; les courtisanes d'Athènes étaient les modèles recherchés. « On dirait, dit un contemporain, que le musée des Antiques n'a été formé que pour l'instruction des couturières et des coiffeurs. » « Jamais, ajoute un journal, les femmes n'ont été mieux mises ni plus blanchement parées. Elles sont toutes couvertes de ces châles transparents qui voltigent sur leurs épaules et sur leur sein découvert, de ces nuages de gaze qui voilent une moitié du visage pour augmenter la curiosité, de ces robes qui ne les empêchent pas d'être nues. Dans cet attirail de sylphes, elles courent le matin, à midi, le soir; on ne voit qu'ombres blanches qui circulent dans toutes les rues; c'est l'habillement des anciennes vestales, et les filles publiques sont costumées comme Iphigénie en Aulide sur le point d'être immolée. » Quant aux incroyables, s'ils n'étaient pas fonctionnaires et comme tels obligés de porter la chlamide, la prétexte, la toque et tout l'attirail de toilette antique prescrit par les décrets, ils outraient leurs ridicules avec la coiffure en cadenettes, l'habit à haut collet noir, les culottes à mille rubans, des bijoux aux oreilles, aux mains, dans les poches et la canne noueuse et tortue. Jamais il n'y eut un tel amour de plaisirs, de danses, d'histrions et de baladins; jamais les mauvais livres, les spectacles licencieux et les courtisanes n'avaient eu une si grande vogue; une chanson de Garat, un roman de Pigault-Lebrun, surtout une pirouette de Vestris, ce « dieu de la danse, » ce héros de tous les boudoirs, passionnaient les salons de l'aristocratie nouvelle. « Après l'argent, dit une brochure du temps, la danse est devenue l'idole des Parisiens. Du petit au grand, du riche au pauvre, c'est une fureur, c'est un goût universel. On danse aux Carmes, où l'on égorgeait; on danse aux Jésuites, au séminaire Saint-Sulpice, aux Filles-Sainte-Marie, dans trois ou quatre églises, chez Ruggieri, chez Lucquet, chez

Mauduyt, chez Wentzel, à l'hôtel Thélusson, au salon des ci-devant Princes, on danse partout. » En outre, on comptait à Paris dix-sept grands théâtres (1) et plus de deux cents théâtres bourgeois. « Il y en avait, dit Brazier, dans tous les quartiers, dans toutes les rues, dans toutes les maisons. Il y avait le théâtre de l'Estrapade, celui de la Montagne-Sainte-Geneviève, ceux de la Boule-Rouge, de la rue Montmartre, de la rue Saint-Sauveur, du cul-de-sac des Peintres, de la rue Saint-Denis, du faubourg Saint-Martin, de la rue des Amandiers. On jouait la comédie dans les boutiques des marchands de vin, dans les cafés, dans les caves, dans les greniers, dans les écuries. La fièvre du théâtre s'était emparée de toutes les classes. »

§ XX.

Révolution du 18 brumaire. — Paris sous le Consulat. — Rétablissement du culte catholique. — Embellissements de Paris.

Avec de telles mœurs, avec un tel amour du luxe et des plaisirs, avec le dégoût ou l'indifférence de la population pour la patrie, la liberté et toutes ces idées qui avaient passionné Paris six ans auparavant, la République était impossible à maintenir, et il semblait qu'il n'y eût qu'un pas à faire pour revenir à la domination d'un homme : aussi, quand, au milieu des dangers où se trouvait le pays, au milieu de l'anarchie où végétait le gouvernement directorial, on annonça que Bonaparte, ayant quitté l'Égypte, venait de

(1) Voici leurs noms : Des Arts (Opéra), Français, Favart (Italiens), Feydeau (Opéra-Comique), de la République, du Vaudeville, Molière, Montansier, de la Cité, du Marais, de l'Ambigu-Comique, de la Gaîté, des Jeunes-Artistes, des Variétés amusantes, des Délassements, des Jeunes-Élèves, Sans-Prétention. On joua, en 1797, sur ces dix sept théâtres, cent vingt-six pièces nouvelles. Nous parlerons de chacun d'eux dans l'*Histoire des quartiers de Paris*.

débarquer en France, il y eut à Paris la joie la plus folle : on s'embrassait, on se félicitait, on croyait tout sauvé. Le vainqueur des Pyramides arriva à Paris et vint se loger dans son petit hôtel de la rue Chantereine ou de la Victoire (1). Tous les partis s'offrirent à lui ; il fit son choix ; mais lorsque la conspiration qui devait renverser la Constitution et le gouvernement de l'an III eut été complétement ourdie, il n'osa l'exécuter dans la ville du 14 juillet: craignant le réveil de son esprit révolutionnaire, appréhendant l'un des soulèvements soudains de sa population, il mit le complot hors de son atteinte et de sa vue. Le corps législatif fut transféré à Saint-Cloud, c'est-à-dire placé à la merci des conspirateurs ; puis, à l'aide du ministre de la police Fouché et de l'administration départementale de la Seine, les barrières furent fermées, les rues couvertes de troupes, les faubourgs contenus par des menaces et des émissaires, le commandement des quartiers et des palais confié aux plus dévoués généraux, les murs placardés de proclamations mensongères ; et, pendant la nuit, l'attentat qui livrait la République à un dictateur fut consommé.

Paris, en se réveillant, apprit par des affiches, où les faits les plus clairs étaient dénaturés, la nouvelle de cette déloyale révolution ; il en conçut plus d'étonnement que d'horreur ; le Directoire, la Constitution et la République se trouvaient tellement discrédités, haïs, méprisés, qu'un changement était presque universellement désiré. La bourgeoisie voulait de l'ordre, même au prix de la liberté, et un gouvernement fort, fût-il tyrannique ; le peuple était séduit par le prestige de la gloire de Bonaparte et se sentait prêt à tout pardonner au vainqueur des ennemis de la France. Quant aux partis extrêmes, les royalistes croyaient que le 18 brumaire était un acheminement à la restauration de l'ancien régime, et

---

(1) Voir l'*Histoire des quartiers de Paris*, liv. II, chap. VII.

les Jacobins étaient devenus une minorité sans crédit. Comme on craignait de la part des députés chassés quelque réunion dans les faubourgs, quelque serment du jeu de paume, le nouveau pouvoir les frappa de terreur en déportant, sans jugement et par une simple ordonnance, cinquante-sept des patriotes les plus redoutables ; et, grâce à cette exécution odieuse, l'usurpation consulaire s'établit sans opposition.

L'un des premiers soins du Consulat fut d'assurer la soumission de la capitale, d'enchaîner son esprit de révolte, d'empêcher à jamais ses insurrections, en lui donnant une administration plus régulière et plus dépendante, en divisant ou en amoindrissant de telle sorte l'autorité municipale, que les dernières traces de l'unité et de la puissance de la terrible Commune de 93 disparurent. Pour cela, on rétablit sous d'autres noms les magistratures de l'ancien régime, c'est-à-dire le prévôt des marchands sous le nom de *préfet de la Seine*, et le lieutenant de police sous le nom de *préfet de police*. Le premier, homme de la cité et véritable maire, mais nommé par le gouvernement et sans initiative, était chargé des recettes, des dépenses, des monuments, de la voirie, etc., et il avait sous lui douze maires distribués dans chaque arrondissement et ayant principalement dans leurs attributions les registres de l'état civil. Le second était chargé de la sécurité et de la salubrité publiques, des approvisionnements des halles, de l'éclairage, etc. Le premier préfet de la Seine fut Frochot, ancien membre de l'Assemblée constituante, et le premier préfet de police, Dubois, ancien avocat au Parlement de Paris.

Bonaparte n'avait jamais aimé Paris : il avait vu avec mépris l'insurrection du 10 août (1) ; il avait réprimé sans pitié

(1) « Je me trouvais, a-t-il raconté, à cette hideuse époque, logé à Paris, rue du Mail, place des Victoires. Au bruit du tocsin et de la nouvelle qu'on donnait l'assaut aux Tuileries, je courus au Carrousel... Je me hasardai à pénétrer dans le jardin. Jamais, depuis, aucun de

l'insurrection du 13 vendémiaire, et il avait conçu dans ces deux journées une opinion mauvaise de ce cœur de la France dont il comprenait mal les mouvements, de ce peuple et de cette bourgeoisie tour à tour si apathiques, si turbulents, si faciles à s'échauffer, si prompts à se refroidir. Néanmoins, dans les premiers temps et malgré l'opposition sourde qu'il sentait en eux, il affectait pour les Parisiens une grande estime : « Ma confiance particulière, disait-il, dans toutes les classes du peuple de la capitale, n'a point de bornes. Si j'étais absent, si j'éprouvais le besoin d'un asile, c'est au milieu de Paris que je viendrais le chercher. Je me suis fait mettre sous les yeux tout ce qu'on a pu trouver sur les événements les plus désastreux qui ont eu lieu à Paris dans les dix dernières années ; je dois déclarer, pour la décharge du peuple de cette ville, aux yeux des nations et des siècles à venir, que le nombre des méchants citoyens a toujours été extrêmement petit. Sur quatre cents, je me suis assuré que plus des deux tiers étaient étrangers à la capitale ; soixante ou quatre-vingts seuls ont survécu à la révolution. »

Malgré ces paroles, il ne partit pour Marengo qu'en jetant derrière lui un regard de défiance sur cette ville où l'imprévu éclate comme la foudre, où l'opposition républicaine, comprimée, non vaincue, semblait n'attendre qu'un revers du dictateur pour se venger du 18 brumaire, où les royalistes tramaient les plus sanglants complots. Aussi, quinze jours seulement après sa victoire, il était de retour à Paris (1ᵉʳ juillet 1800) : mais il trouva la ville illuminée et pleine d'enthousiasme ; l'admiration avait fait taire toutes les opposi-

---

mes champs de bataille ne me donna l'idée d'autant de cadavres que m'en présentèrent les masses de Suisses... Je parcourus tous les cafés du voisinage de l'Assemblée : partout l'irritation était extrême, la rage dans tous les cœurs ; elle se montrait sur toutes les figures, bien que ce ne fussent pas du tout des gens de la lie du peuple. »
(*Mémorial de Sainte-Hélène*, t. IV, p. 211 ; édit. de 1824.)

tions. « On ne criait pas vive Bonaparte! dit un journal du temps, mais tout le monde parlait du premier consul et le bénissait; on ne criait pas Vive la République! mais on la sentait et on en jouissait. » Et quand, à la fête du 14 juillet, on vit figurer au Champ-de-Mars la garde consulaire qui arrivait de Marengo, chargée des drapeaux autrichiens, et qui portait, sur ses figures basanées, sur ses habits poudreux et délabrés, le témoignage de sa victoire, des applaudissements unanimes éclatèrent.

Six mois après, l'attentat du 3 nivôse (24 décembre 1800), par lequel trente-deux personnes furent tuées ou blessées et quarante-six maisons de la rue Saint-Nicaise détruites ou ébranlées, augmenta la popularité de Bonaparte en excitant contre les fureurs des partis une indignation universelle : on s'empressa d'aider la police dans ses recherches; on fêta le cocher du premier consul; on approuva même la mesure abominable qui envoya périr dans une île déserte cent trente-trois Jacobins complétement étrangers au crime.

Enfin, la paix d'Amiens mit le comble à la gloire de Bonaparte et à la reconnaissance des Parisiens. La ville reprit alors une grande prospérité : industrie, commerce, beaux-arts, tout sembla renaître; les salons se rouvrirent; les étrangers accoururent dans cette Babylone révolutionnaire qu'ils croyaient pleine de ruines et à demi-déserte, et qu'ils retrouvèrent magnifique, paisible, peuplée, amoureuse de plaisirs, avec ses musées remplis de nouvelles richesses, ses innombrables théâtres, ses bals, ses concerts, même son carnaval, qui lui fut restitué par les pouvoirs nouveaux, heureux de revoir les ignobles mascarades où le peuple s'abrutissait et que la République avait sagement supprimées pendant dix ans. Bonaparte s'occupa alors de l'amélioration de *sa capitale* avec une sollicitude qui ne se ralentit pas pendant tout son règne. « Il entrait dans mes rêves, disait-il plus tard, de faire de Paris la véritable capitale de l'Europe.

Parfois je voulais qu'il devînt une ville de deux, trois, quatre millions d'habitants, quelque chose de fabuleux, de colossal, d'inconnu jusqu'à nos jours et dont les établissements eussent répondu à la population (1). » Mais en même temps il s'attacha à lui enlever toute influence politique, et à n'en faire que la splendide résidence du chef de l'État.

L'un de ses premiers actes, le plus important de tous pour la restauration morale et matérielle de Paris, fut le rétablissement officiel et public du culte catholique. Dès qu'il s'était emparé du pouvoir, il avait fait cesser les cérémonies puériles des théophilantropes et ordonné de rendre aux prêtres catholiques l'usage de toutes les églises non aliénées. En juin 1801, il avait autorisé le clergé constitutionnel à tenir un concile dans l'église Notre-Dame ; quarante-cinq évêques et quatre-vingts prêtres députés par les diocèses y avaient assisté ; leurs conférences publiques avaient attiré la foule et excité le plus vif intérêt. Le 14 juillet, « jour désigné par le gouvernement pour célébrer la paix de Lunéville, » ils avaient chanté une messe solennelle dans l'église métropolitaine, « avec un *Te Deum* en actions de grâces de tous les bienfaits que le Seigneur avait répandus sur le peuple français ; « néanmoins, tous leurs efforts pour attirer à eux le clergé réfractaire et mettre fin au schisme avaient échoué. Enfin, le premier consul ayant signé avec le pape un concordat par lequel la religion catholique était reconnue comme la religion du gouvernement et de la majorité des Français, le culte catholique fut partout publiquement rétabli ; Paris redevint le siége d'un archevêché et fut divisé en douze paroisses, lesquelles eurent une ou plusieurs succursales, et, le jour de Pâques (8 avril 1802), les consuls et toutes les autorités se rendirent à Notre-Dame et assistèrent à la messe et au *Te Deum*.

(1) *Mémorial*, t. IV, p. 222.

Quelques jours après, l'Université fut fondée, et Paris se trouva doté de quatre grands centres d'instruction, sous le nom de *lycées,* outre les écoles spéciales de droit et de médecine, qui furent régulièrement rétablies, l'École polytechnique, qui fut placée à l'ancien collége de Navarre, etc.

En même temps que la capitale avait sa part de ces grands actes de restauration générale, elle était spécialement l'objet des préoccupations du gouvernement consulaire. Ainsi, on imposa à la boulangerie des règlements sévères et on la força de balancer ses achats avec la consommation (1) ; on établit des greniers de réserve qui empêchaient les hausses exorbitantes dans la valeur des grains, et l'on mit ainsi Paris, si souvent éprouvé par la faim depuis dix ans, à l'abri de la disette et de l'agiotage. L'éclairage des rues, si négligé pendant la révolution, fut porté à dix mille becs de lumière. On renouvela une partie du pavé, on construisit des égouts, on ouvrit des voies nouvelles ; mais, malgré ces améliorations et celles qui les suivirent, Paris garda en grande partie l'aspect qu'il avait sous l'ancien régime, c'est-à-dire que ses rues restèrent sales et encombrées par les échoppes et les étalages des petits métiers et des petits commerces. On restaura les Tuileries, on commença la construction des rues de Rivoli et Castiglione, le déblaiement du Carrousel, etc. ; mais ce fut moins pour embellir cette partie de la ville « que pour isoler la demeure du chef de l'État et la mettre à l'abri des atta-

---

(1) De là date le monopole de la boulangerie, qui appartient aujourd'hui à six cents boutiques privilégiées ; mais ce ne fut l'œuvre ni du pouvoir législatif ni du pouvoir exécutif ; les boulangers demandèrent eux-mêmes à la préfecture de police que leur nombre fût limité à six cents ; la préfecture accéda à cette demande, et, depuis cinquante ans, tous les gouvernements et même les tribunaux se sont crus liés par cette autorisation. (Voyez le discours de M. Lanjuinais, ministre du commerce, à l'Assemblée législative, le 27 octobre 1849.)

ques d'une immense population (1). » On continua ou l'on entama la construction de l'avenue du Luxembourg, et de la place de la Bastille, de la Halle aux vins, des quais d'Orsay et des Invalides, des ponts d'Austerlitz, des Arts, de la Cité, etc. On soumit à une surveillance rigoureuse et à de nouveaux règlements les maisons de débauche qui avaient pris sous le Directoire les proportions les plus hideuses et étaient devenues les réceptacles de tous les crimes ; mais on laissa subsister les maisons de jeu, dont le gouvernement tirait des sommes considérables, où les officiers allaient engloutir le butin de nos conquêtes; on ouvrit même des tripots pour le peuple et l'on accrut les proportions de la loterie.

§ XXII.

Conspiration de Georges, Pichegru et Moreau. — Opinion et agitation de Paris à cette époque. — Établissement de l'empire.

Malgré l'admiration que lui inspirait un gouvernement si glorieux, si éclairé, Paris n'avait pas encore pardonné le

(1) Rapport de M. de Clermont-Tonnerre au roi Charles X en 1826. On lit dans ce curieux rapport : « Quand Bonaparte s'établit dans le palais de nos rois, il sentit plus qu'un autre la nécessité d'isoler la demeure du souverain. Ce fut dans ce dessein qu'il entreprit de construire la nouvelle galerie qui doit enceindre dans le palais même une immense place d'armes ayant des débouchés sur toutes ses faces, qu'il isola le jardin des Tuileries et fit percer la rue de Rivoli, dont le prolongement doit aller jusqu'à la colonnade du Louvre, afin de dégager entièrement l'enceinte du palais. Mais il ne se contenta pas d'isoler le palais et de le placer entre de longs espaces que le canon ou des charges de cavalerie peuvent balayer avec la plus grande facilité ; il ajouta à ces premières dispositions une précaution de détail qui mérite d'être remarquée, en réservant en face du pavillon Marsan une petite place en retraite, dont le but est évidemment de pouvoir, au besoin, réunir et mettre à couvert une réserve de troupes d'artillerie, et, par

18 brumaire, et, quand Bonaparte se fit donner le consulat à vie, un sourd mécontentement commença à courir dans une grande partie de la population, surtout dans les faubourgs, qui étaient restés jacobins. Aussi, quand il se rendit au sénat avec un cortége aussi pompeux que celui des anciens rois, il fut accueilli par un profond silence. La rupture de la paix d'Amiens mit dans l'opposition la bourgeoisie, qui vit son commerce livré à toutes les aventures d'une guerre interminable. D'ailleurs, on commençait à croire que l'ordre avait été acheté à un trop grand prix. La tribune et la presse n'étaient plus libres, et une police brutale et tyrannique disposait sans contrôle de la personne des citoyens. On parlait avec une mystérieuse horreur de la tour du Temple, devenue la Bastille du nouveau gouvernement, où l'on jetait arbitrairement des chouans et des républicains, d'où l'on extrayait des victimes pour la plaine de Grenelle. Les bruits les plus sinistres, les calomnies les plus odieuses couraient dans le peuple et dans les salons sur les exécutions secrètes, les fusillades nocturnes qui se faisaient dans cette prison par les mains des gendarmes d'élite, troupe privilégiée, dévouée au premier consul, et que commandait le plus zélé de ses officiers, le général Savary.

Toute cette opposition, qui ne consistait d'abord qu'en paroles et en murmures, se manifesta plus ouvertement quand le gouvernement annonça qu'il venait de découvrir une grande conspiration, celle de Georges et de Pichegru,

---

l'acquisition du terrain qu'il fit jusqu'à la rue Saint-Honoré, il s'assura des moyens d'agir sur cette importante communication. On sait enfin qu'il se refusa constamment à dégager la façade de Saint-Roch, où il avait acquis, le 13 vendémiaire, la preuve que le peuple soulevé pouvait trouver un appui redoutable, afin que du haut de cette citadelle on ne puisse pas prendre de vues sur les Tuileries ou déboucher facilement de la butte Saint-Roch, près du château, sur la rue de Rivoli. »

quand il fit arrêter Moreau, longtemps avant les deux chefs royalistes, comme étant leur complice. Bonaparte fit rendre alors une loi, digne des temps de la terreur, par laquelle quiconque donnerait asile à Georges, Pichegru et leurs compagnons serait puni de mort. On ordonna la clôture de tout Paris ; les barrières furent fermées, l'entrée et la sortie de la Seine gardées par des chaloupes armées, des patrouilles et des corps de garde établis dans toutes les rues et hors du mur d'enceinte, avec ordre de faire feu sur quiconque tenterait de s'enfuir. La police fit placarder des proclamations à la bourgeoisie, des promesses de récompense aux délateurs ; et les proscrits, traqués en tous lieux, ne trouvant d'asile que pour une nuit, furent successivement arrêtés. Malgré cela, on ne crut pas à la réalité de la conspiration, et l'on pensa que le premier consul poursuivait dans Moreau un rival et le défenseur de la République. D'ailleurs, les Parisiens, se voyant soumis à une police inquisitoriale, à des visites domiciliaires, aux recherches d'une armée entière qui tenait toutes les communications fermées, ne cachèrent pas leur mécontentement ; il y eut même quelque agitation dans les rues, surtout aux abords du Temple ; les bruits d'emprisonnements mystérieux, de meurtres secrets redoublèrent ; enfin, l'assassinat du duc d'Enghien vint justifier ces sinistres rumeurs (21 mars). A cette nouvelle, « la consternation fut générale, dit Pelet de la Lozère ; on ignorait les circonstances du fait ; la génération nouvelle connaissait à peine l'existence du prince ; mais on était profondément affligé de voir le premier consul ternir sa gloire par cette sanglante exécution (1). » Les courtisans cherchèrent à rendre ridicule l'émotion des Parisiens, et ils l'attribuèrent au mécontentement que leur causait la fermeture des barrières à l'époque de l'année où se faisait la promenade de Longchamp. » Les habitants de la capitale, raconte Réal, avaient cessé de son-

---

(1) *Opinions de Napoléon au conseil d'État*, p. 41.

ger à la conspiration, et, pendant que la police redoublait d'efforts pour s'emparer des personnes compromises, fouillait les maisons, démolissait des cachettes, la grande question à Paris était de savoir comment aurait lieu la promenade de Longchamp si la barrière de l'Étoile restait fermée. Heureusement, les deux derniers complices de Georges furent arrêtés dans la matinée du dimanche des Rameaux; l'ordre d'ouvrir les barrières fut aussitôt donné, et la promenade de Longchamp put avoir lieu comme à l'ordinaire. »

Ce n'étaient pas de telles puérilités qui causaient l'agitation de Paris et lui donnaient « un aspect sinistre comme aux jours de crise de la révolution. » Le premier consul ne s'y trompa pas : « informé par ses ministres, raconte Pelet de la Lozère, de l'effet produit par l'exécution du duc d'Enghien, il devint plus sombre encore et plus menaçant. Ses inquiétudes se portèrent sur le Corps Législatif alors assemblé : quelque signe de mécontentement pouvait s'y produire; il donna ordre de clore la session. Le même jour, il arriva à l'improviste au conseil d'État et exhala les sentiments dont il était agité en termes de colère contre Paris (1) » Puis il appela de nouvelles troupes, pressa le procès de Moreau, dédaigna les calomnies que la mort de Pichegru fit répandre contre lui; enfin, mettant à profit le danger que la conspiration de Georges venait de lui faire courir, les craintes excitées par la rupture de la paix d'Amiens, l'inquiétude générale, il se fit présenter des adresses par l'armée, les tribunaux, les autorités, pour l'établissement du gouvernement héréditaire, et, le 18 mai, un sénatus-consulte le proclama empereur.

Quand le décret qui mettait fin à la République fut voté, « les habitants de Paris apprirent par des salves d'artillerie que la forme du gouvernement était changée; quelques fonc-

(1) *Opinions de Napoléon*, p. 42.

tionnaires illuminèrent le soir leurs maisons : ce fut tout le témoignage de la joie publique (1). » Le lendemain, le sénatus-consulte fut proclamé dans les principales rues avec un cortége digne de l'ancienne monarchie : on y voyait les douze maires, les deux préfets et le gouverneur de Paris, les trois présidents des assemblées législatives, une foule de généraux et de fonctionnaires, avec des escadrons de cavalerie et des corps de musique. Cette proclamation ne reçut partout que de rares applaudissements, excepté dans les casernes et aux Invalides, où les soldats saluèrent avec enthousiasme l'avénement du nouveau César.

Quelques jours après, le procès de Moreau commença, et il causa une si grande agitation qu'on se crut à la veille d'une nouvelle révolution et du renversement de l'empire. « La bourgeoisie, toujours indépendante dans son jugement, s'était passionnée pour Moreau (2) : » le gouvernement employa des mesures énergiques pour l'empêcher de manifester son opinion. « Tout prit dans Paris, dit Pelet, un aspect menaçant ; les troupes furent consignées dans les casernes et se tinrent prêtes à marcher : mais pouvait-on compter sur elles ? L'empereur voulut que ses aides de camp visitassent toute la nuit les postes et lui rendissent compte d'heure en heure de l'état de Paris (3)... » « Aujourd'hui que les temps sont changés, raconte Chateaubriand, et que le nom de Bonaparte semble seul les remplir, on n'imagine pas à combien peu encore paraissait tenir sa puissance. La nuit qui précéda la sentence, et pendant laquelle le tribunal siégea, tout Paris fut sur pied ; des flots de peuple se portèrent au Palais-de-Justice (4). » « Jamais, ajoute madame de Staël, l'opinion de Paris contre Bonaparte ne s'est montrée avec

(1) *Opinions de Napoléon*, p. 67.
(2) Thiers, *Hist. du Consulat et de l'Empire*, t. IV, p. 139.
(3) *Opinions de Napoléon*, p. 73.
(4) *Mém. d'Outre-Tombe*.

tant de force qu'à cette époque (1). » Mais la population parisienne avait abdiqué ; l'armée était toute-puissante ; Moreau fut donc condamné avec les vingt royalistes qu'on lui avait donnés pour complices, et cette condamnation consolida l'établissement du nouvel empire. Néanmoins, Paris couvrit d'éloges les juges qui avaient osé ne condamner Moreau qu'à deux ans de prison, et il vit avec horreur l'échafaud se relever, comme aux jours de la terreur, pour douze obscurs royalistes.

§ XXIII.

Opposition de Paris à l'Empire. — Ressentiment de Napoléon. — Fêtes du sacre. — Condition du peuple de Paris. — Paris après Austerlitz et Iéna.

Napoléon, empereur, renouvela les dignités, l'étiquette, les costumes de l'ancienne cour ; il eut des aumôniers, des chambellans, des écuyers ; il donna à ses frères les titres et les attributions des anciens princes. Tout cela fut vu par la population parisienne, surtout par les classes riches, avec répugnance et moqueries : » on fit beaucoup de plaisanteries dans les salons sur les nouveaux titres d'Excellence et d'Altesse dont certains personnages allaient être revêtus ; les épigrammes et les calembours ne manquèrent pas ; quelques caricatures circulèrent secrètement (2) ; on hasarsarda même quelques allusions au théâtre ; mais aucune ré-

---

(1) *Dix années d'exil.*

(2) L'une des meilleures a pour titre : *Première représentation du Consulat en attendant une pièce nouvelle.* Napoléon, en escamoteur, est monté sur des tréteaux, entouré de la foule, à laquelle il jette de la poudre aux yeux ; dans sa poche est une couronne ; sur sa table on voit les Pyramides et les Alpes. A côté de lui, Lucien bat le tambour du 18 brumaire ; et plus loin, derrière le rideau, les soldats préparent un trône à Napoléon empereur.

sistance sérieuse ne se manifesta (1). » « Bonaparte savait très-bien, dit madame de Staël, que les Parisiens feraient des plaisanteries sur ses nouveaux nobles ; mais il savait aussi qu'ils n'exprimeraient leur opinion que par des quolibets et non par des actions (2). » « Néanmoins, il ne voulut pas qu'on lui envoyât des députations des départements pour le complimenter, de peur qu'elles ne s'inoculassent cet esprit d'opposition qui était dans Paris et ne le remportassent dans leurs provinces (3). »

L'improbation devint plus sérieuse lorsqu'il fut question du sacre, lorsqu'on apprit les pompes et les magnificences dont cette cérémonie de l'ancien régime devait être accompagnée; elle se manifesta si hautement et par tant de voies, qu'un jour Napoléon entra au conseil d'État, plein de fureur, en jetant son chapeau, et il exhala en ces termes le ressentiment qu'il couvait depuis longtemps contre la capitale : « Ne serait-il pas possible de choisir une autre ville pour le couronnement? Cette ville a toujours fait le malheur de la France. Ses habitants sont ingrats et légers ; ils ont tenu des propos atroces contre moi. Ils se seraient réjouis du triomphe de Georges et de ma perte... Je ne me croirais pas en sûreté à Paris sans une nombreuse garnison ; mais j'ai deux cent mille hommes à mes ordres, et quinze cents suffiraient pour mettre les Parisiens à la raison... Les banquiers et les agents de change regrettent sans doute que l'intérêt de l'argent ne soit plus à cinq pour cent par mois ; plusieurs mériteraient d'être exilés à cent lieues de Paris. Je sais qu'ils ont répandu de l'argent parmi le peuple pour le porter à l'insurrection. J'ai fait semblant de sommeiller pendant un mois ; j'ai voulu voir jusqu'où irait la malveillance ; mais

---

(1) Pelet de la Lozère, p. 69.
(2) *Dix années d'exil.*
(3) Pelet, p. 69 et suiv.

qu'on y prenne garde, mon réveil sera celui du lion... Je sais qu'on déclame contre moi, non-seulement dans les lieux publics, mais dans les réunions particulières, et que des fonctionnaires, dont le devoir serait de soutenir mon gouvernement, gardent lâchement le silence ou même se joignent à mes détracteurs... Le préfet de Paris devrait mander les maires des douze arrondissements, le conseil municipal, les agents de change, tous ceux qui ont action sur l'opinion, pour leur enseigner à la mieux diriger. Il n'est rien qu'on ne fasse pour indisposer la capitale contre moi (1). »

Et à l'appui de ces paroles, il fit insérer dans la *Gazette de France*, sur les motifs qui avaient décidé les empereurs romains à transférer leur résidence à Constantinople, un article plein d'allusions transparentes (28 sept. 1804), où l'on disait : « Ces princes, qui avaient ramené l'ordre, la paix et la tranquillité dans Rome et dans l'empire, illustrés par des victoires éclatantes sur les barbares de l'Asie et du Nord, vinrent, après tant d'exploits, triompher dans la capitale : ils s'attendaient naturellement à y recevoir l'accueil que méritaient leurs travaux guerriers ; mais ils n'y trouvèrent qu'un peuple ingrat, inconstant, léger, qui, loin d'apprécier leurs services et de bénir la main qui avait cicatrisé ses blessures, cherchait à les tourner en ridicule. Toutes les fois qu'ils paraissaient dans le Cirque, au théâtre ou dans d'autres lieux publics, ils étaient témoins des applications indécentes, des sarcasmes, des calembours qu'on se permettait en leur présence, tandis que les habitants des provinces se trouvaient honorés de la présence de leurs monarques, se pressaient sur leurs pas et leur témoignaient la reconnaissance dont ils étaient pénétrés. La comparaison que firent ces empereurs ne se trouva pas à l'avantage de la capitale et

---

(1) Pelet, p. 85.

les détermina sans doute à établir leur résidence habituelle dans des villes, moins splendides à la vérité, mais où ils recevaient un accueil plus flatteur... Puisse cet exemple servir de leçon à la postérité (1)! »

Cependant, les fêtes annoncées avaient attiré à Paris une multitude de provinciaux et d'étrangers. L'arrivée du pape excita une grande émotion, émotion d'abord de mécontentement, puis de curiosité, enfin de vénération. Nul des successeurs de saint Pierre n'avait visité cette ville jadis si chère au saint-siége, aujourd'hui centre de la révolution et chef-lieu de l'incrédulité. Pie VII n'y venait qu'avec une répugnance mêlée de terreur, qu'avec une résignation de martyr; il fut étonné de voir la foule, cette foule si renommée, si calomniée dans l'Europe pour ses impiétés et ses fureurs, qui se pressait sur ses pas et se découvrait humblement devant lui; il la trouva remplissant les églises; enfin, quand il parut au balcon des Tuileries, il fut couvert d'acclamations et tout s'agenouilla pour recevoir sa bénédiction.

Le sacre fut la cérémonie la plus pompeuse dont Paris eût jamais été le théâtre. La vieille basilique avait été maladroitement restaurée, reblanchie et embarrassée sur sa façade d'un vaste portique; on y réunit les députés des villes, les représentants de la magistrature et de l'armée, tous les évêques, le sénat, le corps législatif, le tribunat, le conseil d'État, etc. L'intérieur était décoré de tentures de velours, et, adossé à la grande porte, se trouvait un trône élevé de vingt-quatre marches, placé entre des colonnes qui supportaient un fronton. L'empereur partit des Tuileries dans une voiture dont la magnificence est restée longtemps proverbiale, escorté des maréchaux à cheval et accompagné d'une multitude de chambellans, hérauts, pages, officiers, fonction-

---

(1) Pelet de la Lozère, p. 306.

naires. Il suivit les rues Saint-Honoré et Saint-Denis, le Pont-au-Change, la rue de la Barillerie, le quai et le parvis Notre-Dame ; et, au retour, le pont Notre-Dame, la rue Saint-Martin, les boulevards, la place de la Concorde et le jardin des Tuileries. Les fêtes durèrent trois jours ; le quatrième, le Champ-de-Mars fut le théâtre d'une solennité toute militaire qui vint compléter la cérémonie du sacre : l'empereur donna des aigles aux divers corps de l'armée. Ce fut une grande et sérieuse fête, qui fit éclater les acclamations les plus ardentes, et dont le souvenir, perpétué par le pinceau de David, est encore aujourd'hui populaire.

Le peuple ne prit part à toutes ces pompes que par d'ignobles distributions de comestibles qu'on lui fit dans les Champs-Élysées, largesse dégoûtante, empruntée à l'ancien régime, et qui fut en usage jusqu'à la fin de la Restauration. Cependant il fut ébloui, non de ces solennités si brillantes, mais de l'événement même qu'elles consacraient. Il accompagna, il est vrai, de quelques murmures, de quelques sarcasmes ces Jacobins et ces soldats transformés en courtisans et embarrassés dans leurs soieries, leurs galons, leurs dentelles, leurs costumes de théâtre ; mais il salua de sincères acclamations l'homme qui représentait la gloire militaire de la France et la grandeur de la révolution ; il salua surtout cette fortune inouïe dont il aimait les prodiges, dont il se sentait fier et heureux, dans laquelle il semblait se couronner lui-même. Dès lors, l'admiration que lui avaient inspirée les premières victoires de Bonaparte devint de l'adoration ; il voua à son empereur une sorte de culte superstitieux qu'aucune faute, aucun revers ne put altérer, et qui s'est perpétué au delà de la mort.

Cet enthousiasme était, à cette époque, du désintéressement ou plutôt de l'espérance ; car le peuple de Paris gagnait aussi peu à l'établissement de l'empire qu'à toutes les révolutions qui se faisaient depuis quinze ans. Lorsqu'il avait été appelé à jouer un rôle politique en 1789, il était dans un état de misère, d'ignorance, d'abrutissement, qui approchait de la sauvagerie ; aussi, à part l'instinct de dévouement et l'inspiration patriotique qui le firent courir sur la frontière, ne montra-t-il pendant son règne que des passions désordonnées et sanguinaires. Ce règne passé, il rentra dans sa pauvreté, dans sa vie grossière, dans son état de dépendance, sans que la révolution eût servi en rien à son bien-être et à son instruction. En effet, comme les habitants des campagnes, il ne s'était pas enrichi des biens nationaux, de l'abolition de la dîme et des droits féodaux ; comme la bourgeoisie, il ne s'était pas emparé de tous les emplois, n'avait pas mis la main dans les opérations financières et pris dans le gouvernement la plus grande part d'influence et de pouvoir. La liberté de l'industrie avait amené les excès de la concurrence et avec elle l'avilissement des salaires, par conséquent, pour le peuple, la continuation de sa misère ; les impôts indirects sur les objets de consommation venaient d'être rétablis sous le nom de *droits réunis ;* il était aussi mal logé, aussi mal vêtu, aussi mal nourri que sous l'ancien régime ; enfin, à cette époque, qu'une tradition mensongère représente comme une sorte d'âge d'or, la population de Paris était tombée plus bas qu'en 1793, c'est-à-dire à 500,000 âmes, et, sur ce chiffre, on comptait 86,000 indigents !

Les fêtes du sacre étaient à peine passées que l'opposition parisienne recommença à se manifester durant les préparatifs de la descente en Angleterre. Dans les salons du faubourg Saint-Germain, on fit des railleries interminables sur les *coquilles de noix* avec lesquelles l'empereur voulait conquérir « la perfide Albion, » et l'on alla voir pour s'en moquer, les chaloupes canonnières que l'on construisait sur le quai des Invalides. Mais les sarcasmes et les rires cessèrent tout à coup après Austerlitz ; il n'y eut qu'un cri d'admiration pour l'homme de génie qui justifiait si glorieusement sa fortune, et, le 1er janvier 1806, tout Paris salua avec orgueil cent vingt drapeaux autrichiens et russes que l'empereur lui envoyait pour *ses étrennes* et qui furent portés triomphalement à Notre-Dame, au sénat, au tribunat, à l'Hôtel-de-Ville.

Quelques mois après, une partie de l'armée victorieuse rentra dans Paris : toute la population courut au-devant d'elle, et la ville lui donna une grande fête. « C'était une heureuse et belle idée, dit un historien, que de faire fêter cette armée héroïque par cette noble capitale, qui ressent si fortement toutes les émotions de la France, et qui, si elle ne les éprouve pas d'une manière plus vive, les rend au moins plus vite et plus énergiquement, grâce à la puissance du nombre, à l'habitude de prendre l'initiative en toutes choses et de parler pour le pays en toute occasion (1). »

Alors furent décrétées, pour perpétuer le souvenir de nos victoires, l'érection de la colonne de la place Vendôme, celle des arcs de triomphe du Carrousel et de l'Étoile, celle d'une rue, dite *Impériale*, qui devait aller de la barrière de l'Étoile à la barrière du Trône, en ayant dans son parcours les Tuileries et le Louvre réunis (2). Napoléon ordonna aussi que l'église Sainte-Geneviève fût rendue au culte, en conservant la destination qui lui avait été donnée par l'Assemblée constituante ; que quinze fontaines nouvelles fussent établies, parmi lesquelles on remarque celles du Château-d'Eau, du Palmier, de l'Institut, du Gros-Caillou ; que le pont du Jardin-des-Plantes fût décoré du nom d'Austerlitz ; que quatre grands cimetières fussent ouverts au delà du mur d'enceinte de Paris, etc.

(1) Thiers, *Hist. du Consulat et de l'Empire*, t. II, p. 509.
(2) Le plan de cette rue avait été conçu dès le temps de Louis XIV : « C'était le projet du grand Colbert de continuer la rue Saint-Antoine, depuis la Bastille jusqu'au Louvre, non en ligne droite, ce qui était impossible, mais depuis l'Hôtel-de-Ville » (Piganiol, t. V, p. 52.)

Après chaque campagne, après chaque traité, la capitale recueillait les dépouilles opimes de la victoire ; c'était elle qui se trouvait chargée de consacrer le souvenir de tant d'événements prodigieux par quelque monument ou bien par quelque fête. Ainsi, après la campagne de 1806, il fut décrété que l'église de la Madeleine serait achevée et transformée en temple de la Gloire, qu'un pont serait élevé en face du Champ-de-Mars et porterait le nom d'Iéna, que les greniers de réserve, le quai d'Orsay, le Marché aux Fleurs seraient construits ou achevés, etc. Enfin, quand le traité de Tilsitt eut été signé, la garde impériale revint à Paris et on lui fit une réception triomphale (25 novembre 1807). Elle entra par la barrière de la Villette : le préfet de la Seine et les autorités municipales allèrent au devant d'elle et posèrent des couronnes d'or sur ses aigles avec cette inscription : *La ville de Paris à la grande armée !* Douze mille vieux soldats, commandés par le maréchal Bessières, défilèrent au milieu de la foule enthousiaste, qui leur jetait des branches de laurier, aux cris unanimes de Vive l'empereur ! Vive la grande armée ! Jamais plus glorieuse troupe n'avait traversé les rues et les boulevards de la capitale ! Jamais plus sincères acclamations n'avaient accueilli de plus belles victoires ! Paris était fier de représenter la France pour saluer en son nom les vainqueurs d'Iéna et de Friedland ! La fête fut terminée par un immense banquet où s'assirent douze mille *grognards*, et qui avait été dressé dans la double allée des Champs-Elysées, depuis la barrière de l'Étoile jusqu'à la place de la Concorde.

§ XXIV.

Paris sous l'Empire jusqu'en 1811. — Mariage de l'empereur. — Naissance du roi de Rome.

L'opposition parisienne, muette pendant trois ans, recommença avec la funeste guerre d'Espagne et la prise d'armes de l'Autriche en 1809. On était maintenant rassasié de gloire et de batailles ; le blocus continental faisait le désespoir du commerce ; on avait vu avec regret la création d'une noblesse héréditaire, l'élévation des frères de l'empereur sur des trônes étrangers, le renouvellement des livrées et des blasons de l'ancien régime ; on était mécontent surtout de la police de l'empire, de ce despotisme tracassier et insultant, qui ne respectait pas même la propriété, qui ne laissait aucune liberté, même celle des lettres, qui envoyait madame de Staël en exil « parce que l'air de Paris ne lui convenait pas, » qui rouvrait les prisons d'État et instituait des bastilles, qui abolissait la liberté théâtrale, fermait brutalement vingt-deux petits théâtres, où le peuple s'amusait à bon marché, pour ne laisser vivre que huit théâtres aristocratiques ou bourgeois (1). On se fatiguait de ce régime du sabre, de cette dictature glorieuse, mais tyrannique, qui mettait en dehors des honneurs tout ce qui ne portait pas l'épée ; du mépris que les prétoriens faisaient du commerce et du bourgeois, de la boutique et du *pékin* ; enfin, et pardessus tout, on avait horreur de la conscription. Cependant, cette opposition était presque exclusivement dans les salons, dans les comptoirs, non dans les rues et dans les cabarets ; elle avait pour principaux instigateurs ceux qui devaient livrer Napoléon à l'étranger ; elle se manifesta, pendant l'expédition des Anglais à Walcheren, quand Fouché, ministre de la police, fit lever la garde nationale et en donna le commandement à Bernadotte. Il y eut alors à Paris un mouvement patriotique qui rappelait l'enthousiasme de 1792 ; on

(1) Décret du 8 août 1807. Les théâtres conservés furent : l'Opéra, le Théâtre Français, l'Odéon, l'Opéra-Comique, le Vaudeville, les Variétés, l'Ambigu-Comique et la Gaité. Il faut leur ajouter le Théâtre-Italien et le Cirque-Olympique, qui obtinrent des autorisations spéciales.

remit au jour les vieux habits, les vieilles armes du temps de La Fayette; et Fouché, ainsi que Bernadotte, exploitèrent l'ardeur de la bourgeoisie parisienne, pour faire voir que la patrie n'était pas l'empereur et que la France pouvait se passer du grand homme.

Napoléon ne prêta qu'une faible attention à cette opposition; ses courtisans ne voyaient Paris qu'avec les yeux des courtisans de Louis XIV. « En général, dit Savary, la société de Paris tourne peu ses regards vers les affaires : une comédie nouvelle y fait bien plus parler que dix batailles perdues ou gagnées. » Néanmoins, la garde nationale fut récompensée de son zèle par une décomposition équivalant à un licenciement; quant à l'accès patriotique de Fouché, il fut puni d'une destitution, et on remplaça ce ministre par Savary; mais la nomination de ce trop dévoué serviteur du grand homme répandit une sorte de terreur : « Chacun faisait ses paquets, raconte-t-il lui-même ; on n'entendait parler que d'exils, d'emprisonnements et pis encore ; enfin, la nouvelle d'une peste sur quelque point de la côte n'aurait pas plus effrayé que ma nomination au ministère de la police (1). »

La paix de Vienne fut suivie du divorce de l'empereur avec Joséphine et de son mariage avec une archiduchesse d'Autriche. Marie-Louise fit son entrée à Paris, par les Champs-Élysées et les Tuileries, et elle eut ainsi à traverser, dans la pompe de sa marche, la place où sa tante avait péri sur l'échafaud. La foule était immense, les acclamations unanimes. « La France, dit Savary, avait l'air d'être dans l'ivresse. » « Paris, ajoute Menneval, présentait le soir un spectacle qui tenait de la féerie; jamais illuminations ne furent aussi nombreuses, aussi brillantes; les monuments publics, les églises, les tours, les dômes, les palais, les hôtels et les maisons par-

---

(1) *Mém. du duc de Rovigo*, t. IV, p. 311.

ticulières resplendissaient de feux... La ville voulut répondre par la magnificence de ses présents à la grandeur de ce splendide hyménée : elle offrit à l'impératrice une toilette complète en vermeil, avec le fauteuil et la psyché également en vermeil (1), » chefs-d'œuvre d'orfévrerie dont les meilleurs artistes avaient dirigé les dessins, mais plus riches que gracieux, et qui ont été fondus en 1832 pour en appliquer le produit aux victimes du choléra. Les fêtes du mariage durèrent près d'un mois ; la noblesse ancienne y courut avec empressement ; la bourgeoisie et le commerce furent appelés aux bals de l'Hôtel-de-Ville et courtisés par l'empereur, qui voulait les convertir à son blocus continental ; quant au peuple, qui ne participait à ces pompes que par sa joie sincère, sa présence sur le passage du cortége et les distributions dont on le gratifiait, tout en saluant dans la nouvelle impératrice le butin de nos dernières victoires, il vit avec une crainte prophétique la disgrâce de Joséphine et le mariage de Napoléon avec une princesse autrichienne. Cette crainte devint plus vive et parut justifiée quelques mois après, lorsque l'ambassadeur d'Autriche, le prince de Schwartzemberg, ayant donné dans son hôtel une grande fête en l'honneur du mariage, cette fête fut attristée par un horrible incendie, où périrent plus de trente personnes avec la princesse de Schwartzemberg. Cette catastrophe rappela les fêtes calamiteuses du mariage de Louis XVI et de Marie-Antoinette.

La naissance du roi de Rome effaça ces pénibles impressions. Aucune nativité princière n'excita une pareille anxiété, un pareil enthousiasme : tout Paris était sur les places, dans les rues, muet, silencieux, écoutant avidement le canon des Invalides ; au vingt-deuxième coup qui annonçait que la dynastie napoléonienne avait un héritier, il se fit une explo-

(1) *Napoléon et Marie-Louise*, t. I, p. 376.

sion d'applaudissements et d'acclamations qui retentit dans tous les quartiers. L'ivresse était générale : on croyait que la naissance du roi de Rome était la stabilité, la conservation et surtout la paix! Les fêtes du baptême furent aussi pompeuses que celles du mariage; mais on ne saurait en lire les détails dans les écrits du temps sans songer amèrement à l'inanité de ces adulations, décorations, protestations, illuminations, si trompeuses pour celui qu'on fête, si coûteuses pour la foule qui paie; joies et pompes de commande, que les courtisans allaient successivement déposer en moins de vingt-sept ans autour de trois berceaux également emportés dans la tempête des révolutions.

L'époque du mariage de l'empereur et de la naissance du roi de Rome est l'époque où l'Empire fut réellement populaire à Paris : tant de gloire, tant de génie, une si grande fortune, une si grande puissance avaient vaincu tout sarcasme, tout murmure, toute opposition, malgré le despotisme croissant du système impérial; il n'y avait plus que de l'admiration ou du moins une crainte respectueuse autour de ce trône assis sur des bases si larges qu'il semblait indestructible. L'industrie faisait des efforts surhumains pour seconder le blocus continental ; et, si le commerce parisien avait perdu ses débouchés extérieurs, il en trouvait d'autres dans le vaste empire napoléonien, et il était alimenté par les fêtes impériales, les pompes de la cour, la présence continuelle de ces rois, de ces princes de l'Europe qui venaient se prosterner devant le donneur de couronnes. D'ailleurs, cette époque est celle des plus grandes constructions qui furent faites à Paris sous l'Empire : on commença la façade du palais du Corps Législatif, la Bourse, le palais du quai d'Orsay ; on démolit de vieux monuments, Sainte-Geneviève, les Augustins, le Châtelet; on entreprit les marchés du Temple, Saint-Martin, des Blancs-Manteaux, des Carmes, à la Volaille, Saint-Germain, les quais Desaix, Catinat, Montebello, Debilly; on construisit les abattoirs et plusieurs fontaines; on projeta le palais du roi de Rome, qui devait être en même temps une forteresse et un camp retranché pour maintenir Paris (1). Au reste, l'architecture de tous les monuments impériaux ne fut pas également heureuse : celle des édifices d'utilité fut appropriée convenablement à leur destination; mais pour les autres, le règne du nouveau César ayant remis à la mode ces imitations de l'antiquité, déjà si ridicules sous le Directoire, on rêva de transformer Paris en Rome impériale; on ne voulut plus voir que des cirques, des temples, des colonnes, des arcs de triomphe; et les monuments élevés à la gloire de Napoléon reproduisirent pompeusement, mais avec une froide servilité, les monuments élevés aux empereurs romains.

§ XXV.

Paris depuis 1811 jusqu'en 1813. — Conspiration de Mallet. — Les Parisiens à Lutzen et à Leipzig.

A la fin de 1811, la décadence de l'Empire commença à se manifester par une disette. Le peuple souffrait depuis

(1) « Ce palais, placé sur la hauteur en face de l'École militaire, dominant le pont d'Iéna, enfilant le cours de la rivière d'une part, et tout le développement de la rue de Rivoli de l'autre, devait être construit de manière à remplir toutes les conditions d'une véritable forteresse; mais, pour lui donner toute la valeur dont elle était susceptible, il embrassait dans ses dépendances tout le grand plateau qui s'étend de la barrière de l'Étoile et de la hauteur des Bons-Hommes jusqu'au bois de Boulogne et la route de Neuilly. Sur ce plateau, il devait établir un immense jardin entouré de fortes murailles ou de fossés profonds, qui en faisaient au besoin un vaste camp retranché, auquel arrivaient par toutes les routes, et sans être obligées d'entrer dans Paris, les troupes de Versailles, de Courbevoie, de Saint-Denis, en un mot la garde entière. » (Rapport de M. de Clermont-Tonnerre au roi Charles X en 1826.)

longtemps de la perpétuité de la guerre; un grand nombre de métiers chômait; les denrées coloniales étaient montées, à cause du blocus continental, à un prix exorbitant; une mauvaise récolte vint aggraver les maux de la population parisienne. L'empereur, avec sa vigilance ordinaire, essaya d'y porter remède en faisant acheter des grains qu'on revendit à bas prix, en ouvrant des ateliers de charité, en donnant des sommes considérables aux bureaux de bienfaisance; mais il ne put arrêter le mécontentement, qui était d'ailleurs excité par les apprêts de la guerre de Russie; et lorsqu'il eut inventé un nouveau mode de conscription par la formation des cohortes actives de garde nationale, la désaffection, le désenchantement s'accrurent, et ils ne devaient cesser qu'avec la chute de l'Empire.

La guerre de Russie excita les pressentiments les plus douloureux dans toute la population; mais Napoléon n'en sut rien : la cour, les autorités, la presse, tout était muet ou n'ouvrait la bouche que pour entonner ses louanges; à mesure qu'il s'élevait dans les nuages de son orgueil et de ses projets gigantesques, il s'éloignait de son origine, de sa nature, de sa force, et n'entendait plus les enseignements de l'opinion populaire. Les bulletins de la campagne furent lus, même dans les faubourgs, avec une grande anxiété : on s'émerveillait de cette marche audacieuse à travers les pays inconnus du Nord; on applaudissait aux exploits accoutumés de nos troupes; on s'enorgueillissait de ces deux cents voltigeurs, enfants de Paris, qui résistèrent, à Witepsk, à deux régiments de la garde russe; mais, au milieu de ces joies, on éprouvait un serrement de cœur. La bataille de la Moskowa n'excita qu'une allégresse officielle, et le canon des Invalides dérida à peine les physionomies; l'entrée à Moscou rassura peu les esprits, et quand on apprit l'incendie de cette ville, il n'y eut dans toutes les classes de la population qu'un sentiment de terreur. Paris présentait alors un singulier spectacle : il vivait de sa vie ordinaire, occupé en apparence d'affaires et de plaisirs, calme, docile, surveillé à peine par trois ou quatre mille hommes de garnison ; mais, au fond, il était triste, morne, découragé, disposé, non à faire, mais à accepter quelque révolution nouvelle, personne ne croyant plus à la perpétuité de l'établissement impérial, tout le monde étant persuadé que l'épopée napoléonienne finirait par quelque grande catastrophe.

Un homme audacieux mit à profit cette disposition des esprits, l'appréhension universelle, le manque de nouvelles, pour tenter seul le renversement du gouvernement impérial. Tout son plan reposait sur ce mot magique : L'empereur est mort ! Mallet, général du parti de Moreau, déjà compromis dans une conspiration et détenu dans une maison de santé du faubourg Saint-Antoine, s'échappe pendant la nuit de cette maison (16 octobre 1812), fait sortir de la prison de la Force, au moyen d'un faux ordre, les généraux Lahorie et Guidal, anciens aides de camp de Moreau, qui étaient ses complices ; puis avec un faux sénatus-consulte, de fausses lettres de service, il se fait suivre par deux bataillons de la garde de Paris, s'empare de l'Hôtel-de-Ville, arrête et met en prison le ministre de la police Savary, le préfet de police Pasquier, et les remplace par Lahorie et Guidal. Le jour commençait à paraître, et, avec lui, la fatale nouvelle se répandait dans Paris consterné et néanmoins tranquille ; mais, à l'état-major de la place, Mallet rencontra un incrédule qui l'arrêta, et la conspiration se trouva ainsi avortée. Les généraux Mallet, Lahorie et Guidal furent fusillés à la plaine de Grenelle, avec dix autres individus dont tout le crime était d'avoir trop facilement obéi à ces hardis conspirateurs. Le préfet de la Seine fut destitué et remplacé par M. de Chabrol, qui exerça ces fonctions de 1812 à 1830.

Paris était à peine remis de l'étonnement où l'avait jeté ce coup de main étrange, lorsqu'il apprit avec stupeur la retraite et les désastres de l'armée française. Le vingt-neuvième bulletin mit le comble à la désolation, et Napoléon, étant arrivé aux Tuileries vingt-quatre heures après ce bulletin, fut accueilli avec une surprise pleine de douleur ; des salons aux cabarets il n'y eut que des murmures, des paroles de blâme, des malédictions sourdes contre lui : nul ne songeait à la nécessité de sa présence dans la capitale; tous ne voyaient que l'abandon de notre malheureuse armée. Des pamphlets sanglants furent colportés secrètement de maison en maison ; on en afficha sur les monuments, et, dès ce moment, il y eut un parti qui travailla activement à la chute du gouvernement impérial.

Napoléon s'inquiéta de ce changement dans l'opinion publique : il parcourut les faubourgs, visita les ateliers, s'entretint avec les ouvriers, répandit même, à la façon des anciens rois, des largesses dans la foule; il activa tous les travaux publics, alla voir la halle aux vins, les greniers de réserve, les quais nouveaux, et démontra, dans un exposé de la situation de l'Empire, qu'en dix ans il avait été dépensé 102 millions pour travaux et embellissements de Paris (1). Le peuple, quoique souffrant et malheureux, l'accueillit avec ses acclamations ordinaires ; le peuple parisien est essentiel-

---

(1) Canal de l'Ourcq, 19,500,000 fr. ; abattoirs. 6,700,000 ; halle aux vins, 4,000,000 ; halle aux blés, 750,000; grandes halles, 2,600,000 ; marchés, 4,000,000 ; greniers de réserve, 2,300,000 ; pont d'Iéna, 4,800,000; quais, 11,000,000; lycées, 500,000; église Sainte-Geneviève, 2,000,000 ; Notre-Dame et l'Archevêché, 2,500,000 ; hôtels des ministères, 2,800,000 ; Archives, 1,000,000 ; temple de la Gloire, 2,000,000 , palais du Corps Législatif, 3,000,000 ; colonne de la place Vendôme, 1,500,000 ; Pont-Neuf, 1,200,000 ; Arc de l'Étoile, 4,300,000; statues, 600,000; place de la Bastille, 600,000; ouverture de rues et places, 4,000,000; Jardin des-Plantes, 800,000; palais de la Bourse, 2,500,000; Louvre et Musée, 11,000,000 ; Tuileries, 9,700,000 ; Arc du Carrousel, 1,400,000, etc.

lement, profondément gaulois, c'est-à-dire belliqueux et
glorieux : il aime par-dessus tout la lutte et les coups, la
guerre et les conquêtes ; il aime follement le bruit, la renommée, la domination ; il jouit avec un orgueil enfantin, ne fût-ce que pour un moment, d'être le plus fort, le premier, le
maître ; il redirait sans trop de honte le *væ victis* de ses ancêtres ! Aussi, malgré les maux que les guerres impériales lui
avaient faits, malgré les flots de sang dont il avait payé nos
conquêtes éphémères, malgré le dédain et la défiance que le
grand homme avait souvent témoignés de sa turbulence et
de ses haillons, il l'aimait, il l'adorait, non à cause de ses
œuvres civiles, de son administration, de ses monuments ;
mais parce que c'était un glorieux soldat, un grand capitaine,
l'ennemi et la terreur des rois de l'Europe, celui qui avait
battu, vaincu, rançonné, conquêté *les autres !* L'empereur
était pour lui l'expression de sa propre force, et, pour ainsi
dire, son chargé de domination sur les peuples étrangers.

Cependant la misère était grande ; les ateliers se fermaient ;
sur 66,000 ouvriers occupés aux travaux de luxe, 35,000
étaient sans ouvrage ; un tiers des maisons n'était pas loué ;
la population, qui s'était élevée en 1810 à plus de 600,000
habitants, était redescendue à 530,000. » Au faubourg Saint-Antoine et autres quartiers, écrivait le préfet de police, les
ouvriers entrent dans les boutiques, demandent du travail ou du pain ; les esprits s'échauffent, et, en plein jour,
on affiche des placards injurieux contre l'empereur. » Le mécontentement devint tel, que Napoléon y chercha un remède,
ainsi qu'à la misère, en excitant les ouvriers à s'enrôler dans
les régiments des tirailleurs et voltigeurs de la jeune garde,
régiments qu'il venait de porter de douze à vingt-six. Son
appel fut encore entendu dans cette population, où l'instinct
belliqueux ne finit qu'avec le souffle, et l'on vit se reproduire
en partie le prodigieux spectacle de 1792, quand les volontaires parisiens partaient pour l'armée ; mais ce n'était plus

la jeunesse vigoureuse, ardente des premiers temps de la
République, élite d'une population surabondante ; c'étaient
les restes chétifs et misérables d'une génération que les batailles impériales avaient moissonnée, et leur départ n'excita
dans la capitale qu'un sentiment de tristesse et de découragement. Cependant, six régiments de tirailleurs et de voltigeurs furent ainsi recrutés à Paris et dans les environs ; ce
furent ces jeunes gens qui combattirent à Lutzen et dont
Napoléon disait « que l'honneur leur sortait par tous les
pores ; » Gouvion Saint-Cyr défendit avec eux les approches
de Dresde ; enfin, à Leipsig, dans cette lutte de géants, Paris
fournit glorieusement son contingent de héros et de victimes, car le faubourg Saint-Antoine seul y perdit plus de
treize cents de ses enfants !... Dignes et malheureux fils de
ceux qui avaient vaincu à Jemmapes et à Fleurus !

§ XXVI.

Paris en 1814. — Dispositions de la population. — Rétablissement de la garde nationale. — Derniers contingents de la population parisienne.

Après ce grand désastre, Napoléon revint à Paris et convoqua le Corps Législatif ; mais, pour la première fois, il trouva
cette chambre de muets hostile à sa politique, réclamant
des institutions libres, déclarant que les maux de la France
étaient arrivés à leur comble. Indigné de cette opposition in-
tempestive au moment où cinq cent mille étrangers fran-
chissaient nos frontières, il ordonna l'ajournement indéfini
du Corps Législatif. Cette mesure brutale, ce nouveau et trop
facile 18 brumaire fit dans Paris la plus pénible sensation ;
on le regarda comme un acte de mauvais augure et comme
l'annonce d'une révolution nouvelle ; tout ce qui croyait
avoir quelque droit à s'occuper des affaires publiques couvrit de louanges la résistance si malheureuse des législateurs

et se sépara avec colère du soldat parvenu qui ne pouvait plus gouverner qu'avec du despotisme.

Cependant, l'empereur avait retrouvé Paris paisible, obéissant, quoique profondément chagrin et plein des plus cruelles appréhensions ; mais il n'avait pas cessé de nourrir contre sa population, surtout contre sa population moyenne, les défiances qu'il avait, soit à l'époque du 18 brumaire, soit à l'époque du couronnement ; il s'était donc appliqué à lui enlever toute initiative, à étouffer toutes ses ardeurs révolutionnaires, à comprimer chez elle la vie, le mouvement, la passion ; à lui donner uniquement une existence pompeuse, réglée, dépendante. C'était une erreur qu'il devait cruellement expier, et il allait, aux jours du danger, avoir non plus le Paris anarchique, tumultueux, dévoué de 92 ; mais un Paris officiel, indifférent, glacé, sans nerf, sans vigueur, sans âme. Le peuple des faubourgs avait, il est vrai, gardé sa chaleur patriotique, et il s'indignait de nos frontières envahies ; mais, déshabitué de la vie politique et ayant mis toute sa foi dans l'empereur, il croyait, sans chercher davantage, que son génie enfanterait quelque prodige qui sauverait la France. La noblesse conspirait presque ouvertement pour le retour des Bourbons ; quant aux fonctionnaires, aux corps constitués, ils s'arrangeaient pour subir sans secousse la chute de l'Empire. Enfin, la bourgeoisie était résolue à tout souffrir, même la conquête étrangère, pourvu qu'elle eût la paix ; son horreur pour la guerre semblait avoir éteint chez elle tout patriotisme ; elle parlait sans colère, même sans inquiétude, de la venue des Russes : « N'avions-nous pas été, disait-on tout haut, à Vienne, à Berlin, à Madrid, sans que ces capitales eussent à souffrir autre chose qu'une occupation éphémère ? il en serait de même pour Paris. » Napoléon connaissait ces dispositions de la bourgeoisie ; il en était étonné, indigné : « Ne pourrait-on pas, disait-il, jeter un peu de phlogistique dans le sang de ce peuple devenu si endormi, si apathique? » Et un jour même il lui échappa ce regret : « Ah! si j'avais brûlé Vienne! »

Alors on lui proposa de se jeter dans les bras d'un parti capable de soulever les masses, on lui proposa de se rapprocher des Jacobins. Il eut un moment l'idée d'adopter ce conseil : il fit une promenade à cheval dans les faubourgs Saint-Antoine et Saint-Marceau, caressa la populace, répondit à ses acclamations avec un empressement affectueux, et crut voir dans les dispositions qu'on lui montrait la possibilité d'en tirer parti : « Dans la situation où je suis, disait-il à ceux qui lui faisaient des représentations, il n'y a pour moi de noblesse que dans la canaille des faubourgs (1). » Mais il resta à peine quelques heures dans ces dispositions ; devenu depuis dix années le dompteur de la révolution et se croyant le représentant de l'ordre en Europe, il ne pouvait plus, sans renier son passé et mentir à sa nature, rouvrir l'outre des tempêtes populaires ; monarque couronné, chef de dynastie, entré dans la famille des rois européens, il ne pouvait souiller son manteau impérial au contact des guenilles plébéiennes ; d'ailleurs, le peuple, pour lui, c'était le simple et crédule paysan qu'on transformait facilement en soldat soumis et discipliné, non l'ouvrier spirituel, frondeur, sceptique, volontaire, qui raisonnait son enthousiasme et son obéissance ; le peuple enrégimenté, c'était l'ordre ; le peuple dans les rues, c'était l'anarchie. Il renonça donc formellement et sans regret à l'emploi des moyens révolutionnaires, et, dans la crainte que Paris ne rentrât, malgré lui, dans sa dictature de 92, il ne prit pas même, pour le sauver de l'étranger, des mesures ordinaires de défense.

La révolution ayant fait de Paris le cœur de la France, Napoléon, par son despotisme centralisateur et son système

(1) *Mém. de Bourrienne*, t. IX, p. 310.

administratif, avait exagéré cette importance injustement absorbante de la capitale : toute la vie, tout le gouvernement était là : prendre Paris, c'était prendre l'Empire. Aussi les alliés étaient-ils résolus à y arriver à tout prix, quand bien même ils n'en seraient maîtres que pour quelques heures, tant ils étaient sûrs, en y arrêtant tous les ressorts administratifs, d'y produire une révolution. Paris ! Paris ! était le cri de vengeance des étudiants prussiens et des grenadiers de l'Autriche, en mémoire de Berlin et de Vienne conquises. Paris ! Paris ! était le cri de fureur des hordes asiatiques qui, en mémoire de Moscou brûlée, jetaient des poignées de cendre menaçante en entrant sur notre territoire. Il fallait donc par-dessus tout pourvoir à la défense de Paris ; mais Napoléon voyait moins dans cette ville le foyer de la révolution que la capitale de son Empire (1) ; il ne la regardait que comme une position militaire presque impossible à tenir ; il croyait que, comme Louis XIV avait pensé un moment à le faire en 1712, il pourrait, devant l'invasion étrangère, la quitter avec sa famille, ses ministres, sans danger pour lui ni pour l'État, et transporter la défense du pays sur la Loire. Il ne prit donc de mesures que pour protéger Paris contre un coup de main : on n'éleva pas une redoute, on ne creusa pas un fossé, on ferma à peine les barrières avec quelques palissades. Point d'autres garnison que des dépôts et des réserves ; point d'autres chefs que des généraux invalides ou incapables ; et quand il s'agit de mettre en activité la garde nationale, cette mesure, qui semblait si naturelle, fut discutée pendant six jours au conseil d'État : « Tout le monde

---

(1) Napoléon dit, dans les *Mémoires de Sainte-Hélène* (t. IX, p. 38), qu'à son retour d'Austerlitz, voyant avec quelle facilité le sort de l'Autriche avait été décidé par la prise de Vienne, il songea à fortifier Paris ; « mais que la crainte d'inquiéter les habitants et l'incroyable rapidité des événements l'empêchèrent de donner suite à cette grande pensée. »

faisait observer, raconte Rovigo, que la garde nationale de Paris avait été le moyen le plus puissant dont les agitateurs politiques n'avaient cessé de disposer pendant la révolution, et qu'il était dangereux de la leur remettre de nouveau entre les mains... L'espèce d'hommes qui convenait à la défense de la ville était celle qui est toujours généreuse, qui prodigue ses efforts et son sang ; c'est la moins opulente, celle qui n'a rien à perdre et chez laquelle l'honneur national parle toujours haut ; mais on la considérait comme dangereuse pour la classe opulente et les propriétaires, et l'on était d'avis de l'éloigner de la formation des cadres... Tous les membres du conseil qui avaient acquis de la célébrité dans la révolution furent d'avis de ne point lever la garde nationale de Paris (2). « L'empereur n'osa suivre cet avis, et il réorganisa la garde nationale, mais sur des bases telles que les propriétaires seuls y furent compris et qu'elle se composa à peine de onze mille hommes. Il choisit lui-même les colonels et les alla chercher dans la noblesse ou la banque ; de sorte que ce furent des Montesquiou, des Biron, des Choiseul qui furent chargés de ranimer l'enthousiasme populaire. Ajoutons que la bourgeoisie n'entra qu'avec une profonde répugnance dans les rangs de la garde nationale : le gouvernement impérial avait tellement abusé des moyens de recrutement, il avait tant de fois mobilisé pour la guerre les troupes civiques, qui devaient être sédentaires, qu'on vit dans la formation de la garde nationale un dernier mode de conscription (1). D'ailleurs, on ne donna pas d'armes à cette garde, quoiqu'elle ne cessât pas d'en demander ; les fusils furent laissés dans les arsenaux ; encore n'y en avait-il que pour cinq à

---

(1) *Mém.*, t. VI, p. 295.
(2) Un décret du 12 janvier 1813 avait transformé les quatre-vingt-huit cohortes du premier ban de la garde nationale en vingt-trois régiments de ligne ; un autre, du 6 janvier 1814, ordonna la formation de cinquante-neuf régiments composés de gardes nationales, etc.

six mille hommes ; le reste dut être armé de piques, et « ce ne fut, dit Rovigo, qu'au moment où l'on attaquait les troupes postées sous les murs de Paris, que le duc de Feltre consentit à livrer à la garde nationale quatre mille fusils. » Quant à l'artillerie, elle dut être formée de douze compagnies ou batteries, chacune de six bouches à feu, dont six composées de canonniers invalides, trois d'élèves de l'École Polytechnique, trois d'élèves de droit et de médecine ; les neuf premières furent seules et très-incomplètement organisées.

Pour compenser ces mesures de défense presque illusoires, un décret du 15 janvier ordonna la formation de nouveaux régiments de tirailleurs et fusiliers à la suite de la jeune garde : ils devaient être composés de volontaires levés à Paris et dans les autres villes manufacturières, « parmi les ouvriers qui se trouvent sans ouvrage ; » ces volontaires s'engageaient à servir jusqu'à ce que l'ennemi eût évacué le territoire ; leurs femmes et leurs enfants devaient, pendant leur absence, être nourris par l'État. On forma ainsi quatre régiments, qui eurent à peine le temps d'entrer en campagne. Enfin, et ce fut là le dernier contingent fourni par la capitale aux armées de la République et de l'Empire, deux corps de réserve, dits de Paris furent établis avec la dernière conscription : le premier corps, commandé par le général Gérard, était fort de 4,500 hommes ; le deuxième corps, commandé par le général Arrighi, était fort de 8,400 hommes.

Arrêtons-nous un instant sur ce dernier contingent pour faire observer, que s'il était possible d'avoir les chiffres malheureusement confus et très-inexacts des levées de la République et des conscriptions de l'Empire, on serait épouvanté du nombre d'hommes que Paris a envoyés sur les champs de batailles de 1792 à 1814 ! D'après un document publié en 1815, ce nombre serait, depuis 1792 jusqu'en 1798, de 101,200 hommes, et depuis 1798 jusqu'en 1814, de 201,900 hommes : c'est le dixième de toute la France !

§ XXVII.

État de Paris au commencement de 1814. — Départ de l'impératrice. — Bataille de Paris.

Pendant la campagne de 1814, Paris fut livré aux anxiétés les plus cruelles, aux spectacles les plus affligeants : tantôt c'étaient des bataillons de conscrits, enfants de seize à dix-sept ans, pâles, chétifs, malingres, en veste, en sabots, pliant sous le poids de leur fusil, qui traversaient la ville pour aller joindre l'armée; tantôt c'étaient des bandes de prisonniers qu'on faisait défiler dans les rues comme trophée d'une douteuse victoire et auxquels les habitants, par une protestation muette contre cette interminable guerre, donnaient en pleurant des vivres et des habits; tantôt c'étaient es paysans de la Champagne et de la Brie qui, fuyant l'ennemi, arrivaient éplorés avec leurs familles et leurs bestiaux. Un certain jour, on voyait un grand cortége de troupes et de musique parcourir les quais et les rues pour aller présenter à l'impératrice les drapeaux enlevés aux Russes; un autre jour, des députations des provinces envahies venaient exposer au corps municipal les ravages faits par l'ennemi pour exciter les Parisiens à une défense désespérée. La guerre se faisait presque aux portes de la capitale, et on laissait ses habitants dans l'ignorance de la véritable situation des armées. La police trompait l'opinion publique avec des bulletins mensongers, des pamphlets absurdes et des caricatures grossières contre les Cosaques; ou bien elle faisait chanter sur tous les théâtres des chants guerriers pour ranimer le patriotisme. Aussi, la plus grande partie de la population ne montrait-elle, en face d'un danger qu'elle ne pouvait apprécier, qu'une insouciance déplorable, une sorte de résignation lâche et égoïste, même de la malveillance ouverte. « On était las de ce qu'on avait, dit l'abbé de

Pradt, au point qu'il semblait qu'un Cosaque devait être un Washington (1)! » — « Il y avait des réunions partout, dit Rovigo ; depuis les salons jusqu'aux boutiques et aux lieux publics, ce n'était qu'un colportage continuel de tout ce qui pouvait le plus détériorer le peu d'espoir qui nous restait peut-être encore... La surveillance était inutile, parce que les mesures coercitives auraient fait éclater une insurrection, et c'était bien le moindre soulagement qu'on pouvait donner à tant de monde qui souffrait que de lui laisser le droit de se plaindre (2). »

Cependant les alliés étaient en marche sur Paris. L'empereur, en quittant la capitale, avait laissé la régence à Marie-Louise, assistée d'un conseil. Les membres de ce conseil étaient d'avis que l'impératrice parcourût les rues avec le roi de Rome, allât prendre séjour à l'Hôtel-de-Ville et appelât le peuple entier aux armes. En effet, Paris, réveillé à l'approche du danger, paraissait disposé à se soulever. « Le faubourg Saint-Antoine, dit Rovigo, était prêt à tout, si ce n'est à se rendre ; il y avait de quoi faire une armée des hommes qui étaient dans ces généreuses dispositions (3). » Mais alors on rentrait dans le champ des révolutions, et l'Empire, en même temps que l'étranger, pouvait trouver sa ruine dans un grand mouvement populaire ; aussi, Napoléon, faisant ce que Louis XIV et la Convention refusèrent de faire, avait-il prescrit à son frère, si l'ennemi menaçait Paris, de diriger vers la Loire l'impératrice, le roi de Rome et tout le gouvernement. Il fut obéi, et ce fut sa perte.

Le 29 mars, Marie-Louise quitta les Tuileries, malgré les officiers de la garde nationale qui la conjuraient de ne pas abandonner Paris, et elle fut suivie par une foule d'équipages qui encombraient les quais. » Depuis la barrière jusqu'à

(1) *De la restauration de la royauté*, p. 56.
(2) *Mémoires*, t. VI, p. 319 et 321.
(3) *Ibid.*, t. VII, p. 18.

Chartres, dit Rovigo, ce n'était qu'un immense convoi de voitures de toute espèce. Paris, vers le midi, était en état de désertion ; on ne peut se faire une idée de ce spectacle lorsqu'on ne l'a pas vu (1). » Quelques personnes accoururent sur la place du Carrousel, mais nul n'essaya d'empêcher le départ de la régente. « Soixante ou quatre-vingts curieux, dit Menneval, contemplaient dans un morne silence ce triste cortége, comme on regarde passer un convoi funèbre ; ils assistaient en effet aux funérailles de l'Empire. Leurs sentiments ne se trahirent par aucune manifestation ; pas une voix ne s'éleva pour saluer par une expression de regret l'amertume de cette cruelle séparation (1). » « On assistait, dit un autre, aux dernières scènes de l'Empire comme dans un spectacle au dénoûment d'un drame (3). » Excepté du côté des faubourgs du nord, qui étaient envahis par la multitude des paysans que chassait l'ennemi, la ville était calme ; les boutiques, les cafés, les théâtres étaient ouverts ; des groupes se formaient sur les places et sur les boulevards, mais il n'y avait pas l'ombre d'une émeute. On s'indignait du départ de l'impératrice, de l'éloignement de l'empereur, de cette désertion du gouvernement, qui abandonnait Paris à toutes les chances de la guerre, de la défense de la ville laissée aux mains d'un homme incapable, le roi Joseph, dont on lisait les proclamations (4) en haussant les épaules ; mais on n'allait pas plus loin ; nul ne songeait à prendre l'initiative d'un mouvement populaire qui pût sauver la chose commune : si quel-

---

(1) *Mém.*, t. VII, p. 2 et 5.
(2) *Souvenirs histor. de M. de Menneval*, t. II, p. 133.
(3) *Mém. de Bourrienne*, t. X, p. 12.
(4) « Armons-nous pour défendre cette ville, ses monuments, ses richesses, nos femmes, nos enfants, tout ce qui nous est cher ! Que cette vaste cité devienne un camp pour quelques instants, et que l'ennemi trouve sa honte sous ces murs qu'il espère franchir en triomphe !... »

qu'on l'eût fait, il fût resté seul ou aurait été immédiatement arrêté, toute la vigilance des autorités étant concentrée sur un seul point, empêcher le trouble dans les rues. De nos jours, l'imminence d'un danger cent fois moindre armerait jusqu'aux femmes et aux enfants; tous et chacun pourvoiraient spontanément à la défense commune; il sortirait des chefs de toutes les maisons, des soldats de tous les pavés. Mais, à cette époque, et c'est là la condamnation éclatante du régime impérial, Napoléon avait tellement personnifié en lui la chose publique, que la défense de Paris semblait exclusivement l'affaire du gouvernement, non celle des citoyens, et que tout le monde, habitants et autorités, comptant uniquement sur lui, sur son génie, sur les combinaisons de cette providence terrestre, restait dans une sécurité ou une apathie que la postérité aura peine à comprendre.

Il y avait pourtant à Paris ou dans les environs d'immenses moyens de défense : quatre cents canons à Vincennes et au Champ-de-Mars, cinquante mille fusils dans les arsenaux, trois cents milliers de poudre dans les magasins de Grenelle, quatre mille hommes de la garde impériale, huit mille fantassins des dépôts, sept mille cavaliers à Versailles, dix-huit mille conscrits dans les villes voisines, l'école de Saint-Cyr avec mille jeunes gens et douze canons; enfin, l'appui que trente mille ouvriers parisiens pouvaient donner aux onze mille hommes de la garde nationale. Rien ou presque rien de tout cela ne fut employé : les ouvriers entouraient les mairies en demandant des armes; on les repoussa et l'on employa à les disperser les baïonnettes de la garnison. Les dépôts de la garde et les jeunes gens de Saint-Cyr furent employés à escorter l'impératrice jusqu'à Blois. Deux mille hommes de garde nationale formèrent des détachements et se répandirent en tirailleurs sur les hauteurs voisines; le reste, armé de piques et de fusils de chasse, garda les barrières et les mairies. On envoya seulement sept à huit mille hommes grossur les corps de Marmont et de Mortier, que le hasard seul d'une retraite amenait devant Paris. Ces corps ne comptaient que treize mille hommes, et, après une marche meurtrière et vingt combats, ils ne trouvèrent, en arrivant sous les murs de la capitale qu'ils allaient défendre, ni vivres, ni munitions, ni fourrages, ni souliers!

Ces vingt-deux à vingt-quatre mille hommes résistèrent sur les hauteurs de Belleville et dans la plaine Saint-Denis à cent cinquante mille alliés pendant douze heures, leur tuèrent dix-huit mille hommes, et ne consentirent à cesser les hostilités que pour sauver Paris des horreurs d'une prise d'assaut.

§ XXVIII.

Tableau de Paris pendant la bataille. — Capitulation. — Entrée des armées alliées.

Pendant cette terrible lutte, Paris avait l'aspect le plus morne et présentait les contrastes les plus affligeants. Sur la rive gauche et dans le centre, les rues étaient paisibles et remplies d'un monde plus curieux que tremblant; les nobles et les riches continuaient à s'enfuir par les barrières du midi; sur la rive droite, la plupart des rues étaient désertes et profondément tristes; mais les boulevards et les faubourgs étaient encombrés par la foule. Au boulevard des Italiens, on voyait quelques gens du beau monde, quelques hommes d'argent et de plaisir qui stationnaient indifférents ou s'enquéraient nonchalamment des nouvelles; sur le boulevard Saint-Martin, une multitude ardente s'entassait près du Château-d'Eau devant une éclaircie de maisons qui laissait voir la butte Chaumont et une partie de la bataille; dans les faubourgs, on voyait descendre des fiacres et des brancards portant des blessés, et monter de petits groupes de gardes nationaux, de gendarmes, de soldats de tous corps qui allaient à l'ennemi; aux barrières de la Villette, de Belleville, de Ménilmontant, de Charonne; des ambulances avaient été ouvertes dans les plus humbles maisons, où des femmes et des enfants du peuple, tremblants et navrés, faisaient de la charpie et soignaient les victimes de la bataille. Il n'y avait plus de gouvernement: le roi Joseph s'était enfui ; les deux préfets de la Seine et de police étaient aussi nuls qu'impuissants ; les mairies, les ministères, les principales administrations étaient fermés et gardés par la garde nationale ; les chefs de cette garde, et à leur tête le vieux maréchal Moncey, étaient aux barrières.

A cinq heures, le canon, qui tonnait depuis six heures du matin, cessa de se faire entendre; un armistice venait d'être signé; les hauteurs se garnirent de masses noirâtres et s'illuminèrent de feux ; nos héroïques soldats commencèrent leur retraite à travers les rues désertes, sombres, désespérés, exténués de faim et de fatigue, en murmurant des mots de trahison, en regardant avec colère ces palais, ces hôtels qui se fermaient devant eux, et ils ne trouvèrent des paroles de consolation, des mains amies, des yeux pleins de larmes que dans le faubourg Saint-Marceau, qu'ils traversèrent pour sortir par la barrière d'Italie.

Pendant la nuit, une capitulation fut signée par le maréchal Marmont, sur les sollicitations des banquiers et du haut commerce de Paris; le dernier article portait: « La ville de Paris est recommandée à la générosité des puissances alliées. » C'était là le dernier mot de l'épopée impériale ! Paris, qui n'avait jamais été pris par la force des armes, allait payer nos entrées triomphales dans toutes les capitales de l'Europe! Et cependant cette capitulation fut accueillie presque partout avec satisfaction par la population, pleine d'anxiété et de terreur. Les deux préfets, le conseil municipal et les colonels des légions se rendirent au quartier des souverains alliés et obtinrent de l'empereur Alexandre que la garde et la police de la ville seraient laissées à la garde nationale.

Enfin, dès le matin, l'orgueil des Parisiens fut habilement caressé par une proclamation des vainqueurs, qui les exhortait ouvertement à se séparer de Napoléon en leur disant que « l'Europe en armes attendait d'eux la paix du monde, qu'elle ne cherchait en France qu'une autorité salutaire pour traiter avec elle de l'union de toutes les nations et de tous les gouvernements : hâtez vous donc, ajoutait-elle, de répondre à la confiance qu'elle met dans votre amour pour la patrie et dans votre sagesse. »

Le 31 mars, vers midi, l'armée alliée, ayant à sa tête l'empereur de Russie et le roi de Prusse, entra dans Paris par la barrière et le faubourg Saint-Martin ; elle suivit les boulevards et s'en alla camper dans les Champs-Élysées, l'esplanade des Invalides et le Champ-de-Mars. Elle était précédée dans sa marche par une trentaine de royalistes portant la cocarde blanche, agitant des drapeaux blancs, criant: Vivent les Bourbons! Vivent nos libérateurs! C'étaient les émigrés, qui, depuis le manifeste du duc de Brunswick, attendaient ce jour de victoire! Leurs cris ne trouvèrent pas d'échos dans le peuple, qui ne comprit rien à cette démonstration, tant les Bourbons semblaient, depuis vingt-cinq ans, étrangers à la nation ; mais les femmes de la noblesse et de la haute bourgeoisie y répondirent en agitant des mouchoirs blancs, en criant: Vivent les alliés! Quelques-unes même vinrent se précipiter sous les pieds des monarques en leur jetant des bouquets ; d'autres, qui avaient appartenu à la cour impériale, couraient les rues dans leurs voitures en essayant d'ameuter le peuple contre l'homme dont elles avaient reçu les bienfaits. Il y avait une foule si compacte pour voir entrer l'armée russe, que les vainqueurs craignirent un moment d'en être écrasés. On voyait sur les visages plus d'étonnement que d'indignation, plus de curiosité que de honte; chez quelques-uns même, chez les femmes surtout, il y avait le sentiment d'une délivrance. L'empereur de

Russie alla demeurer dans l'hôtel de Talleyrand, rue Saint-Florentin, ensuite à l'Élysée Bourbon. Le roi de Prusse alla demeurer dans l'hôtel d'Eugène Beauharnais, rue de Lille. Leurs troupes gardèrent une discipline parfaite : elles semblaient plus étonnées que les Parisiens eux-mêmes de se voir dans la capitale de la civilisation, et elles montrèrent une modération et une politesse qui allaient jusqu'au respect et à la crainte. Le soir même de l'entrée des alliés, la plupart des boutiques furent ouvertes ; et, à l'honneur ou à la honte de cette grande ville, si prompte à espérer, si sûre d'elle-même, si confiante en ses ennemis. elle reprit sur-le-champ sa vie ordinaire, et l'ordre ne cessa pas d'y régner.

Le lendemain, les représentants officiels de la ville, ce corps municipal nommé par l'empereur et qui avait eu pour lui tant d'adulations, donna le signal de la défection en déclarant qu'il renonçait à toute obéissance envers Napoléon, et il exprima le vœu que la monarchie fût rétablie en la personne de Louis XVIII.

Cette déclaration, la démonstration des royalistes à l'entrée des alliés, les acclamations et les mouchoirs blancs des femmes, enfin l'attitude passive, silencieuse, insouciante de la population firent le succès des négociations ouvertes à l'hôtel de Talleyrand pour le rétablissement des Bourbons. Ainsi, la prise de la capitale amenait, comme on l'avait prévu, la chute du trône impérial ; sa capitulation terminait la guerre de la révolution, et Paris donnait encore un gouvernement de son choix à la France. Il paraissait donc se venger de Napoléon, prendre une triste revanche du 18 brumaire et rentrer dans son privilége de faire les révolutions ; mais ce n'était qu'une apparence : à cette époque et pendant les dix-huit mois qui vont la suivre, Paris a perdu son initiative et abdiqué sa puissance ; il se résigne aux révolutions et ne les fait plus ; il regarde passer tous les vainqueurs, tous les partis, tous les drapeaux ; il laisse les dynasties venir et s'en aller ;

enfin, le Paris, qui avait renversé le trône au 10 août par haine de l'étranger, se laisse deux fois, et en rougissant à peine, violer par la conquête européenne. Cette atonie de la capitale a pour cause la fatigue excessive produite par vingt-cinq années de guerres et de sacrifices, la décadence morale et le scepticisme engendrés par de trop fréquents bouleversements politiques, enfin par dessus tout l'affaissement de l'esprit public sous le despotisme impérial.

§ XXIX.

Paris pendant la première restauration.

2 avril 1814. — Le sénat, complice et souvent promoteur des tyrannies impériales, ayant proclamé la déchéance de l'empereur et la restauration des Bourbons, il se fait, à la suite de cet acte de lâcheté, un débordement de défections, de scandales, de perfidies de tout genre : on brise et l'on ette au coin des rues les bustes et les portraits de Napoléon ; les royalistes s'attellent à la statue qui surmontait la colonne de 1805 et parviennent à la renverser ; tous les journaux se répandent en imprécations contre le tyran ; on chante à l'Opéra des couplets en l'honneur des souverains alliés (1). Le peuple ne prit aucune part à ces démonstrations : il avait adoré Napoléon pour ses victoires, il continua de l'adorer pour ses malheurs ; c'était le symbole de la patrie humiliée et vaincue. Il essaya même de résister à la contre-révolution en arrachant les cocardes blanches, en se faisant emprisonner pour ses cris de Vive l'empereur ! en engageant des rixes isolées dans les cabarets avec les soldats étrangers.

(1) Il faut pourtant dire que les théâtres, à cette époque, n'étaient remplis que d'officiers étrangers. Dans un des premiers jours d'avril, on joua au Théâtre-Français *Iphigénie en Aulide* devant un auditoire où il n'y avait que dix Français.

10 avril. — Un autel a été dressé sur la place de la Révolution : des prêtres russes y célèbrent une messe d'actions de grâces! L'empereur Alexandre y assiste avec un nombreux cortége, où ne craignent pas de se montrer des généraux français, même « des maréchaux en grand uniforme, qui se disputaient les approches du czar avec les Cosaques dont il était entouré (1). » La cavalerie des armées alliées occupe toute la place ; l'infanterie est rangée sur les boulevards, depuis la Madeleine jusqu'à la Bastille ; la garde nationale de Paris est appelée à cette humiliante cérémonie : elle occupe le côté méridional des boulevards.

12 avril. — Le comte d'Artois, frère de Louis XVIII, entre à Paris par le faubourg Saint-Martin et la rue Saint-Denis : il se dirige vers Notre-Dame, où il entend un *Te Deum* d'actions de grâces, et de là arrive aux Tuileries : il est accueilli avec une grande faveur par la bourgeoisie. Son cortége se compose de généraux de l'Empire, d'officiers de garde nationale et d'une escouade de Cosaques. Le drapeau blanc est arboré sur les Tuileries.

15 avril. L'empereur d'Autriche arrive à Paris par le faubourg Saint-Antoine et les boulevards. L'empereur de Russie et le roi de Prusse vont au devant de lui, et tous trois entrent à cheval avec un nombreux cortége, un appareil et un déploiement de forces qui sentent la conquête et qui semblent étranges en face du gouvernement des Bourbons déjà établi. Les Parisiens voient avec froideur et défiance ce triomphe, qui leur semble une insulte : la joie de la délivrance était déjà passée, et l'on sentait dans toute son amertume l'humiliation de la conquête.

3 juin. — Louis XVIII entre à Paris par le faubourg et la rue Saint-Denis. La tournure disgracieuse de ce prince infirme, son costume suranné, son entourage de vieux ser-

---

(1) *Mém. de Rovigo*, t. VII, p. 207.

viteurs étonnent la population, qui est habituée aux costumes brillants et aux élégants officiers de l'Empire. Une partie de l'ancienne garde impériale sert de cortége. L'accueil est brillant : les Bourbons, c'est la paix, et Paris ne veut que la paix. Paris, qui n'avait jamais aimé l'Empire, accepte les Bourbons, non pas avec enthousiasme, non pas avec résignation, mais avec espérance.

30 *mai*. — Paris a le malheur de donner son nom au traité par lequel la France rentre dans ses limites de 1792.

4 *juin*. — Louis XVIII octroie la Charte constitutionnelle dans une séance royale qui se tient dans la Chambre des Députés.

De ces deux actes, le premier fut reçu avec tristesse, le deuxième avec plaisir, mais l'un et l'autre sans manifestation de douleur et d'allégresse; ils apportaient, si chèrement qu'ils eussent été achetés, la paix et la liberté, c'est-à-dire les deux biens après lesquels on soupirait depuis quinze ans, et dont les conséquences se faisaient déjà sentir par le retour du commerce, de la prospérité, de la confiance; d'ailleurs on s'attendait à la perte de nos conquêtes et l'on pouvait craindre que les vainqueurs ne fussent plus exigeants; quant aux institutions, aux garanties qu'apportait la Charte, elles paraissaient, après quinze ans de despotisme, tout à fait suffisantes.

Mais les autres actes du gouvernement nouveau ne tardèrent pas à exciter le mécontentement, les murmures, les railleries des Parisiens : les maladroites prétentions des émigrés, la désorganisation de l'armée, la restauration des anciens corps de la maison du roi, avec leurs uniformes vieillis, les projets de monuments expiatoires en l'honneur des martyrs de la révolution, les réclamations du clergé, les processions de la Fête-Dieu, la loi qui ordonna d'observer le repos des dimanches et dont une police tracassière aggrava les prescriptions, tout cela blessa profondément une population qui était toute voltairienne, imbue de préjugés antireligieux et qui n'avait gardé de son ardeur révolutionnaire qu'une vive répugnance pour ce qu'elle appelait encore les *aristocrates* et les *calottins*.

Cependant, malgré les fautes du gouvernement royal, malgré les craintes que ses projets donnaient pour l'avenir, Paris ne désirait pas le renversement des Bourbons : il n'était pourtant pas royaliste, mais il était encore moins napoléonien ; il n'y avait que dans les hautes classes et dans le peuple des faubourgs où l'on trouvât ces deux opinions ennemies poussées jusqu'au fanatisme. La nouvelle du retour de l'empereur et de sa marche à travers le Dauphiné et la Bourgogne excita donc dans la capitale une profonde stupéfaction, de grandes craintes et de faibles sympathies ; mais en même temps elle ne souleva aucun enthousiasme pour les Bourbons : nul ne songea à les défendre contre l'usurpateur, et la masse de la population parut décidée à laisser faire encore une révolution sans y prendre part. Le gouvernement essaya vainement de réveiller le zèle de ses partisans : il ne put tirer les Parisiens de leur apathie et de leur insouciante neutralité. Ainsi, le 16 mars, le comte d'Artois passa en revue la garde nationale sur la place Vendôme, le boulevard Saint-Martin, la place Royale, dans le jardin du Luxembourg, et fit appel à sa fidélité ; il fut accueilli par des cris nombreux de : Vive le roi ! mais il y eut à peine quelques volontaires qui sortirent des rangs ; et, aux manifestations tumultueuses de ces volontaires, le peuple ne répondit qu'en haussant les épaules et la bourgeoisie en rentrant dans ses maisons.

20 mars. — A minuit, Louis XVIII quitte les Tuileries, au milieu des larmes de ses serviteurs et de la garde nationale, mais sans qu'une tentative soit faite pour le retenir ou le défendre. « Nous pourrions, disait-il dans une proclamation, profiter des dispositions fidèles et patriotiques de l'immense majorité des habitants de Paris pour en disputer l'entrée aux rebelles... » Cela n'était point vrai. Paris fut affligé et surtout inquiet du départ du roi ; il vit revenir l'empereur sans plaisir et même avec crainte ; mais il n'était nullement disposé à faire la guerre civile pour arrêter l'un, pour défendre l'autre : comme l'année précédente, il laissa faire.

§ XXX.

Paris pendant les Cent-Jours. — Apprêts de guerre. — Levée des fédérés.

A peine Louis XVIII était-il parti, qu'une foule d'officiers bonapartistes envahit le Carrousel, força les portes des Tuileries et arbora le drapeau tricolore. A part cette démonstration, la ville resta calme, triste, pleine d'anxiété : elle attendait. Des patrouilles de garde nationale sillonnaient les rues, et, malgré l'absence de tout gouvernement, il ne s'y commit aucun désordre.

A sept heures du soir, et par un brouillard épais, Napoléon entra par la barrière d'Italie, et ne voulant pas traverser dans toute sa largeur Paris, dont les dispositions lui étaient mal connues, il suivit les boulevards du midi, le pont de la Concorde et le quai des Tuileries. Il était escorté par sept à huit cents officiers appartenant à tous les corps, qui présentaient un désordre imposant en galopant autour de sa voiture; tous poussaient des cris de Vive l'empereur! jusqu'aux nues. Mais ces cris trouvaient peu d'écho : Paris était morne et sombre; ses rues semblaient désertes, ses boutiques et ses maisons étaient fermées. Quelques acclamations saluèrent Napoléon au passage; « mais elles n'offraient pas, dit un de ses compagnons, le caractère d'unanimité et de frénésie qui nous avaient accompagnés du golfe Juan aux portes de la capitale; l'accueil des Parisiens ne répondit pas à notre attente. » A son arrivée sur la place du Carrousel, l'empereur fut enlevé de sa voiture par la foule de ses officiers et porté de bras en bras dans les Tuileries et jusque dans son cabinet, avec des transports d'enthousiasme qui tenaient du délire. Mais tout le reste de la ville resta muet et triste : des groupes de bonapartistes couraient les rues en criant : Vive l'empereur! en chantant des chansons napoléoniennes ; mais à peine quelques portes s'ouvraient, quelques voix répondaient; une espèce de terreur planait sur la capitale, qui ne voyait dans cette révolution nouvelle que la reprise de la guerre ; le retour de Napoléon était pour elle non pas un triomphe, mais une sorte de conquête qu'elle subissait de la part de l'armée et des provinces. Cet accueil des Parisiens fit une impression si profonde sur l'empereur, qu'il en éprouva un découragement réel, et que son génie s'en trouva paralysé. « Il semblait, dit Menneval, que la foi en sa fortune qui l'avait porté à former l'entreprise hardie de son retour de l'île d'Elbe l'eût abandonné à son entrée dans Paris (1). »

Napoléon à Paris, c'était la guerre avec toute l'Europe : il fallut s'y préparer. La capitale sortit de son apathie; mais si elle ne montra pas sa mollesse de 1814, elle montra encore moins son ardeur de 1792. On fit des appels de volontaires : avec ceux des écoles, dix-huit compagnies de canonniers furent formées; ceux des faubourgs composèrent un corps de vingt-cinq mille fédérés. On mobilisa une grande partie de la garde nationale comme armée de réserve ; on fortifia les hauteurs de Paris et les barrières, et on les arma de six cents bouches à feu; on créa dix grands ateliers d'armes, avec sept ou huit mille ouvriers de tout état qui donnaient trois mille fusils par jour, etc. Napoléon déploya plus de génie et d'activité qu'il n'avait fait à aucune époque; mais il ne parvint pas à jeter du *phlogistique* dans cette population usée, harassée, qui *n'en voulait plus*. D'ailleurs, une nou-

(1) *Souvenirs*, t. II, p. 444.

velle crainte agitait la bourgeoisie, le petit commerce, la propriété : l'appel des fédérés avait fait croire au retour des moyens révolutionnaires, à un jacobinisme impérial. Quand on vit sortir de ses bouges, de ses ordures, de sa misère cette population étrange, qui semblait inconnue à la ville depuis les journées de prairial, quand on la vit avec ses guenilles, ses piques et ses bonnets rouges, ses cris, ses chants, ses menaces, vociférant la *Marseillaise*, A bas les prêtres ! Vive la nation ! on se crut revenu à 93, on revit la guillotine et la terreur, on craignit le pillage, et la bourgeoisie, consternée, épouvantée, n'eut plus qu'une pensée : se débarrasser de l'empereur pour éviter ce qu'elle appelait « le règne de la canaille. »

Napoléon, en appelant les fédérés des faubourgs, avait fait contrainte à sa nature et donné un gage au parti républicain, qui l'obsédait ; mais ce n'était réellement pour lui qu'une vaine démonstration : il savait, à part sa répugnance pour les émotions populaires, qu'en faisant reprendre au peuple son rôle de 1792, il mettait contre lui tout ce qui formait alors l'opinion publique. L'informe tentative qu'il fit eut même pour effet de paralyser une partie de ses forces, déjà compromises par les attaques de la presse et les dispositions de la Chambre des représentants. Aussi, quand, à une grande revue des Tuileries, les fédérés lui demandèrent des armes en lui disant que, s'ils en avaient eu en 1814, « ils auraient imité cette brave garde nationale, réduite à prendre conseil d'elle-même et à courir sans direction au-devant du péril, » il en promit, mais avec un visage profondément triste, des paroles pleines d'une visible répugnance, et il n'en donna pas. « Il voulait, dit un de ses compagnons, conserver à la garde nationale une supériorité qu'elle aurait perdue si les fédérés eussent été armés ; il craignait ensuite que les républicains, qu'il regardait toujours comme ses ennemis implacables, ne s'emparassent de l'esprit des fédérés...

Prévention funeste, qui lui fit placer sa force autre part que dans le peuple et lui ravit par conséquent son plus ferme soutien (1) ! »

§ XXXI.

Fête du Champ-de-Mai. — Paris après la bataille de Waterloo. — Capitulation du 3 juillet.

Le 3 juin se fit la fête dite du Champ-de-Mai, pour l'acceptation de l'Acte additionnel aux constitutions de l'Empire. « Une foule prodigieuse remplissait l'espace compris depuis le château des Tuileries jusqu'à l'Ecole militaire, en suivant le jardin des Tuileries, l'avenue des Champs-Elysées et le pont d'Iéna. Cette multitude était incalculable, et les terrasses qui entouraient le Champ-de-Mars étaient aussi chargées de monde qu'à aucune des grandes fêtes de la révolution (1). » Là se trouvaient, outre la cour impériale, trente mille hommes de garde nationale, vingt mille députés des départements. La République et l'Empire n'avaient pas eu de cérémonie plus pompeuse, plus solennelle, surtout plus grave et plus émouvante. Les spectateurs étaient pleins d'un enivrement fiévreux et en même temps des pressentiments les plus sombres. Les soldats ne défilaient pas comme à une vaine parade ; ils saluaient César avant de mourir ! Leurs cris, leur enthousiasme, leur ardeur avaient quelque chose de terrible et de navrant : c'était non de l'allégresse, mais de la fureur; non de l'assurance, mais de la menace ! Quant à Napoléon, jamais il ne fut plus majestueux, plus grand, plus inspiré, et l'on chercherait vainement dans l'histoire des paroles plus enflammées, plus enivrantes que celles qu'il jetait du haut de son trône aux députations, aux bataillons, à la multitude

(1) *Mém. de Fleury de Chaboulon*, t. II.
(2) *Mém. de Rovigo*, t. VIII, p. 47.

qui passait devant lui en jurant de vaincre ou de mourir! Hélas! ce qui manquait à tous, peuple, soldats, empereur, dans cette autre fête de la fédération, si différente de celle du 14 juillet, c'était la foi en eux-mêmes, la confiance dans l'avenir, l'espérance qui engendre le succès ! Il y avait comme un voile de deuil sur tous ces uniformes, ces armes, ces drapeaux, cette musique guerrière, ces serments, ces cris d'enthousiasme; il y avait dans toutes les âmes une secrète inquiétude, l'appréhension de grands malheurs, la presque certitude d'une défaite : Waterloo semblait planer déjà sur le Champ-de-Mai!

Paris, pendant les premières opérations de la campagne, fut plein de cette tristesse débilitante qui présage et amène les catastrophes. Le commerce ordinaire avait cessé ; toutes les industries étaient employées pour la guerre ; la plupart des ouvriers ne trouvaient à travailler que dans les ateliers d'armes ou bien aux fortifications, qui s'achevaient malgré les pleurs des paysans dont on ruinait les propriétés. Les royalistes annonçaient d'avance des défaites; des complots en faveur des Bourbons se tramaient presque ouvertement; on ne parlait partout que de trahisons ; enfin, la représentation nationale, où l'esprit public aurait dû se retremper, n'inspirait aucune confiance.

Le 21 juin, au matin, la nouvelle d'un grand désastre commença à circuler : l'empereur l'avait apportée lui-même; il était descendu à l'Élysée pendant la nuit; l'ennemi avait déjà franchi la frontière et marchait sur Paris. La consternation fut extrême; on ne s'abordait qu'en tremblant; il n'y avait que des murmures, même des imprécations contre Napoléon, qui venait encore, disait-on, d'abandonner son armée. Sur-le-champ il fut question de son abdication: c'était l'avis presque unanime de la bourgeoisie. Il fallait, criait-elle, sacrifier cet homme, cause unique des malheurs de la patrie, et se réconcilier ainsi avec l'Europe; c'était aussi l'avis de la Chambre des représentants. Mais le peuple, qui s'inquiétait peu de liberté et de constitution, qui ne voyait que la honte d'une nouvelle invasion étrangère, accourut à l'Élysée avec des cris de fureur, demandant des armes, voulant marcher à l'ennemi. L'empereur refusa de se confier à cet enthousiasme populaire, qui pouvait amener la guerre civile, et, cédant à la réprobation des Chambres, subissant avec calme, mais avec une tristesse qui n'était peut-être pas exempte de remords, cette contre-partie du 18 brumaire, il abdiqua; puis « il se déroba aux acclamations d'une foule immense qui se succédait durant tout le jour dans l'avenue de Marigny et qui le conjurait de ne pas l'abandonner, et, saluant de la main les fédérés qui lui offraient à grands cris leurs bras pour sa défense, » il se retira à la Malmaison. On sait qu'il en sortit quatre jours après pour aller mourir à Sainte-Hélène.

Le 28 juin, l'armée, vaincue à Waterloo et forte encore de cent mille hommes, arriva sous les murs de Paris; elle était suivie par les armées prussienne et anglaise. On s'attendit à une bataille, et l'on se hâta de terminer les fortifications, surtout celles du nord. Les hauteurs de Belleville étaient couronnées d'ouvrages continus, qui s'appuyaient à la forteresse de Vincennes et à Bercy d'une part, d'autre part à Saint-Denis, Montmartre et Chaillot. Deux bataillons de canonniers de marine, quatorze compagnies d'artillerie de ligne, vingt compagnies d'artillerie de la garde nationale, en tout cinq à six mille canonniers, qui servaient près de mille pièces, défendaient les hauteurs.

Tout se disposait à une bataille décisive, et des escarmouches étaient déjà commencées; mais la plus grande partie des Parisiens voyait ces apprêts avec une terreur pleine de désespoir : croyant, comme l'ennemi ne cessait de le dire, que l'Europe ne faisait la guerre qu'à Napoléon, et celui-ci ayant disparu de la scène politique, elle s'épouvantait d'une bataille qui, si elle amenait une défaite, l'exposait aux plus terribles vengeances, et, si elle donnait une victoire, attirait sur elle un million de nouveaux ennemis. C'était là l'opinion de la garde nationale, de la bourgeoisie tombée dans le plus profond découragement, des boutiques qui redoutaient le pillage, de toutes les autorités, généraux, ministres, qui ne voyaient d'autre issue à cette situation anarchique que dans le retour des Bourbons. Mais ce n'était pas l'opinion de l'armée, qui demandait la bataille avec des cris de rage, des fédérés animés des mêmes passions qu'elle, du peuple des faubourgs, qui courait aux barrières en criant : Vive Napoléon! Point de Bourbons! Vive la liberté! A bas les traîtres! Paris offrait alors le spectacle le plus désolant : il semblait que cette reine de la civilisation fût prête à s'abîmer dans l'anarchie, l'impuissance, le désespoir, sous les fureurs des partis qui la divisaient, sous les coups des étrangers qui l'entouraient pleins de menaces. On ne voyait dans les rues que des visages irrités, défiants ou désolés; tous les magasins, tous les ateliers étaient fermés; les citoyens semblaient ennemis les uns des autres et prêts à s'entr'égorger : Lâches, traîtres, disaient les ouvriers aux bourgeois; jacobins, pillards, disaient les bourgeois aux ouvriers. Certains quartiers avaient été abandonnés par les riches; tout refluait au centre ou sur les boulevards, qu'occupaient trente mille villageois venus des environs et campant là avec leurs familles et leurs bestiaux; enfin, on n'entendait dans les rassemblements des rues, comme dans l'intérieur des maisons, que le mot terrible, fatal de *trahison,* qui courait partout, paralysait tout et jetait l'ébêtement dans toutes les âmes. Dans cette situation, Fouché, président du gouvernement provisoire, et Davout, chef de l'armée, qui tous deux étaient en correspondance secrète avec Louis XVIII, s'entendirent pour en finir par une capitulation qui fut, de leur part, à la fois un coup de désespoir et un acte de trahison.

Une première demande d'armistice fut faite ; Blucher y répondit ainsi : « Nous voulons entrer dans Paris pour protéger les honnêtes gens contre le pillage dont ils sont menacés par la canaille. Un armistice satisfaisant ne peut être conclu que dans Paris ! » Wellington se montra moins arrogant; et alors fut signée la triste convention du 3 juillet 1815, dont les principaux articles étaient :

2. — L'armée française se mettra en marche demain pour prendre position derrière la Loire. Paris sera entièrement évacué en trois jours,

9. — Le service de Paris continuera d'être fait par la garde nationale et la gendarmerie municipale.

11. — Les propriétés publiques, à l'exception de celles qui ont rapport à la guerre, seront également respectées. Les habitants, et en général tous les individus qui seront dans la ville, continueront de jouir de leurs droits et libertés sans être recherchés, soit en raison des emplois qu'ils occupent ou ont occupés, ou de leur conduite ou opinions politiques.

Cette capitulation qui, en livrant sans condition Paris et l'armée aux étrangers, leur livrait la France, qu'ils allaient rançonner, dépouiller, mutiler, fut reçue par la masse de la population sans murmures et même avec une sorte de satisfaction : au milieu de la dissolvante anarchie où l'on vivait, c'était une fin. Les royalistes, les classes élevées, les deux Chambres en témoignèrent leur joie : pour eux c'était une délivrance. Quant au peuple, quant à l'armée, ils l'apprirent en frémissant de colère : Aux armes! A bas les traîtres! La bataille! entendait-on dans le camp français, aux barrières gardées par les fédérés, dans les faubourgs pleins d'une foule indignée. L'alarme se répandit dans Paris : on crut que l'armée et les fédérés allaient se réunir pour s'emparer de la ville; fusiller les traîtres et mettre au pillage les quartiers riches. Toute la garde nationale fut sur pied pour dissiper les rassemblements : elle s'empara des faubourgs et des barrières et coupa les communications du peuple avec l'armée. Alors celle-ci, après une violente émeute, se décida à se mettre en retraite en brandissant ses armes, avec des imprécations contre les traîtres qui livraient la France à ses ennemis.

§ XXXII.

Deuxième occupation de Paris. — Retour de Louis XVIII. — Prospérité honteuse de la ville.

Le lendemain (6 juillet), les portes de la ville furent remises aux étrangers. Les Prussiens entrèrent par les barrières de Grenelle et de l'École militaire, traversèrent le Champ-de-Mars et le pont d'Iéna en ordre de bataille et comme dans une ville conquise, s'emparèrent des quais, de l'Hôtel-de-Ville, de la Bastille, des boulevards, pendant que les Anglais entraient par la barrière de l'Étoile et s'emparaient des Champs-Élysées. Toutes les places, les ponts, les jardins publics furent occupés militairement avec de l'artillerie : il y avait des postes à tous les édifices, des sentinelles à tous les coins de rue, des bivouacs partout, dans les promenades, sur les boulevards, dans les cours des palais. Les vainqueurs affectèrent dans leur marche la colère et la menace ; ils paraissaient n'attendre qu'une provocation pour livrer la ville à une soldatesque furieuse. Des cris de vivent les Bourbons! vivent nos alliés! se firent entendre sur leur passage : ils n'y répondirent pas. Le lendemain, une division s'empara des Tuileries et en chassa le gouvernement provisoire ; une autre s'empara du palais législatif et en ferma les portes à la représentation nationale. Quel jour de honte et de terreur pour la ville de la révolution! L'étranger, la figure irritée et l'insulte à la bouche, gardait nos places et nos monuments, la mèche sur ses canons ; des groupes de royalistes parcou-

raient les boulevards avec des drapeaux blancs et des cris
de Vive le roi! le peuple, confiné dans ses faubourgs, demandait encore à se battre et criait à la trahison ; la garde
nationale sillonnait les rues de ses patrouilles pacifiques avec
une patience, un dévouement, une modération respectés
même des vainqueurs; enfin, les murs étaient placardés de
proclamations royalistes, des derniers décrets des représentants, des ordres des généraux alliés.

Ce fut au milieu de cette anarchie que Louis XVIII entra
dans Paris (8 juillet), escorté de gardes du corps et volontaires royaux. La garde nationale alla au-devant de lui, et,
sur son passage, il y eut de nombreuses acclamations : on
se jetait au-devant des Bourbons pour échapper à l'humiliation de la conquête, et la bourgeoisie s'empressait de crier :
Vive le roi! pour que le retour de Louis XVIII parût un événement national. Le soir, il y eut foule dans le jardin des
Tuileries, et les femmes de toutes les classes, grandes dames, bourgeoises, ouvrières (les femmes eurent une grande
influence sur l'opinion publique à cette époque), ivres de
joie de la chute du tyran, de la fin de la conscription, du
retour de la paix, ouvrirent des rondes dans les parterres
avec les gardes du corps et les soldats étrangers, en chantant
Vive Henri IV, en insultant le parti vaincu, en se faisant ac-
compagner par les musiques de la garde nationale. Les cris,
les chants, les transports de cette foule devinrent tels, que
le roi descendit au milieu d'elle et parcourut une partie du
jardin. Tout cela se passait en face des Prussiens, dont les
canons se dressaient devant le château; devant les Anglais,
dont les feux de bivouac éclairaient les Champs-Élysées. Ces
démonstrations de joie si étranges, triste témoignage de l'a-
nimation des partis devant l'invasion étrangère, durèrent
plusieurs jours.

Pendant ce temps, nos alliés minèrent le pont d'Iéna pour
le faire sauter ; ils pillèrent le musée du Louvre, les biblio-

thèques, les palais royaux, « pour donner, disait Wellington, une leçon de morale au peuple français; » ils saccagèrent les magasins publics et les arsenaux ; ils rançonnèrent la ville à dix millions, payables en quarante-huit heures ; ils tyrannisèrent les habitants chez lesquels ils étaient logés ; ils mirent la garde nationale sous le commandement d'un de leurs généraux. Le gouvernement royal ressentait vivement ces outrages, mais il était impuissant à les empêcher; quant à la population elle était indignée de ces violences faites au mépris même de la convention de Paris ; et des rixes sanglantes ayant eu lieu dans plusieurs maisons, les Prussiens allèrent se loger, non dans les casernes où ils pouvaient craindre d'être enveloppés, mais dans des camps de baraques qu'on dressa dans les jardins et les places publiques. Alors les vexations, les humiliations cessèrent peu à peu ; les vainqueurs s'humanisèrent au contact des vaincus ; ils se déridèrent devant les séductions de cette Capoue, qui commençait à reprendre ses habits de fête; et lorsqu'ils évacuèrent Paris, après le traité du 20 novembre, ils étaient conquis eux-mêmes par les agréments, l'insouciance, la politesse, la gaieté de ses habitants, qui en vinrent même à se moquer d'eux ouvertement, en plein théâtre, dans les journaux et surtout dans d'innombrables caricatures.

Durant cette période de l'occupation, Paris présenta un spectacle nouveau, étrange, honteux. Pendant que les vainqueurs se partageaient les milliards de notre rançon, pendant que nos provinces étaient dévastées, dépouillées, écrasées par douze cent mille étrangers, pendant qu'on ouvrait de trois brèches la frontière de Louis XIV, pendant qu'on licenciait notre armée de la Loire, que nos soldats étaient proscrits, nos drapeaux humiliés, nos vingt-cinq années de gloire et de liberté insultées, Paris était tranquille, respecté, brillant, plein de plaisirs et de fêtes : la Babylone moderne, se réjouissant de la présence des vainqueurs, s'étourdissait, comme les prostituées de ses rues, sur sa propre honte, fermait les yeux sur les malheurs de la France et étalait toutes ses séductions pour faire d'ignobles gains. Les théâtres, les cafés, les maisons de jeu et de débauche étaient continuellement remplis et décuplaient leurs recettes ; les promenades, les jardins publics, les lieux de réunion regorgeaient d'officiers étrangers, qui y jetaient l'or à pleines mains ; les magasins de bijoux, de modes, de bronzes, d'étoffes ne suffisaient pas aux acheteurs. Il y avait, vers la fin de 1815, plus de six cents princes ou grands seigneurs étrangers demeurant à Paris ; deux mille familles anglaises y étaient accourues ; tous les généraux alliés, après avoir pillé les départements, venaient y dépenser le produit de leur butin en quelques jours. Le grand duc Constantin dépensa quatre millions en un mois, Wellington trois millions en six semaines, Blucher plus de six millions pendant tout son séjour, et s'en retourna ruiné, avec ses terres engagées ou vendues. Il se fit alors d'immenses fortunes dans le commerce parisien, surtout au Palais-Royal, dans le quartier Montmartre, dans la rue Saint-Denis, où la bourgeoisie marchande se distinguait par son ardent royalisme.

Cependant l'opposition au gouvernement des Bourbons commençait à se manifester par des actes ; les officiers bonapartistes, mis à la demi-solde et traqués par la police, conspiraient dans les cafés obscurs du Palais-Royal pour renverser un roi imposé, disaient-ils, par l'étranger ; hors des barrières, dans les cabarets, les ouvriers, par des signes, des demi-mots, quelques couplets, rappelaient le culte de l'*autre*, devenu pour eux le culte de la patrie. D'ailleurs, les déclamations des journaux royalistes, les actes de la Chambre introuvable, et de nombreuses condamnations politiques vinrent réveiller les Parisiens, les faire rougir de leur royalisme mercantile, leur faire peur de l'ancien régime. L'exécution du jeune Labédoyère excita donc dans Paris une profonde pitié, l'évasion de Lavalette une grande joie ; toute la ville fut en rumeur pour le procès et la mort du maréchal Ney ; enfin, la conspiration de 1816, où de malheureux ouvriers furent seuls impliqués, inspira au peuple de sourdes colères contre les Bourbons qui relevaient l'échafaud politique. A part ces victimes, à part quelques condamnations correctionnelles, quelques tyrannies de bas étage, Paris se ressentit peu de la réaction royaliste, de la *terreur blanche* de 1815, et la cour prévôtale de la Seine fit à peine parler d'elle. D'ailleurs on ménageait la capitale à cause de sa bourgeoisie toute dévouée aux Bourbons, à cause de ses ouvriers, dont on redoutait l'inimitié, surtout à cette époque, où une disette, causée par la désastreuse récolte de 1816, vint s'ajouter à tous les malheurs de la France. Le pain valut alors à Paris vingt-cinq sous les quatre livres, et il aurait valu trois fois davantage sans le conseil municipal, qui dépensa vingt-cinq millions pour maintenir ce prix. Comme dans les plus tristes jours de la révolution, on faisait queue aux portes des boulangers, et l'on fut obligé de rationner la population ; les mairies et les bureaux de bienfaisance étaient assiégés par une foule de malheureux livrés aux angoisses de la faim ; enfin, les rues étaient pleines de paysans que la misère avait chassés de la Champagne et de la Bourgogne et qui venaient mendier dans Paris.

§ XXXIII.

Paris depuis 1816 jusqu'en 1824. — Troubles de 1820. — Carbonarisme. — Missions. — Sentiments de la bourgeoisie, etc.

La prospérité reprit les années suivantes, surtout quand notre territoire eut été délivré de l'occupation européenne : les étrangers continuaient à venir à Paris, les fortunes bourgeoises ne cessaient de s'accroître ; de grandes manufactures, de nouvelles industries s'établissaient de toutes parts ; la population augmentait. Cette prospérité reçut une première atteinte à la mort du duc de Berry (13 février 1820), qui excita dans Paris une profonde tristesse et de vives alarmes : on prévoyait que la réaction royaliste allait profiter du crime d'un individu pour mettre en cause la révolution. Or, cinq années de liberté de la presse avaient ranimé l'amour des institutions libérales et le désir de conserver les conquêtes politiques de 1789. Déjà, la bourgeoisie avait, en 1817, manifesté son opinion en envoyant à la Chambre cinq députés libéraux ; elle s'alarma donc des tentatives faites par le parti royaliste pour ramener la France vers l'ancien régime, et elle suivit avec anxiété les débats relatifs à la loi qui devait restreindre le droit électoral à douze ou quinze mille propriétaires. A cette époque, la tribune, longtemps négligée et méprisée, était redevenue populaire. La foule encombrait les abords du Palais-Bourbon, saluant de ses acclamations et des cris de Vive la Charte! les députés qui défendaient les libertés publiques, et cette foule n'était pas composée du peuple qui restait en dehors des questions débattues, mais de la jeunesse des écoles et du commerce, de la jeune bourgeoisie, fille de la révolution, qui témoignait une grande ardeur pour conserver ses principes à la France. Il s'en suivit des rixes avec les gens de la police et dans ce tumulte, un étudiant, nommé Lallemand, fut tué d'un coup de fusil. Le sang de ce jeune homme était le premier qu'on eût versé dans les rues depuis les journées révolutionnaires : il excita une grande fermentation. Toute la jeunesse de Paris conduisit la victime au cimetière du Père Lachaise avec un aspect menaçant, et la souscription ouverte pour lui élever un monument fut remplie en moins d'une semaine.

Les jours suivants, les troubles continuèrent, et, la force armée ayant chassé la foule des abords de la Chambre, une colonne de quatre à cinq mille jeunes gens sans armes, guidée par quelques officiers bonapartistes, parcourut les boulevards au cri de Vive la Charte ! produisant sur son passage une vive agitation : en quelques heures, Paris sembla avoir repris son aspect de 89. La colonne des jeunes gens parcourut le faubourg Saint-Antoine et en ramena dix à douze mille ouvriers ignorants, irrésolus, qui, ne comprenant rien à cette vaine promenade, demandèrent à marcher sur les Tuileries. Les jeunes gens s'arrêtèrent alarmés ; un orage survint, et la nuit dissipa ce rassemblement, qui semblait sur le seuil de la guerre civile.

L'agitation continua encore pendant plusieurs jours et prit pour théâtre les boulevards et les rues Saint-Martin et Saint-Denis. « Prenez garde, dit le député Lafitte aux ministres, l'émotion gagne les classes populaires. » Mais après une semaine de désordres sans portée comme sans résultat, après que le gouvernement eut déployé des forces considérables, le tumulte s'apaisa de lui-même, comme si la population n'eût voulu que tâter ses forces et goûter de nouveau à la vie des révolutions.

A la suite de ces troubles, des sociétés secrètes se formèrent, qui cherchèrent à renverser les Bourbons par des conspirations. Le *carbonarisme* trouva des adeptes dans les officiers à demi-solde, les sous-officiers de l'armée, les avocats, les jeunes gens des écoles et du haut commerce ; mais ses complots, si péniblement ourdis, si facilement déjoués, n'aboutirent qu'à des condamnations, qu'à des proscriptions, qu'à des supplices. La mort tragique des quatre sergents de la Rochelle fit dans Paris la plus pénible sensation. Ce furent d'ailleurs les dernières victimes de l'échafaud politique : du jour de leur supplice, Paris n'a plus vu l'instrument de mort se dresser sur ses places publiques pour des opinions ou pour des complots.

La défaite du carbonarisme consolida le gouvernement

des Bourbons, qui prit une nouvelle force de la naissance du duc de Bordeaux et de la mort de Napoléon ; le premier de ces événements fut célébré par les fêtes et les adulations qui ne manquent jamais aux princes ; le second fut accueilli par le peuple avec une douleur profonde. Alors le gouvernement sembla marcher ouvertement au rétablissement de l'ancien régime, et, croyant restaurer la royauté par la religion, il donna plus de pouvoir au clergé. Des missions furent faites dans toute la France, missions dirigées principalement contre les idées de la révolution, et l'on ne craignit pas d'ouvrir ces prédications dans la ville même de 1789. Elles excitèrent, dans la bourgeoisie comme dans le peuple, une aveugle colère : la foule envahit les églises et interrompit les exercices religieux par des cris scandaleux et des moqueries odieuses ; le gouvernement dissipa les attroupements par la force, et, pendant plusieurs jours, les abords de certaines églises, surtout celle des Petits-Pères, furent le théâtre de troubles qui ne cessèrent qu'avec les missions.

La bourgeoisie parisienne avait conservé ses idées voltairiennes, ses préjugés philosophiques, son incrédulité révolutionnaire. Elle faisait sa lecture ordinaire des écrits irréligieux du XVIIIe siècle, des romans obscènes de Pigault-Lebrun, des chansons napoléoniennes de Béranger, enfin et surtout d'un journal très-influent, le *Constitutionnel*, écrit par les derniers disciples de Voltaire, et qui poussait la haine du prêtre jusqu'au ridicule. L'immixtion du clergé dans les affaires de l'Etat jeta donc à Paris un grand discrédit sur le gouvernement. L'opposition, qui avait été jusqu'alors inspirée ou dirigée par la banque et le haut commerce, gagna les boutiques royalistes, les quartiers qui se pavoisaient de blanc à chaque fête monarchique, et elle éclata surtout avec les apprêts de la guerre d'Espagne, guerre qui semblait une croisade contre la révolution. La bourgeoisie avait récemment envoyé à la Chambre dix députés libéraux sur douze élus ; elle suivit avec ardeur les débats législatifs, et un marchand du quartier Saint-Denis se chargea d'exprimer hautement son opinion. La majorité de la Chambre des députés ayant prononcé l'expulsion de Manuel, l'orateur le plus hardi de l'opposition, le poste de garde nationale qui se trouvait au Palais-Bourbon fut appelé pour *empoigner* le proscrit, qui refusait de sortir : le sergent qui commandait ce poste, nommé Mercier, entra dans la salle, reçut l'ordre du président et répondit par un refus. Cette action excita un enthousiasme étrange : des brochures, des portraits, des chansons la célébrèrent ; une souscription nationale décerna au sergent un fusil d'honneur.

L'opposition de Paris continua pendant la guerre d'Espagne : dans cette ville, où la gloire des armes est si populaire, on se moqua des difficultés de cette campagne, de la prise même du Trocadéro ; et, quand la garde royale revint à Paris, quand on la fit passer, par une imitation des triomphes de l'Empire, sous l'Arc de l'Etoile, qu'on avait ébauché en toiles et en planches, la foule injuste n'assista à cette entrée qu'avec indifférence.

L'année suivante, Louis XVIII mourut.

§ XXXIV.

Embellissements de Paris sous la Restauration.

Pendant les malheurs de l'occupation étrangère, Paris, quoique jouissant d'une prospérité commerciale qu'elle n'avait pas connue depuis quinze ans, avait vu interrompre ses grands travaux d'embellissement et d'assainissement ; à dater de 1819, et sous l'administration éclairée et vigilante du préfet Chabrol, ces travaux recommencent, et, à part les lacunes causées par les révolutions de 1830 et de 1848, ils n'ont plus cessé et ont fait subir à la ville de saint Louis et de Louis XIII une complète transformation. Napoléon n'avait songé à embellir Paris qu'à la façon des anciens rois, c'est-à-dire en élevant des monuments plus fastueux qu'utiles, et, à part la construction des quais et des marchés, il n'avait presque rien fait pour donner de l'air, du soleil, de la vie à ce vieux Paris si noir, si fétide, si misérable ; il n'avait rien fait pour sa viabilité, pour sa propreté, pour sa salubrité. A partir de l'administration de M. de Chabrol, les améliorations de Paris sont appropriées aux mœurs nouvelles, au commerce et à l'industrie parisienne, qui deviennent immenses, enfin à la population qui augmente tous les jours. Le grand plan d'alignement et d'éclaircissement, conçu sous Louis XVI, est repris avec ardeur (1), et, de 1820 à 1830, on ouvre soixante-cinq rues et quatre places nouvelles, on élargit vingt-quatre rues, places ou boulevards, on bâtit les ponts des *Invalides,* de l'*Archevêché,* d'*Arcole,* on termine le *canal Saint-Martin,* on achève les marchés commencés sous l'Empire, l'entrepôt des vins, les greniers de réserve ; on améliore les halles et l'on y bâtit les marchés au beurre et au poisson, on renouvelle une partie du pavé, on introduit l'éclairage au gaz, on établit le service des voitures-omnibus, on commence l'amélioration si importante, si nécessaire, si longtemps demandée des *trottoirs.* Ces travaux d'utilité n'empêchent pas les travaux de luxe, mais ceux-ci ont un caractère tout monarchique ou tout religieux : ainsi, on relève les statues de Henri IV sur le Pont-Neuf, de Louis XIII à la place Royale, de Louis XIV à la place des Victoires ; on remplace d'anciennes chapelles de couvents, devenues succursales sous le Consulat, par des édifices plus convenables ; et ainsi sont bâties les églises *Saint-Denis-du-Saint-Sacrement, Notre-Dame-de-Bonne-Nouvelle, Notre-Dame-de-Lo-*

(1) M. de Chabrol, dans un mémoire publié en 1823, estime le nombre des rues de Paris à cette époque à 1,070, outre 120 culs-de-sac et 70 places.

rette, Saint-Vincent-de-Paul, etc. On restaure et on embellit presque toutes les autres églises, qui s'enrichissent d'objets d'art principalement enlevés au Musée des monuments français, lequel se trouve dispersé. On construit aussi la *chapelle expiatoire de la rue d'Anjou,* le *séminaire Saint-Sulpice,* l'*hospice d'Enghien,* l'*infirmerie Marie-Thérèse,* etc. On ajoute quelques pierres à la Madeleine et à Sainte-Geneviève, rendues au culte catholique, à l'Arc de l'Etoile, au palais d'Orsay. Enfin, on doit à l'industrie particulière deux mille maisons nouvelles, dont quelques-unes sont des palais, les théâtres des *Nouveautés,* du *Gymnase-Dramatique, Ventadour,* la reconstruction de l'*Ambigu-Comique* et du *Cirque-Olympique,* les passages couverts de *Choiseul, Véro-Dodat, Vivienne, Colbert,* etc.

§ XXXV.

Paris pendant le règne de Charles X.

L'opposition de la bourgeoisie parisienne n'était pas dirigée contre la dynastie des Bourbons, mais contre la marche de leur gouvernement, et avec son aveuglement ordinaire elle se proposait, non de renverser, mais d'avertir. C'est ainsi que le grand orateur de l'opposition, le général Foy, étant mort (28 nov. 1825), des funérailles pompeuses lui furent faites, où assistèrent deux cent mille citoyens de toute profession, dans l'ordre le plus parfait, avec une discipline qui était un grave enseignement. Toute la ville était en deuil, les boutiques fermées, les ouvriers hors de leurs ateliers, la tête découverte devant le passage du cortège. Jamais Paris n'avait rendu spontanément de tels honneurs à un citoyen: sur toute la cérémonie planait le souvenir des funérailles de Mirabeau.

Le parti royaliste répondit à cette pompe si menaçante par la célébration du jubilé, où l'on vit dans quatre processions immenses le clergé parcourir les rues avec ses croix voilées, en chantant les psaumes de la pénitence, et suivi de toutes les autorités, des personnages de la cour, des femmes de haut rang, du roi lui-même avec toute sa famille. Une messe expiatoire, célébrée sur la place où était mort Louis XVI, exprima la pensée de ces cérémonies et en fit ainsi maladroitement un outrage et un défi.

« Tout prit alors un aspect ecclésiatique, dit un écrivain royaliste, jusqu'à la musique, la déclamation, les arts, et les églises devinrent elles-mêmes des spectacles. » Aussi la bourgeoisie parisienne se mit-elle à lutter contre les *ultras*, contre les jésuites, avec l'ardeur la plus passionnée : tribune, journaux, brochures, souscriptions, associations ne laissaient pas de relâche au gouvernement, ne lui passaient pas la moindre faute, attaquaient ou calomniaient toutes ses intentions, toutes ses actions. Ainsi, le ministère ayant été forcé de retirer (1827) devant l'opposition de la Chambre des pairs une loi qui comprimait la presse, Paris fut illuminé, on alluma des feux de joie, on cria : Vive la Chambre des pairs! enfin, il y eut pendant trois jours une manifestation d'allégresse qui semblait déjà présager une révolution.

A la suite de cet incident, Charles X, qui ne recevait plus qu'un accueil silencieux des Parisiens, voulut ranimer leur affection en passant une grande revue de la garde nationale au Champ-de-Mars (12 avril) : il fut reçu par les cris de : A bas les ministres! les princesses furent même accueillies par des paroles outrageantes ; enfin, quand les légions, en s'en retournant, passèrent devant le ministère des finances, les cris redoublèrent et furent accompagnés d'insultes et de menaces. Charles X licencia la garde nationale de Paris.

Au mois de novembre suivant, les Chambres ayant été dissoutes, de nouvelles élections se firent, et elles amenèrent à Paris la nomination de douze députés libéraux, qui réunirent presque l'unanimité des suffrages (1). Quand ce résultat fut connu (19 novembre), quelques maisons illuminèrent ; des groupes nombreux parcoururent les rues populeuses avec le cri de Vive la Charte! invitant les citoyens à illuminer ; ils se grossirent de gamins et de vagabonds, qui, dans la rue Saint-Denis, cassèrent les vitres des maisons restées obscures. Un détachement de gendarmerie fut envoyé pour mettre fin au désordre ; il fut accueilli par des pierres : il y avait dans une partie de la population un désir de bruit et de tumulte, un sentiment brutal d'hostilité contre le pouvoir, qui la poussait à l'émeute. A la fin, les émeutiers firent des barricades dans la rue Saint-Denis : des troupes furent envoyées pour les détruire, et, après quelque hésitation, elles dispersèrent la foule par des charges multipliées et quelques feux de peloton. Il y avait trente-deux ans que la fusillade ne s'était fait entendre dans les rues de Paris : cette répression de l'émeute produisit donc une vive sensation de colère, mais qui passa rapidement. Il semblait que le peuple n'eût voulu que s'essayer au tumulte des rues ; néanmoins, la partie la plus belliqueuse de la population, celle qui était principalement composée de bonapartistes et de républicains, commença à songer à renverser le gouvernement par une insurrection.

La cour parut comprendre la portée des élections qui venaient de se faire et des troubles qui les avaient suivies : un ministère dévoué à la constitution fut nommé. La bourgeoisie parisienne accueillit ce ministère avec une joie pleine de confiance. Aussi, les dix-huit mois du ministère Martignac sont-ils l'époque la plus brillante de la Restauration et l'une des plus heureuses de l'histoire de Paris. L'industrie et le commerce étaient florissants ; chaque jour voyait se bâtir

(1) *Députés de la Seine en* 1827 : Dupont de l'Eure, Jacques Laffitte, Casimir Périer, Benjamin Constant, Schonen, Ternaux, Royer-Collard, Louis, Alex. de Laborde, Odier, Vassal, J. Lefebvre.

quelque nouvel édifice, s'établir quelque nouvelle manufacture, s'ouvrir quelque magasin de luxe; les théâtres et les lieux de plaisir étaient continuellement pleins; les lettres et les arts étaient cultivés avec une ardeur poussée jusqu'au fanatisme; la jeunesse courait tantôt aux leçons éloquentes de MM. Guizot, Villemain et Cousin, tantôt aux drames grotesques et aux vers rocailleux de l'école romantique; dans toutes les classes éclairées de la population, il y avait émulation, désir de mieux, amour de progrès, confiance dans l'avenir. Quant au peuple, son bien-être avait augmenté, par le fait seul de la paix, de la prospérité générale, du bon marché des denrées, de l'augmentation des salaires. Sur 816,000 habitants (1829), le nombre des indigents n'était que de 62,000, c'est-à-dire du douzième de la population, tandis que, sous l'Empire, il était du huitième. La fièvre de la concurrence n'avait pas encore amené dans l'industrie des désastres fréquents; les machines, peu nombreuses, n'avaient pas encore avili la main-d'œuvre; de plus, il y avait encore dans les classes ouvrières un reste de ces mœurs humbles, modestes, résignées, auxquelles l'ancien régime les avait habituées, et qui s'étaient conservées même sous la République et l'Empire; il y avait encore chez elles le contentement du peu, l'ignorance des plaisirs coûteux, ou bien, l'habitude des privations et de la misère. Enfin, si des théories nouvelles sur l'organisation de l'industrie, les salaires, le crédit, commençaient à paraître dans les écrits de l'école saint-simonienne, elles n'avaient pas encore pénétré dans le peuple. Son ignorance était toujours la même; il était resté en politique à l'adoration pour le grand homme, à l'aversion stupide pour les Bourbons, les nobles et les prêtres, à l'envie de se venger de 1815. Dans les ateliers, on ne cessait de rappeler la gloire et la grandeur de l'Empire; toutes les traditions en étaient vivantes; c'était, pour les classes populaires, l'âge d'or. Mais, si l'on y murmurait la *Marseillaise*, si l'on y chantait à pleine voix Béranger, si l'on s'y moquait des jésuites, il n'y avait, excepté chez quelques membres des sociétés secrètes, chez quelques anciens soldats impériaux, aucun projet marqué de bouleversement.

Cependant la royauté eut bientôt regret de sa marche constitutionnelle, et elle prit (8 août 1829) un ministère composé d'hommes qui semblaient désignés pour faire la contre-révolution. La majorité de la Chambre des députés déclara au roi que ce ministère était menaçant pour les libertés publiques. La Chambre fut dissoute, et l'on se prépara à de nouvelles élections. Paris, que la chute du ministère Martignac avait consterné, montra, dans la lutte engagée entre le monarque et la nation, la plus vive ardeur : ses journaux, ses correspondances, ses comités électoraux mirent le feu aux départements ; ses citoyens les plus influents se placèrent à la tête de la résistance ; enfin, il envoya à la Chambre douze députés libéraux (1). Tout cela n'éclaira pas la royauté : l'agitation, pensait-elle, n'était que dans les classes électorales ; elle croyait n'avoir affaire qu'à des ambitieux ou à des journalistes ; elle s'imaginait même avoir le peuple de Paris pour elle. « Charbonnier doit être maître chez lui, » avaient dit un jour les forts de la Halle à Charles X, et sur ce mot, dont elle fit grand bruit, la cour crut que les classes ouvrières n'avaient nul souci des institutions libérales et verraient avec plaisir *mâter* la bourgeoisie. Quant à celle-ci, sa défaite au 13 vendémiaire, sa soumission au despotisme impérial, sa facilité à subir les deux invasions étrangères, l'avaient fait descendre depuis longtemps de sa renommée de 1789, et le parti de l'ancien régime croyait que, poltronne autant que bavarde, elle était incapable non-seulement de

---

(1) *Députés de la Seine en* 1830 : Vassal, Laborde, Odier, Lefebvre, Mathieu Dumas, Demarçay, Eusèbe Salverte, de Corcelles, Schonen, Chardel, Bavoux, Charles Dupin.

tenter une révolution, mais de faire une sérieuse résistance. Ce fut donc dans la pensée qu'elles seraient acceptées ou subies sans contestation que Charles X rendit les fameuses ordonnances qui supprimaient la Charte de 1814 en annulant les élections, abolissant la liberté de la presse, etc.

§ XXXVI.

Journées de Juillet.

Ces ordonnances parurent le 27 juillet. Les hommes de l'opposition furent consternés et cherchèrent par quelles voies légales ils pourraient y résister ; mais le peuple, jusqu'alors indifférent à la lutte, descendit dans les rues et commença à chercher, à prévoir une révolution. Des rassemblements se formèrent, inquiets, menaçants, tumultueux, qui s'interrogeaient, se tâtaient, s'excitaient à la résistance ; les boutiques se fermèrent ; des réverbères furent brisés ; on pilla quelques magasins d'armuriers. Des patrouilles furent envoyées pour dissiper ces premiers désordres ; leur présence fit surgir quelques barricades ; des rixes et des combats partiels commencèrent : quelques hommes du peuple furent tués. Le soir, à la lueur des flambeaux, les cadavres de ces premières victimes sont promenés avec des cris de vengeance. Toute la nuit se passe en apprêts de guerre, et, dès la pointe du jour, le tocsin sonne, le tambour bat, des barricades s'élèvent dans toutes les rues, des combattants sortent de toutes les maisons, surtout des quartiers populeux ; de vieux officiers bonapartistes, proscrits ou délaissés depuis 1814, leur servent de guides avec les jeunes gens des écoles ; une partie de la garde nationale reprend son uniforme et ses armes ; les carbonaris de 1820 se jettent dans la lutte avec une soif de vengeance longtemps contenue, et déploient le drapeau tricolore. A la vue de ce symbole de la révolution, toute incertitude cesse dans le peuple, que le cri de Vive la Charte! laissait froid et irrésolu: il allait prendre sa revanche des trahisons de 1815; il allait se venger des bourreaux du maréchal Ney et des sergents de la Rochelle; il allait en finir avec les émigrés, les jésuites, les alliés de l'étranger! Alors, au cri de Vive la Charte! on mêle celui de : A bas les Bourbons! on abat, on détruit les insignes de la royauté; on court au combat, avec ou sans armes, par un élan contagieux, les ardeurs d'un soleil de plomb et l'odeur de la poudre donnant à toutes les têtes une ivresse mêlée de joie et de fureur.

Cependant le gouvernement, qui n'avait fait aucun préparatif de défense, à l'aspect de cette révolte inattendue, se décide à déployer contre elle des mesures vigoureuses. Paris est mis en état de siége en vertu d'un décret impérial de 1811; le maréchal Marmont a le commandement de toutes les troupes; et trois colonnes, fortes ensemble de dix-huit à vingt mille hommes, partent des Tuileries pour soumettre la ville. La première remontera les quais jusqu'à la Bastille; la deuxième suivra les boulevards jusqu'au même point; la troisième doit occuper la rue Saint-Denis et servir de lien aux deux autres, en lançant de fortes patrouilles dans toutes les voies transversales entre les quais et les boulevards. La première balaye les quais et reprend l'Hôtel-de-Ville; mais elle y est harcelée par les insurgés, maîtres de la Cité, et ne peut aller plus loin; la deuxième parcourt les boulevards, en livrant des combats vers les portes Saint-Denis et Saint-Martin; elle arrive sur la place de la Bastille, essaie vainement de pénétrer dans le faubourg, se rabat sur la rue Saint-Antoine, y est assaillie de toutes les maisons par des balles, des pavés, des meubles, et n'arrive à la place de Grève qu'en couvrant sa route de blessés et de morts. La troisième colonne n'atteint la rue Saint-Denis qu'en faisant de grandes pertes, et, au marché des Innocents, elle est complétement enveloppée ; quelques bataillons suisses sont envoyés pour la délivrer et n'y réussissent qu'en livrant de nombreux combats. Enfin, les insurgés occupant tous les quartiers du centre, les deux colonnes, réunies à l'Hôtel-de-Ville, évacuent cet édifice et reviennent par les quais aux Tuileries.

Le combat fut suspendu pendant la nuit. Paris présentait alors le plus sinistre spectacle : plus de gouvernement, plus d'autorités, plus de préfets, plus de ministres ; le peuple, sans frein et sans guide, était le maître de la ville, et, derrière lui, cette troupe immonde de vagabonds et de malfaiteurs qui pullule dans les grandes cités. Toutes les maisons étaient fermées, tous les réverbères brisés, toutes les rues hérissées de barricades, toutes les barricades défendues par des hommes demi-nus, noirs de poudre, trempés de sueur, qui fondaient des balles, pansaient leurs blessures et faisaient une garde vigilante. On s'attendait à être le lendemain attaqué, bombardé, mitraillé ; mais on était résolu à vaincre ou à faire une résistance désespérée.

La royauté ne songeait pas à prendre l'offensive : ses malheureuses troupes, affamées, harassées, étaient cantonnées au Louvre, au Carrousel, rue Saint-Honoré, place Louis XV, attendant des ordres, des vivres, des renforts. Elles y furent bientôt cernées par des bandes d'insurgés, et le combat recommença. Les Parisiens, dont le nombre grossissait d'heure en heure, se glissèrent par toutes les issues et finirent par s'emparer successivement du Louvre, de la place du Carrousel et enfin des Tuileries. Pendant que les vainqueurs brûlaient le trône, brisaient des portraits, dévastaient quelques appartements, les derniers pelotons de la garde royale faisaient encore une résistance héroïque dans la rue de Rohan. Mais, à la fin, toute lutte devint impossible, et, des troupes démoralisées, les unes firent défection et livrèrent leurs armes au peuple, les autres se retirèrent sur Saint-Cloud, où était la cour.

Alors l'insurrection ou plutôt la révolution fut entièrement maîtresse de Paris, et un gouvernement provisoire, à la tête duquel était La Fayette, s'établit à l'Hôtel-de-Ville. Paris, avec ses rues dépavées et sans voitures, ses maisons trouées de balles, ses boulevards coupés d'arbres abattus, sa population haletante, enivrée, le fusil à la main, présentait l'aspect le plus désordonné, le plus alarmant ; et l'on pouvait craindre qu'il ne tombât dans une anarchie semblable à celle qui suivit le 10 août. Mais il n'y eut pas de désordre, pas une tentative de pillage, pas un acte de cruauté et de vengeance, et l'on vit alors combien les mœurs et le caractère de la population parisienne s'étaient adoucis et transformés depuis un demi-siècle. C'était le peuple, aidé de quelques étudiants et d'un petit nombre de bourgeois, qui venait de remporter la victoire ; c'était ce peuple des journées de prairial, qui n'avait laissé que des souvenirs sinistres, ce peuple de 1815, dont on avait calomnié les haillons et le patriotisme : après une victoire qui lui coûtait sept cent quatre-vingt-huit morts et quatre mille cinq cents blessés, il se montra plein de générosité et de désintéressement, sauvant, consolant les vaincus, secourant les blessés, partageant son pain avec eux ; pendant des semaines entières, on le vit, pieds nus, en chemise, en guenilles, garder la Banque, le Trésor, les Tuileries, le Palais-Royal (1) ; les hôtels des royalistes n'éprouvèrent pas la moindre insulte, et les églises furent respectées. Mais le peuple garda de sa victoire une confiance présomptueuse en lui-même, un grand mépris pour le pouvoir, quel qu'il fût, un vif penchant pour l'émeute, l'amour de la poudre, une sorte d'enthousiasme pour la

---

(1) Il faut avoir vu des ouvriers demi-nus, placés en faction à la porte des jardins publics, empêcher, selon leur consigne, d'autres ouvriers déguenillés de passer, pour se faire une idée de cette puissance du devoir qui s'était emparée des hommes demeurés les maîtres. » (*Mém. d'Outre-Tombe*, t. IX.)

vie aventureuse de la barricade, pour ce désordre des rues dont le côté pittoresque et théâtral séduisait son imagination. Aussi, quand on annonça que Charles X s'était arrêté à Rambouillet et se préparait à recommencer la lutte, il sortit de Paris avec des cris de joie et de colère, et força le vieux roi à continuer sa retraite : pour lui, toute la révolution était dans le bruit, le combat, le danger ; quant à l'issue à lui donner, il n'eût pas hésité dix ans auparavant, mais, l'homme qui personnifiait sa foi politique n'étant plus, il laissa faire la bourgeoisie, dont, depuis trente ans, il suivait l'impulsion, et s'inquiéta peu du résultat de la sanglante victoire qu'il venait de gagner.

La bourgeoisie n'avait pris qu'une médiocre part à l'insurrection, et si, au milieu de la lutte, la garde nationale s'était reformée d'elle-même, c'était moins pour combattre que pour empêcher le désordre. Mais, si elle n'avait pas fait la révolution, elle l'avait préparée depuis dix ans : elle partageait donc les passions du peuple, et, sans avoir désiré le renversement de la dynastie, elle l'acceptait avec plaisir et saluait de ses acclamations le drapeau tricolore. Dès que la victoire fut décidée, elle s'empressa de prendre la direction de la révolution pour la modérer et la contenir, et elle songea immédiatement à continuer la monarchie constitutionnelle avec la famille d'Orléans : c'était une pensée qui n'était pas nouvelle dans la bourgeoisie parisienne, car, dès 1792, dès 1815, elle penchait déjà vers le combattant de Valmy par de secrètes sympathies et de lointaines espérances. Une réunion de députés appela donc le duc d'Orléans à prendre la lieutenance générale du royaume.

A cet appel, le parti républicain répondit par des protestations : « Plus de Bourbons ! disait un de ces placards ; voilà quarante ans que nous combattons pour nous débarrasser de cette race méprisable et odieuse ! » Et il demanda que la présidence provisoire fût confiée à La Fayette jusqu'à ce que la nation se fût prononcée sur le gouvernement qu'elle voulait se donner. Mais ce parti, dont les journées de juillet venaient de révéler l'existence, n'était guère composé que des conspirateurs de 1820 et des jeunes gens des écoles ; il avait peu d'action sur le peuple et ne trouvait que des répulsions dans la bourgeoisie. Son appel ne fut pas entendu, et le duc d'Orléans se rendit à l'Hôtel-de-Ville, à travers les rues dépavées, au milieu d'une foule mêlée de gardes nationaux et de combattants de juillet, cachant à peine son émotion de cette ovation étrange, recevant sur sa route des applaudissements mêlés de quelques injures. La place de Grève était couverte d'un monde armé ; elle resplendissait de fusils et de drapeaux ; elle retentissait des cris les plus confus : Vive la Charte ! A bas les Bourbons ! Plus de rois ! Vive d'Orléans ! Le prince fut reçu par La Fayette, se présenta au balcon, un drapeau tricolore à la main, et fut accueilli par des acclamations : la plus grande partie de la population était en effet heureuse de voir sa lutte et sa victoire légitimées en quelque sorte par l'adhésion d'un Bourbon.

Alors la Chambre des députés ouvrit sa session, et, certaine de l'appui de la bourgeoisie parisienne, elle se disposa à donner le trône à la famille d'Orléans. Les républicains renouvelèrent leurs protestations ; ils sommèrent les députés de respecter les droits de la nation, ils ouvrirent des clubs, ils cherchèrent à ameuter le peuple ; enfin, une colonne d'étudiants et de combattants de juillet marcha sur la Chambre et sembla la menacer d'un 18 brumaire ; mais à la prière de La Fayette, elle se retira sans violence. Alors les députés, au nombre de deux cent dix-neuf, déclarèrent le trône vacant et appelèrent à l'occuper le duc d'Orléans ; puis ils se rendirent à pied au Palais-Royal, escortés de la garde nationale, et allèrent présenter leur vote au prince. Celui-ci accepta, et, le lendemain (9 août), au milieu des acclamations de la bourgeoisie, il vint prêter serment à la Charte modifiée. Vingt jours après, il reçut une sorte de consécration populaire dans une grande revue de la garde nationale, où, accompagné de La Fayette, il distribua des drapeaux aux légions parisiennes. Quatre-vingt mille hommes armés, équipés, habillés, remplissaient le Champ-de-Mars, dont les entours étaient occupés par deux cent mille personnes : Paris n'avait jamais vu une telle masse de ses citoyens en armes. Cette revue fut une autre fédération du 14 juillet pour l'enthousiasme, les espérances, l'allégresse qu'elle excita dans la plus grande partie de la population : la révolution de juillet semblait une victoire nationale, la consolation et la revanche de 1815, un défi à l'étranger; enfin la bourgeoisie et même le peuple avaient confiance dans le nouveau roi, dans son passé et ses promesses.

La révolution de 1830 était, comme celles de 1789 et 1792, une révolution toute parisienne : pour la faire, soit par ses armes, soit par ses votes, la capitale n'avait ni consulté l'opinion, ni demandé l'assentiment des provinces; comme elle l'avait pratiqué tant de fois, elle leur envoyait son histoire toute faite avec le drapeau et le gouvernement de son choix. Les provinces acceptèrent la révolution nouvelle : elles accablèrent les Parisiens de louanges; elles répétèrent le chant nouveau de la *Parisienne;* elles ne parlèrent qu'avec enthousiasme de l'héroïque population des trois journées; pendant plusieurs mois, elles envoyèrent des députations pour féliciter Paris et fraterniser avec ses habitants; enfin, à l'imitation des provinces de l'empire romain, qui avaient élevé, en l'honneur de Rome, des temples et des statues, elles proposèrent d'élever, aux frais de toutes les communes, un monument en l'honneur de la capitale, avec ces mots : *A Paris la patrie reconnaissante.*

§ XXXVII.

Paris de 1830 à 1832.

Août 1830. — La révolution de juillet a pour effet immédiat, comme toutes les révolutions populaires, d'arrêter les opérations de l'industrie et du commerce, de faire enfouir les capitaux, d'engendrer la gêne et la misère. Le gouvernement fait voter par les chambres un crédit de 1,400,000 fr., applicables aux monuments de Paris, pour donner de l'occupation aux ouvriers « qui ont déposé leurs armes, dit M. Guizot, mais qui n'ont pas retrouvé leurs travaux. » En même temps, l'on ouvre des ateliers communaux de terrassement; on refait une partie du pavé de la ville, les talus du Champ-de-Mars, les fossés des Champs-Élysées, etc. Mais ces travaux sont insuffisants, et, sur la place de Grève et les quais, des rassemblements se forment, où les ouvriers demandent de l'ouvrage, l'augmentation des salaires, la diminution des heures de travail, l'abolition des machines, l'expulsion des ouvriers étrangers. Ces troubles, par lesquels se révèle pour la première fois la portée *sociale* que le peuple attribue à la révolution de juillet, s'apaisent d'eux-mêmes; mais l'industrie reste en souffrance et la misère continue à faire des progrès.

Septembre. — Ce mois se passe en fêtes données aux députations des départements, en banquets patriotiques présidés par La Fayette, en processions où les jeunes gens portent au Panthéon les bustes de Ney, de Manuel et de Foy. L'une d'elles, composée en partie de membres des sociétés secrètes, se dirige sur la place de Grève et prononce l'éloge funèbre des quatre sergents de la Rochelle.

Des clubs ou sociétés populaires se forment : le plus important, dit des *Amis du peuple*, siége au manége Pellier, rue

Môntmartre. La bourgeoisie s'inquiète de ces réunions qui rappellent 93, et où l'on tend à la République ; la garde nationale fait fermer le club Pellier.

18 octobre. — Le peuple a conservé un vif ressentiment de la bataille de juillet et des victimes qu'elle a faites; il veut en être vengé et compte sur la punition des ministres de Charles X. Une proposition ayant été faite à la Chambre des députés pour abolir la peine de mort, il croit voir dans cette proposition le dessein de sauver les ministres, dont le procès s'instruit, et il se porte au Palais-Royal avec des cris furieux. Repoussé par la garde nationale, il marche sur Vincennes, où étaient enfermés les accusés, avec les mêmes cris de mort, et ne se retire que devant la résistance du gouverneur. « Peuple de Paris, dit le Préfet de la Seine, M. Odilon-Barrot (1), tu n'avoues pas ces violences! Des accusés sont chose sacrée pour toi! Il n'y a pas un citoyen dans cette noble et glorieuse population qui ne sente qu'il est de son honneur et de son devoir d'empêcher un attentat qui souillerait notre révolution ! »

Cette proclamation où le préfet semblait avoir copié les allocutions de Pétion, n'apaise point l'agitation populaire : presque chaque jour, des groupes se forment autour du Palais-Royal, près de Vincennes, près du Luxembourg, desquels sortent des cris menaçants; une partie de la bourgeoisie partage l'émotion du peuple, et la garde nationale ne réprime les rassemblements qu'avec une sorte de répugnance. De plus, le parti républicain s'était accru et commençait à devenir redoutable : il comprenait la société des *Amis du Peuple*, presque tous les combattants de juillet, une partie de l'artillerie de la garde nationale, les mécontents, les ambitieux, les hommes de désordre et de complots,

---

(1) Il avait été nommé le 24 août et avait eu pour prédécesseur, du 28 juillet au 24 août, M. de Laborde.

qui désiraient une nouvelle révolution pour en tirer profit; il attirait derrière lui le peuple, en accusant le gouvernement de trahison et en l'excitant à recommencer son œuvre des trois jours. Aussi, à mesure que l'heure du procès des ministres approche, une sorte de terreur s'empare de Paris; on s'attend à une nouvelle bataille, et le gouvernement n'ose compter ni sur l'armée ni sur la garde nationale; les riches et les nobles abandonnent la ville; le faubourg Saint-Germain est désert; le commerce se trouve presque entièrement anéanti, et la misère croissante augmente l'irritation des classes populaires.

15 *décembre*. — Le procès des ministres commence devant la cour des pairs. Toute la garde nationale et vingt mille hommes de troupes de ligne sont sur pied ; le Luxembourg est enveloppé par une armée entière qui occupe toutes les rues voisines et dont les patrouilles se prolongent jusque sur les quais. Des masses de peuple entourent et pressent ces bataillons en criant : La mort des ministres! Cet état de choses dure six jours. Pendant six jours la garde nationale campe et bivouaque dans les rues ; pendant six jours, La Fayette, Barrot, toutes les autorités, les écoles de droit et de médecine, qui, depuis juillet, jouent un rôle politique, sollicitent la foule ameutée et le parti républicain de respecter la justice et l'ordre public. Enfin, quand l'arrêt qui condamne les ministres à la détention est prononcé, quand le peuple apprend que les condamnés sont déjà partis secrètement pour Vincennes, il se fait une explosion de cris de rage : Aux armes! à la trahison! entend-on sur toute la rive gauche de la Seine, et la bataille semble prête à s'engager. Mais toute cette fureur tombe devant la résistance froide et patiente de la garde nationale, devant les prières et l'énergie de La Fayette; et, le lendemain, Paris, si agité depuis un mois, retombe dans un repos plein de tristesse et d'appréhensions.

25 *décembre*. — Un vote de la Chambre des députés force La Fayette à donner sa démission de commandant de la garde nationale, et le roi le remplace par le général Mouton de Lobau. La démission du patriarche de la liberté est vue avec froideur par la garde nationale de Paris, qui, avide de paix à l'intérieur et à l'extérieur, adopte et défend la politique de résistance du gouvernement et se prononce avec ardeur contre les hommes de la République, contre ce qu'on appelle le parti du mouvement.

13 *février* 1831.—Les partisans de la légitimité, qui avaient été d'abord épouvantés de leur défaite, font maladroitement et obscurément acte d'existence : ils célèbrent, dans l'église Saint-Germain-l'Auxerrois, un service anniversaire de la mort du duc de Berry. A cette nouvelle, une foule menaçante s'amasse devant l'église, foule composée d'abord de bourgeois curieux, de jeunes gens moqueurs, puis d'hommes de désordre et d'agitateurs, enfin de la lie ordinaire de la population ; sur le bruit qu'on a couronné un buste du duc de Bordeaux, elle envahit l'église au moment où les légitimistes se hâtent d'en sortir, et, avec une fureur sauvage, elle y détruit autels, meubles, tableaux, ornements, la sacristie, la chaire, le chœur. Le gouvernement n'ose s'opposer à ces stupides profanations, ou, pour mieux dire, il les laisse faire, afin d'effrayer le parti carliste. Le lendemain, le désordre continue. Les vandales de la veille, sans raison comme sans colère, les uns par un instinct de brutale vengeance contre les prêtres et les émigrés, les autres par l'amour du désordre et de la destruction, se portent d'abord au Palais-Royal, où ils sont contenus par des troupes, puis sur l'Archevêché, demeure d'un prélat impopulaire : ils y entrent avec des cris de fureur et de moquerie, et, en quelques heures, au milieu de rires cyniques, de blasphèmes, de hurlements, ils détruisent cet édifice de fond en comble, jetant à la Seine les meubles, les ornements, les li-

vres d'une précieuse bibliothèque. Ce jour était le mardi gras. On vit alors se renouveler les impiétés qui ont déshonoré la révolution en 1793; on vit, au milieu des pompes ignobles du bœuf gras, au milieu des mascarades et des apprêts de bal, des misérables courir les rues avec des ornements sacrés, et une foule immonde ou égarée applaudir à l'abattement des croix qui décoraient le sommet des églises. Ce fut un des jours les plus honteux de l'histoire de Paris. La garde nationale, accourue à l'Archevêché, ne reçut aucun ordre et ne voulut pas engager une lutte contre les démolisseurs : pendant douze heures, elle resta spectatrice de leurs odieuses saturnales. Quant au gouvernement, dans un accès de peur qui le rendit en quelque sorte le complice de l'émeute, il ordonna lui-même d'enlever les croix des églises et les fleurs de lis de tous les monuments; le préfet de la Seine se contenta de faire des proclamations emphatiques contre les carlistes (1); enfin, le roi de juillet paya son indigne faiblesse en se voyant forcé de faire disparaître de son palais et de ses voitures les glorieuses armoiries de sa famille.

Les journées de février furent comme la contre-partie des journées de juillet : dévastation sans raison, sans excuse et sans résultat, elles discréditèrent le peuple de Paris et sa révolution ; elles livrèrent pendant près d'une année les rues de la capitale aux hommes de désordre et d'anarchie. En effet, à cette époque, l'émeute devint pour ainsi dire permanente, et elle se produisait par les causes les plus légères, troublant toutes les relations sociales, ruinant le commerce, faisant fuir les étrangers, ce qui n'empêchait pas le Parisien, pour qui tout est spectacle, de faire de l'émeute un passe-temps et d'aller la voir comme par partie de plaisir. Tantôt les ouvriers demandaient de l'ouvrage ou l'augmentation des salaires, tantôt les étudiants, devenus pouvoir de l'État, faisaient des

(1) M. Odilon Barrot fut forcé de donner sa démission le 22 février. fut remplacé par M. de Bondy.

promenades tumultueuses, pour censurer le gouvernement, ou des manifestations en faveur de la Pologne; les sociétés populaires se multipliaient et poussaient ouvertement à la République; il y avait une sorte de fièvre dans toute la partie malheureuse de la population, qui se soulevait au moindre bruit, à la moindre déclamation du plus mince agitateur, du plus obscur des journaux, et harassait par ses rassemblements et ses tumultes la garde nationale.

L'établissement de Juillet, ballotté par toutes ces agitations, semblait destiné à s'engloutir dans l'anarchie, lorsque le roi se décida à se jeter ouvertement dans la politique de résistance. Casimir Périer fut appelé au ministère : c'était un banquier de Paris, le vrai représentant de ces classes électorales qui avaient préparé, sans la faire, la révolution; il travailla au rétablissement de l'ordre par des mesures énergiques, rigoureuses, brutales, poursuivit le parti républicain, les sociétés secrètes, les excès de la presse, et, au moyen d'une loi contre les attroupements, mit fin aux troubles des rues. Il parvint ainsi à apaiser sans combat deux émeutes qui menaçaient d'emporter la monarchie. La première eut lieu le 14 juillet 1831 : le parti républicain voulait, en mémoire de la prise de la Bastille, planter des arbres de liberté sur les principales places; le ministère résolut de s'opposer à cette manifestation, qui pouvait amener une attaque contre le gouvernement : il déploya de grandes forces sur tous les points, et les républicains furent forcés de se disperser. La seconde eut lieu le 16 septembre suivant et fut causée par la nouvelle de la prise de Varsovie, qui produisit dans toute la ville une douleur inexprimable. Le Palais-Royal fut envahi par une foule de jeunes gens, le crêpe au bras, criant : Vive la Pologne! A bas le ministère! Les uns lisaient les journaux à la multitude irritée, les autres appelaient les citoyens aux armes « pour venger l'héroïque Pologne lâchement abandonnée. » On fit fermer les théâtres; on pilla quelques boutiques d'armuriers ; on commença des barricades. Le lendemain, le gouvernement déploya les mesures les plus vigoureuses, et, en enveloppant de troupes la Chambre des députés et le Palais-Royal, il parvint à apaiser ce redoutable tumulte.

Grâce à l'énergie impétueuse de Casimir Périer, l'hiver de 1831 à 1832 se passa sans troubles inquiétants. Paris reprit ses habitudes de plaisirs ; et encore bien que la noblesse continuât à bouder le nouveau régime, et les étrangers à se tenir éloignés de la capitale, les théâtres, les salles de bal, tous les lieux d'amusement public furent presque continuellement remplis ; le commerce reprit quelque prospérité.

§ XXXVIII.

Paris en 1832. — Le choléra. — Insurrection des 5 et 6 juin.

Mais un autre fléau vint frapper la ville. Le 27 mars, le terrible choléra se manifesta à Paris, et dès le 30, il frappait de mort cent cinquante personnes par jour. On prit à la hâte de nombreuses et illusoires précautions ; on organisa des hôpitaux, des ambulances, des bureaux de secours ; on fit un grand nettoyage de la ville ; on mit en réquisition tous les médecins et élèves en médecine. Malheureusement, le bruit vint à se répandre que le choléra n'était que l'empoisonnement de la population par une bande de malfaiteurs : le préfet de police, Gisquet, se fit l'écho de ce bruit absurde dans une proclamation et ne craignit pas d'accuser les républicains. « Je suis informé, dit-il, que ces misérables ont conçu le projet de parcourir les cabarets et les étaux de boucherie avec des fioles et des paquets de poison, pour en jeter dans les fontaines, dans les brocs ou sur la viande... » A cette proclamation, le peuple hébété de fureur, se jette sur les malheureux qui lui paraissent suspects, les maltraite, les mutile, les jette à la Seine. Heureusement, cette frénésie sauvage dura à peine quelques heures ; mais le choléra n'en continua pas moins ses ravages, et Paris présenta pendant le mois d'avril le plus affligeant des spectacles : un vent sec et froid soulevait des nuages de poussière ; le soleil était sans chaleur ; on ne voyait presque personne dans les rues ; les boutiques s'entr'ouvraient à peine ; à chaque pas, on rencontrait des convois funèbres, sans pompe, par masses de dix à douze cercueils entassés dans des voitures de toute espèce. Du mois de mars au mois de septembre, le choléra enleva 18,400 personnes ; il décima surtout les quartiers pauvres, les rues malsaines, les taudis des indigents. « Des quarante-huit quartiers de la capitale, dit le rapport des médecins, vingt-huit, placés au centre, ne comprennent pas le cinquième de son territoire et renferment à eux seuls la moitié de la population. Dans ces quartiers, il en est un, celui des Arcis, où chaque individu ne dispose que de sept mètres carrés d'espace, et il est soixante-treize rues qui renferment, terme moyen, quarante et soixante personnes par maison. Ce sont ces rues qui, toutes, sans exception, ont eu quarante-cinq décès sur mille (1), ce qui est le double de la moyenne ; ce sont ces maisons, la plupart hautes de cinq étages, larges de six à sept mètres de façade, n'ayant point de cours, qui ont donné quatre, six et jusqu'à dix et onze décès. Ce sont enfin leurs habitants qui entrent à eux seuls pour le tiers dans la mortalité cholérique, et cette déplorable destruction des hommes a lieu dans ces seuls quartiers, parce que, nulle autre part aussi, l'espace n'est plus étroit, la population plus pressée, l'air plus malsain, l'habitation plus dangereuse et l'habitant plus misérable. »

19 mai. — L'une des dernières victimes du choléra fut

---

(1) Depuis 1853, ces rues n'existent plus.

Casimir Périer. Ses funérailles furent célébrées avec une grande pompe : tous les corps politiques, les autorités, la haute bourgeoisie, la plus grande partie de la garde nationale, des masses de troupes y assistèrent. Le parti conservateur, en rendant des honneurs extraordinaires à son plus intrépide défenseur, semblait vouloir se dénombrer, et écraser de sa masse imposante le parti républicain et sa turbulente minorité.

5 *juin*. — Le général Lamarque, l'un des chefs de l'opposition, meurt. Le parti démocratique lui fait des funérailles éclatantes pour répondre au deuil du 19 mai par un deuil populaire. « La place de la Madeleine, raconte un journal, la rue Saint-Honoré, la rue Royale et la place de la Révolution étaient, dès dix heures, couvertes de citoyens de toutes les classes, se disposant à suivre le convoi. Au moment où le char funèbre est arrivé devant la porte du général, les chevaux ont été dételés et renvoyés ; des jeunes gens de toutes les classes ont transporté le corps sur le corbillard, d'autres s'y sont attelés, et le cortége s'est mis en marche dans l'ordre suivant : un bataillon du Ier régiment de ligne, armes baissées, tambours et musique en tête ; une colonne profonde d'ouvriers marchant en rang ; de nombreux pelotons des six premières légions de la garde nationale, armés seulement du sabre ; des lignes nombreuses mêlées de citoyens, d'invalides, de gardes nationaux, au nombre de sept à huit mille ; le char funèbre traîné au moyen de longues cordes, auxquelles étaient attachés au moins trois cents jeunes gens de toute condition. Le char était pavoisé de trapeaux tricolores et couvert de couronnes d'immortelles. Une foule immense autour du corbillard faisait entendre le cri de : Vive la liberté ! Derrière le char, le fils du général, des invalides portant les insignes du défunt, le général La Fayette donnant le bras au maréchal Clauzel, une nombreuse députation de la Chambre des députés et beaucoup d'officiers de tout rang et de toute

arme. Puis venaient après, un bataillon d'infanterie de ligne, les réfugiés de toutes les nations, précédés de leurs drapeaux et mêlés à un grand nombre de gardes nationaux, une longue colonne de pelotons des six dernières légions de la garde nationale et de la banlieue ; l'artillerie de la garde nationale en très-grand nombre, un peloton de la garde nationale à cheval, la société de l'*Union de Juillet*, avec sa bannière garnie de crêpes et couronnée d'immortelles, les écoles de droit, de médecine, de pharmacie, du commerce, d'Alfort, avec des drapeaux, la société des *Amis du peuple*, des corporations d'ouvriers précédées de bannières, etc. Des voitures de deuil fermaient ce long cortége. »

De son côté, le gouvernement, craignant que cette démonstration funèbre ne dégénérât en agression, avait mis sur pied vingt-cinq mille hommes de troupes, qui étaient ou cantonnées sur les places, ou consignées dans les casernes. Le cortége suivit les boulevards jusqu'au pont d'Austerlitz, d'où le cercueil devait être transporté dans le département des Landes ; mais, pendant toute la marche, il y eut non le recueillement d'une pompe funèbre, mais l'agitation qui précède une insurrection, des cris de Vive la République ! A bas Louis-Philippe ! Vive la Pologne ! des rixes avec les sergents de ville, des apprêts de guerre. Au moment des adieux, l'apparition d'un drapeau rouge ayant excité le plus violent tumulte, l'approche de quelques escadrons de cavalerie fit engager la lutte. Alors les cris : Aux armes ! retentirent de toutes parts ; on fit des barricades, on enleva des postes, on pilla des magasins d'armuriers, et, à la fin de la journée, l'insurrection était maîtresse du Marais, du faubourg Saint-Antoine, du quartier Saint-Martin, des Halles, enfin de toute une moitié de la ville. Mais le parti républicain n'avait ni centre, ni plan, ni chefs, et, malgré les cent mille hommes qui avaient suivi le convoi funèbre de Lamarque, il était peu nombreux, même dans le peuple ; en effet, la plupart des ouvriers qui venaient de prendre les armes, l'avaient fait par entraînement, par haine aveugle contre le gouvernement, par amour de la lutte et de la poudre. Les barricades du 5 juin ne trouvèrent donc pas de défenseurs ; faciles à élever au milieu d'une population étonnée et tremblante, elles furent promptement abandonnées, et Paris presque entier resta muet, terrifié ou indigné au cri de Vive la République !

6 *juin*. — Le gouvernement concentre ses forces, appelle de nouvelles troupes, joint à la garde nationale de la ville celle de la banlieue, dont le dévouement lui est connu, et, dès le matin, il reprend la plupart des positions dont les insurgés s'étaient emparés d'emblée, et occupe par deux grands corps d'armée les boulevards et les quais jusqu'à la Bastille, enfermant ainsi la révolte dans les quartiers du Temple et Saint-Martin. Louis-Philippe, accompagné de ses fils, de ses ministres, d'un nombreux état-major, avait passé en revue la plupart des bataillons : il parcourt toute la ligne des boulevards et des quais, aux cris de Vive le roi ! A bas les républicains ! pendant que la fusillade continue dans les quartiers du centre. Les insurgés, chassés successivement de leurs postes, s'étaient concentrés dans la rue Saint-Martin, près de la vieille église Saint-Merry, protégés par de formidables barricades et ayant fait de quelques maisons de vraies citadelles ; ils étaient à peine trois ou quatre cents ; pendant douze heures, cette poignée d'insensés tient en échec une armée entière, commandée par le maréchal Soult ; et le canon seul peut emporter les réduits de ces héritiers des Jacobins de 93, qui sont presque tous tués ou pris. Dans ces funestes journées, la garde nationale eut 18 morts et 154 blessés, la troupe de ligne 75 morts et 292 blessés. La perte des insurgés fut au moins de 250 hommes tués.

A la suite de cette insurrection, qui raffermit le gouvernement de juillet, Paris est mis en état de siége, l'école

Polytechnique et l'école d'Alfort licenciées, l'artillerie de la garde nationale dissoute, etc. Le préfet Gisquet fait arrêter dix huit cents personnes sur les plus minces soupçons, et il ordonne aux médecins de faire la déclaration des blessés qu'ils auront secourus. Trois journaux sont suspendus ; deux conseils de guerre permanents jugent les prisonniers ; une sorte de terreur règne dans toute la ville. Mais la bourgeoisie qui avait demandé d'abord des mesures sévères de répression, s'inquiète bientôt de ces rigueurs irritantes, et elle applaudit à un arrêt de la cour de cassation, qui déclare l'état de siége illégal et annule les arrêts des conseils de guerre. L'état de siége est levé (29 juin).

§ XXXIX.

Paris de 1832 à 1840.

19 *novembre.* — Le roi, en allant ouvrir la session des Chambres, traverse le Pont-Royal au milieu d'une nombreuse escorte et d'une double haie de gardes nationales ; un coup de pistolet, qui ne l'atteint pas, est tiré sur lui. L'assassin s'échappe dans la foule et ne peut être découvert.

25 *juin* 1833. — M. de Rambuteau est nommé préfet de la Seine en remplacement de M. de Bondy.

28 *juillet.* — La statue de Napoléon est rétablie sur la colonne de 1805.

20 *avril* 1834. — Depuis la loi du 28 pluviôse an VIII, qui, en renouvelant tout le système administratif de la France, avait donné à Paris pour magistrats deux préfets assistés de douze maires, et d'un conseil de département remplissant les fonctions de conseil municipal, aucune loi n'avait été faite pour l'administration de la capitale, qui était restée complétement, sous la Restauration comme sous l'Empire, dans la main du pouvoir exécutif. Les attributions des maires avaient

été réduites, par ordonnance, à la tenue des registres de l'état civil, et le conseil municipal, nommé par le gouvernement, n'était appelé qu'a voter sur les questions qui lui étaient soumises ; après la révolution de juillet, l'opinion publique demande une réforme, et une loi organise ainsi le conseil général de la Seine et le conseil municipal :

1° Le conseil général de la Seine se compose de quarante-quatre membres, dont trente-six pour la ville de Paris et huit pour les arrondissements de Sceaux et de Saint-Denis.

2° Les élections de ces conseillers sont faites par les électeurs politiques, auxquels sont adjointes certaines catégories de citoyens, magistrats, professeurs, notaires, etc.

3° Trente-six membres de ce conseil général forment le conseil municipal de Paris.

4° Il y a un maire et deux adjoints pour chacun des arrondissements ; ils sont choisis par le roi sur une liste de douze candidats nommés par les électeurs de chaque arrondissement.

Les sociétés démocratiques se multiplient, répandent partout des brochures calomnieuses contre la dynastie et ne cachent pas leurs projets de guerre civile. La plus importante est la société des *Droits de l'homme,* refuge de tous les mécontents et amalgame de toutes les doctrines, mais qu'un sentiment unique semble animer, la haine contre le gouvernement *apostat* de 1830 : elle a dans Paris cent soixante-trois sections, elle s'est affilié de nombreuses sociétés dans tout le royaume ; elle fait des souscriptions, entretient des journaux, envoie des missionnaires, amasse des armes ; c'est à la fois un gouvernement et une armée. Néanmoins, le parti républicain est plus bruyant que nombreux ; il a des sectateurs à Paris, mais dans une minorité de la population ; il est détesté de la majorité, qui voit en lui non les représentants des idées progressives, mais les fauteurs du désordre et de l'anarchie,

Le ministère, sollicité par la bourgeoisie parisienne, qui demande avec instance des mesures de rigueur et des lois de salut, fait voter deux lois, l'une contre les crieurs publics (6 février), « qui faisaient de tous les coins de rues des tribunes démagogiques, » l'autre contre les associations démocratiques (29 mars), « qui étaient, disait M. Thiers, la discipline de l'anarchie. » La première est l'occasion de tumultes que la police apaise en tombant à coups de bâton sur les émeutiers, les curieux et les passants ; la seconde est une loi de mort pour le parti républicain, qui, étant une minorité, n'a de puissance et de valeur que par l'association. Les démocrates en sont consternés et se décident à lutter contre elle par la force des armes : une insurrection terrible éclate à Lyon et n'est réprimée qu'après une bataille de quatre jours.

13 avril. — A la nouvelle des événements de Lyon, les républicains de Paris s'agitent ; mais ils avaient annoncé leur prise d'armes avec une si folle confiance, qu'au premier mouvement leurs chefs sont arrêtés et que l'insurrection dégénère en une émeute de quelques rues et de quelques heures. Elle a principalement pour théâtre les quartiers du Temple et Saint-Martin, avec le faubourg Saint-Jacques ; des barricades y sont élevées et hardiment défendues ; mais, le lendemain, le gouvernement déploie quarante mille hommes de troupes, outre la garde nationale ; les rues Beaubourg et Transnonain, où s'était concentrée l'insurrection, sont enveloppées et enlevées. La victoire de l'ordre est ensanglantée par un horrible événement : quand le combat est terminé et que les troupes sont maîtresses de tous les points, un coup de fusil part d'une maison de la rue Transnonain, les soldats se précipitent dans cette maison, qu'on leur ouvre comme à des libérateurs, et ils massacrent tout ce qu'ils rencontrent, hommes, femmes, enfants !

Une ordonnance royale transforme la Chambre des pairs

en cour de justice pour juger les insurgés d'avril. Le procès commence le 5 mai 1835 et ne finit que le 18 janvier 1836 ; il est l'occasion de nombreux scandales et d'une grande agitation dans Paris ; des rassemblements ne cessent, surtout dans les premiers jours, d'entourer le Luxembourg. Sur les cent vingt-trois accusés, trente-sept sont condamnés à la déportation, les autres à la détention.

28 *juillet*. — L'anniversaire de la révolution est célébré par une grande revue de la garde nationale. Au moment où le roi passe sur le boulevard du Temple avec ses fils et un nombreux état-major, une détonation terrible se fait entendre, et autour de lui tombent morts le maréchal Mortier, le général Lachasse, deux colonels, un capitaine, six gardes nationaux, un vieillard, une femme, une jeune fille ; vingt-neuf autres personnes sont blessées. Une machine infernale, composée de vingt-cinq canons de fusil, avait été dressée dans la maison n° 50 du boulevard pour tuer le roi ; l'homme qui y a mis le feu est sur-le-champ arrêté : c'est un misérable aventurier, nommé Fieschi, qui a pour complices deux membres de la société des Droits de l'homme, Pepin, épicier et capitaine de la garde nationale, Morey, vieux jacobin de 93. L'indignation qu'inspire ce lâche forfait est universelle ; le roi et ses fils, à leur retour aux Tuileries, sont accueillis par des transports d'enthousiasme ; toute la population demande à grands cris la répression des mauvaises passions qui peuvent enfanter de si grands crimes.

5 *août*. — Funérailles des victimes de l'attentat Fieschi : la pompe funèbre part de l'église Saint-Paul, rue Saint-Antoine, et se dirige par les boulevards vers l'église des Invalides, où ces victimes sont inhumées. Paris voit avec une profonde douleur, une véritable consternation, ces quatorze cercueils échelonnés, depuis l'humble ouvrière jusqu'au maréchal de France.

14 *juin* 1837. — Une fête pyrotechnique est donnée au

Champ-de-Mars, pour le mariage du duc d'Orléans ; elle est attristée par la mort de huit personnes, qui sont écrasées dans la foule près de la grille de l'École militaire.

24 *août* 1838. — Naissance du comte de Paris. C'est le troisième enfant royal que, depuis trente ans, Paris voit naître : le premier avait été nommé roi de Rome, comme témoignage de la grandeur de l'empire, où Rome n'était plus qu'une ville de province ; le deuxième avait été nommé duc de Bordeaux, pour célébrer le royalisme de la cité qui avait la première proclamé les Bourbons ; le troisième est nommé comte de Paris, par reconnaissance pour la ville qui a fait la révolution de juillet et intronisé la nouvelle dynastie.

27 *novembre*. — Le maréchal Mouton de Lobau, commandant de la garde nationale de Paris, meurt : il est remplacé par le maréchal Gérard.

12 *mai* 1839. — A cette époque, Paris jouit d'un grand calme et d'une prospérité toujours croissante ; ce calme et cette prospérité sont tout à coup troublés par le coup de main le plus insensé : c'est un dimanche, et la moitié de la population est hors de la ville, quand, dans la rue Bourg-l'Abbé, une centaine d'hommes, que dirigent des conspirateurs émérites, Barbès, Blanqui, Martin-Bernard, enfonce une boutique d'armurier, crie : Aux armes ! et commence des barricades. D'autres groupes se précipitent sur les postes du marché Saint-Jean, de l'Hôtel-de-Ville, du Palais-de-Justice, où ils tuent ou désarment les soldats surpris. Cette poignée d'émeutiers croyait trouver la population animée de leurs passions impatientes, agitée par les troubles des hautes régions politiques, lassée de la monarchie de juillet ; mais tout Paris s'étonne, s'indigne de cette prise d'armes, qui ressemble à un guet-apens ; les barricades à peine formées sont enlevées sans obstacle, et l'émeute, après avoir essayé de se concentrer dans le quartier Saint-Martin, finit, en laissant quelques morts et de nombreux prisonniers.

Les insurgés sont traduits devant la cour des pairs, qui condamne à mort Barbès et Blanqui, et à la détention vingt-huit de leurs complices. Le roi commue la peine des deux condamnés à mort.

29 *juillet* 1840. — La plupart des combattants de juillet 1830 avaient été enterrés sur divers points de la capitale, près des lieux même où ils avaient succombé, dans le jardin du Louvre, au marché des Innocents, au Champ-de-Mars, etc. Leurs restes mortels sont réunis et transférés, d'après la loi du 30 août 1830, dans les caveaux de la colonne de la Bastille. Cette translation se fait avec une grande pompe : un char colossal, chargé de cinquante bières, traîné par vingt-quatre chevaux, s'avance lentement, au milieu d'un cortège immense, sur la longue ligne des boulevards.

§ XL.

Travaux et embellissements de Paris. — État moral de la population.

Depuis cinq à six années que le désordre des rues a presque entièrement cessé, que le peuple s'est retiré des émeutes pour ne plus s'occuper que de son bien-être matériel, l'industrie et le commerce ont fait d'immenses progrès. Des entreprises de tout genre se forment de toutes parts; les capitaux sont abondants, l'activité universelle, et l'exposition de l'industrie en 1839, où Paris a deux mille quarante-sept exposants, démontre quelles merveilles se sont faites aussi bien dans les choses usuelles que dans les produits de luxe. On ouvre dans les faubourgs de grandes usines, de grandes manufactures; on ouvre, dans les quartiers à la mode et même dans les anciens quartiers, des magasins éblouissants de richesses; il se fait une transformation complète dans l'aspect extérieur et l'aménagement intérieur des boutiques, qui appellent l'acheteur par mille séductions. Plus de quatre mille maisons sont construites de 1833 à 1848; des quartiers nouveaux sortent de terre; tous les terrains restés vides ou cultivés dans les marais du Temple, du fauboug Saint-Martin, du clos Saint-Lazare, du faubourg Montmartre, de la Chaussée d'Antin, se couvrent de rues magnifiques et de maisons qui semblent des palais. L'administration municipale, éclairée, pleine de zèle, seconde ces améliorations en rendant nos vieilles rues de plus en plus praticables, en leur donnant des chaussées bombées et des trottoirs, en remaniant cent vingt kilomètres d'égouts, en faisant bituminer et niveler les boulevards, en plantant d'arbres les quais et les places, en augmentant le nombre des bornes-fontaines, en rendant presque universel l'éclairage au gaz, en proscrivant tous les étalages extérieurs qui gênent la voie publique. Elle met largement à exécution le grand plan d'alignement et d'assainissement de la ville, en continuant et complétant la ligne des quais, en déblayant cette ruche immonde de la Cité, les abords de l'Hôtel-de-Ville, une partie des halles; en ouvrant la grande rue Rambuteau, qui change la face des quartiers Saint-Martin et Saint-Denis, en nivelant et embellissant les places de la Concorde et de la Bastille, en couvrant de constructions pittoresques les Champs-Élysées, en réédifiant sur un plan magnifique l'Hôtel-de-Ville, en restaurant Notre-Dame, la Sainte-Chapelle et vingt autres églises, en construisant le grand hôpital du Nord, les prisons *modèles* de la Roquette et Mazas, les ponts Louis-Philippe et du Carrousel, les fontaines Richelieu, Cuvier et Saint-Sulpice, le monument de Molière, les annexes du Muséum d'histoire naturelle, etc. L'État prend lui-même part aux embellissements de Paris en faisant achever, avec magnificence, les monuments qui ont un caractère national, tels que l'Arc de triomphe de l'Étoile, la colonne de Juillet, le palais d'Orsay, le palais des Beaux-Arts, l'église de la Madeleine, le Collége de France, le Panthéon, etc.

Pendant cette période de paix et de prospérité, Paris devient de plus en plus le centre de la France : sa population s'élève en 1831 (1) à 774,000 ; en 1836, à 909,000 ; en 1846, à 1,053,000, sur lesquels on compte 67,000 indigents. Le nombre des voitures publiques et particulières, qui n'était en 1818 que de 17,000, s'élève en 1837 à 35,000, et en 1847 à 76,000.

Mais l'activité industrielle et commerciale de cette époque, la surexcitation qu'elle donne à tous les appétits matériels amènent une concurrence effrénée, le plus hideux agiotage, un amour des écus plus impudent, plus effronté qu'aux temps de la Régence et du Directoire. Acquérir sans travail, sans instruction, par les voies les plus courtes ; inventer des moyens d'exploiter la crédulité ; chercher des dupes, enfin *faire des affaires*, devient la pensée et l'occupation unique de la partie la plus influente de la population, d'une société brillante et corrompue, sans croyances comme sans entrailles, qui ne connaît que les plaisirs matériels et les jouissances du luxe. Dans les trois premiers mois de 1838, il se forme plus de cent sociétés industrielles au capital de 392 millions, et qui n'ont pour but que de soutirer l'épargne des petites bourses et le produit des sueurs populaires. On n'a plus que dédain et moquerie pour tout ce qui est sentiment, idée, poésie, pour tout ce qui n'est pas lucre, argent, matière. La

(1) C'est l'année où commencent les recensements quinquennaux. Jusque-là, les chiffres donnés comme officiels sur la population de Paris sont tout à fait problématiques et certainement erronés. Voici ceux qu'on donne ordinairement pour les époques antérieures : au XIIIe siècle, 120,000 ; au XVe siècle, 150,000 ; sous Henri II, 200,000 ; à la fin du XVIe siècle, 200,000 ; en 1680, 490,000 ; en 1720, 500,000 ; en 1752, 576,000 ; en 1776, 658,000 ; en 1784, 660,000 ; en 1792, 610,000 ; en 1798, après recensement, 640,000 ; en 1802, 672,000 ; en 1806, 547,000 ; en 1803, 580,000 ; en 1810, 594,000 ; en 1817, 713,000 ; en 1827, 890,000.

Bourse est le théâtre principal de toutes ces spéculations frauduleuses : là on joue sur des bitumes fabuleux, des mines qui n'existent pas, des chemins de fer qui ne se feront jamais. Enfin, on retrouve partout ces tripotages d'argent, dans les embellissements de Paris, dans les inventions industrielles, dans les entreprises et travaux faits pour le gouvernement ; et ce fut l'occasion de tristes procès.

Le peuple participe au progrès de cette époque par son travail, mais faiblement par le profit qu'il en tire. D'abord, presque toutes les améliorations matérielles de la ville sont faites dans les quartiers riches; mais les quartiers St-Martin et du Temple, les faubourgs St-Antoine et St-Marceau n'ont qu'une petite part dans les travaux des égouts, des bornes-fontaines, des trottoirs, des chaussées bombées, etc. Quant aux déblaiements faits dans la Cité, les halles, le quartier St-Antoine, ils sont utiles à la beauté et à la salubrité de la ville, mais ils chassent de leur logement à bon marché les ouvriers qui ne peuvent les retrouver dans les palais construits dans les quartiers neufs. Il ne se bâtit presque aucune maison nouvelle pour le peuple, qui s'entasse de plus en plus dans les vieux quartiers, dans ceux que le marteau des démolisseurs n'a pas encore atteints : aussi le prix des loyers augmente-t-il sans cesse, et la difficulté de se loger est-elle pour l'ouvrier le tourment de tous ses jours et la cause perpétuelle de sa misère. Quant aux progrès industriels, ils ne se manifestent pour lui que par la concurrence, qui amène l'avilissement des salaires, des désastres fréquents, des chômages ruineux : Paris devenu, depuis la paix, une ville manufacturière, a maintenant à subir une nouvelle cause de calamités, les grandes crises commerciales. La misère ne cesse donc pas de régner dans les faubourgs et les quartiers populeux ; en somme, elle est moins grande qu'elle n'était en 1789, c'est-à-dire qu'elle atteint comparativement moins de personnes; mais, pour celles qu'elle atteint, elle est aussi complète, aussi hideuse (1). D'ailleurs, ce n'est pas impunément que les classes riches donnent au peuple le spectacle de leurs passions cupides, de leur amour effréné de luxe et de jouissances ; ce n'est pas en vain que la richesse s'étale à tous les coins de rue et sous toutes les formes ; le peuple veut aussi du bien-être et des plaisirs ; il prend dans toutes les habitudes de sa vie matérielle des goûts qui semblent lui être étrangers ; les temps de résignation et d'humilité sont passés ; il veut sa part d'aisance ; il réclame ses droits ; enfin, pendant que les romans en feuilletons et les vaudevilles graveleux forment toute la littérature des classes élevées, les livres sérieux vont dans les ateliers, et l'immense débit des publications par livraisons atteste, par les chiffres les plus éloquents, le menaçant progrès qui s'est obscurément opéré dans l'instruction des masses populaires.

§ XLI.

Paris de 1840 à 1848.

Août et septembre 1840. — Les affaires d'Orient amènent la rupture de notre alliance avec l'Angleterre et l'ébauche d'une coalition des quatre puissances du Nord contre la France. Le ministère, présidé par M. Thiers, fait des préparatifs de guerre qui produisent une vive agitation dans Paris. On entend partout des cris belliqueux ; on chante la *Marseillaise* dans les rues et dans les théâtres ; toutes les

(1) En voici une triste preuve. Dans la séance de la Chambre des députés du 24 février 1846, M. Berryer disait : « Sur 27,000 personnes qui meurent à Paris par année, il y en a près de 11,000 qui meurent dans les hôpitaux et 7,000 autres qui sont enterrées gratuitement, dont la ville paie le cercueil et le suaire. Il meurt donc 18,000 personnes sur 27,000 qui ne laissent pas même de linceul pour les envelopper ! » — A cette époque, 80,000 personnes entraient annuellement dans les hôpitaux et 100,000 étaient secourues à domicile.

passions des barricades semblent se réveiller, pleines d'espoir. A ces causes de troubles viennent se joindre des *grèves* et coalitions d'ouvriers, engendrées par la question des salaires, et que les partis cherchent à exploiter à leur profit. Pendant huit à dix jours, on voit successivement les ouvriers maçons, charpentiers, menuisiers, serruriers, mécaniciens, tisseurs, enfin de tous les corps d'état, descendre, par troupes de deux à trois mille, des communes de Belleville, Pantin, la Villette, Saint-Mandé; pénétrer dans les ateliers et fabriques, entraîner par la menace ou la séduction ceux de leurs camarades qui travaillent, et arrêter ainsi l'industrie et les transactions commerciales. Les travaux du chemin de fer d'Orléans, des filatures du faubourg Saint-Antoine, des ateliers de voitures publiques, se trouvent ainsi suspendus. Pendant huit à dix jours, les rues et places sont encombrées d'ouvriers en grève qui se rassemblent, pérorent, crient, chantent, complotent et montrent une agitation menaçante. Dans le faubourg Saint-Antoine, deux sergents de ville sont assassinés par une foule furieuse, et l'on commence des barricades. Alors le gouvernement déploie une armée de troupes de ligne, de garde municipale, de garde nationale, qui occupe les rues, les places, les principaux postes, et empêche l'émeute d'éclater. « La journée à été sombre, dit un journal; trois francs de baisse sur les fonds publics; quelques tentatives de barricades, qui ont heureusement échoué; la ville occupée militairement par une chaîne de postes; les physionomies sinistres : voilà le spectacle affligeant que Paris a présenté. » Enfin, les attroupements d'ouvriers, refoulés sur tous les points, se dispersent sans collision violente. On fait de nombreuses arrestations; l'effervescence se calme peu à peu; le peuple retourne à ses travaux : mais le gouvernement ne songe pas à résoudre les questions menaçantes qui ont produit ces rassemblements; il croit en être quitte en faisant prononcer contre quelques ouvriers des condamnations judiciaires et la prison; et pourtant on sent, dans les demandes faites par ces ouvriers, relatives à la diminution des heures de travail, à la suppression des *tâcherons* et des *marchandeurs*, à l'égalité des salaires, non-seulement des souffrances réelles à soulager, mais les doctrines du socialisme, qui commencent à égarer le peuple en lui donnant sur l'organisation du travail les espérances les plus chimériques.

Ce sont les derniers troubles qui agitent les rues jusqu'à la révolution de 1848. Le gouvernement se croit désormais sûr de la soumission de Paris : il a commencé à fortifier cette ville.

Les humiliations de 1814 et de 1815 avaient laissé des traces profondes dans tous les esprits, avec de vives appréhensions pour l'avenir ; la frontière formidable dont le génie de Vauban avait doté la France avait été si facilement et par deux fois violée ; Paris avait été si facilement pris ; deux révolutions avaient été si facilement faites, grâce à l'occupation de la capitale, qu'il devait rester chez les étrangers (et les événements de 1840 venaient de le démontrer) l'espoir et la tentation de renouveler ces outrages et de venir mâter la révolution dans son centre. Aussi, depuis 1815, avait-on songé plusieurs fois à rendre à notre frontière son importance et son efficacité, en fortifiant Paris, c'est-à-dire en ôtant à l'ennemi la pensée d'y arriver par une course rapide et de l'enlever par un coup de main. Ainsi, en 1826, un plan de fortification de Paris avait été proposé à Charles X par le ministre de la guerre, M. de Clermont-Tonnerre; en 1831, et au moment où l'on pouvait craindre une coalition nouvelle, on commença quelques ouvrages de défense sur les hauteurs qui avoisinent Paris ; enfin, en 1836, un projet de loi fut présenté à la Chambre des députés, mais il y éprouva un accueil si peu favorable que le ministère le retira : c'est que malheureusement on croyait que le gouvernement de Louis-

Philippe, comme celui de Charles X, en voulant fortifier Paris, avait l'arrière-pensée de se servir, contre la population, des bastilles qu'il devait élever; et les Parisiens étaient formellement opposés à ce projet.

Les événements de 1840 permirent au gouvernement de brusquer la solution de la question ; les fortifications de Paris furent commencées, par ordonnance royale (13 septembre), et encore bien que les dangers de guerre vinssent à se dissiper, elles furent continuées; enfin la question arriva devant les Chambres (10 janvier 1841). M. Thiers fut le rapporteur du projet de loi et s'appuya de l'opinion de Vauban : « La prise de Paris, disait celui-ci, serait un des malheurs les plus grands qui pût arriver à ce royaume, et duquel il ne se relèverait de longtemps et peut-être jamais. » Puis il justifia, en ces termes, cette puissante centralisation de Paris, qui a été si souvent calomniée :

« Notre beau pays a un immense avantage, il est *un*. Trente-quatre millions d'hommes, sur un sol d'une moyenne étendue, y vivent d'une même vie, y sentent, y pensent, y disent la même chose, presque au même instant. Grâce surtout à des institutions qui portent la parole en quelques heures d'un bout de la France à l'autre; grâce à des moyens administratifs qui portent en quelques minutes un ordre aux extrémités du sol, ce grand tout pense et se meut comme un seul homme. Il doit à cet ensemble une force que n'ont pas des empires beaucoup plus considérables, mais qui sont privés de cette prodigieuse simultanéité d'action; mais il n'a ces avantages qu'à la condition d'un centre unique, d'où part l'impulsion commune, et qui meut tout l'ensemble. C'est Paris qui parle par la presse, qui commande par le télégraphe. Frappez ce centre, et la France est comme un homme frappé à la tête. Eh bien ! que devons-nous faire dans une situation semblable? Ce Paris, qu'on veut frapper, il faut le couvrir; ce but, que se proposent les grandes guerres d'invasion, il faut le leur enlever en le mettant à l'abri de leurs coups. En supprimant ce but, vous ferez tomber toutes les combinaisons qui tendent vers lui. En un mot, fortifiez la capitale, et vous apportez une modification immense à la guerre, à la politique ; vous rendez impraticables les guerres d'invasion, c'est-à-dire les guerres de principe. »

La loi relative aux fortifications de Paris fut adoptée par les deux Chambres et publiée le 3 avril ; en voici les principaux articles :

1. — Une somme de 140 millions est spécialement affectée aux travaux des fortifications de Paris.

2. — Ces travaux comprendront : 1° une enceinte continue embrassant les deux rives de la Seine, bastionnée et terrassée avec dix mètres d'escarpe revêtue ; 2° des ouvrages extérieurs casematés.

7. — La ville de Paris ne pourra être classée parmi les places de guerre du royaume qu'en vertu d'une loi spéciale.

9. — Les limites actuelles de l'octroi de la ville de Paris ne pourront être changées qu'en vertu d'une loi spéciale.

14 *décembre* 1840. — Les restes mortels de Napoléon, qu'une frégate est allée chercher à Sainte-Hélène, arrivent à Paris, par l'Arc de triomphe de l'Étoile, pour être transportés aux Invalides, en suivant l'avenue des Champs-Élysées, la place et le pont de la Concorde, le quai et l'esplanade des Invalides. Tout cet espace a été décoré de statues, de colonnes, de candelabres ; la garde nationale, trente mille hommes de troupes de ligne, toutes les autorités, les cours de justice, l'Institut, l'Université, une multitude de généraux et d'officiers, assistent à cette translation, qui se fait avec une grande magnificence, au milieu d'une multitude immense accourue de toutes les villes voisines. L'église des Invalides, flamboyante de feux et tapissée entièrement de noir et d'argent, avait été transformée en une grande cha-

pelle ardente, où se célèbre pompeusement une messe funèbre ; le roi y assiste avec toute sa famille.

Le cercueil est placé dans une chapelle, en attendant le monument qui doit être élevé à l'empereur sous le dôme, et, pendant plusieurs mois, la foule ne cesse de se porter aux Invalides.

Cette cérémonie, outre qu'elle ôte à la mort de Napoléon ce caractère de vague poésie qui faisait, d'un rocher perdu dans l'immensité des mers, le plus digne, le plus solennel des tombeaux, réveille à Paris le bonapartisme, qui semblait éteint.

13 *septembre* 1841. — Depuis sa tentative de 1834, la République a cessé d'exister comme parti actif et belligérant ; mais des hommes de sang et d'anarchie continuent à s'agiter dans les bas-fonds de la société et tramentdes complots dans les cabarets des faubourgs, dans des clubs secrets composés d'ouvriers débauchés ou paresseux, de scélérats impatients d'un coup de main ; et, de temps en temps, il sort de ces bouges quelque assassin qui tente d'en finir avec la monarchie bourgeoise par la mort de Louis-Philippe. Paris est ainsi successivement troublé et indigné par les attentats d'Alibaud (25 juin 1836), de Meunier (28 décembre 1836), de Darmès (15 octobre 1840), dont le palais des Tuileries ou ses abords sont le théâtre. Un nouveau crime, plus stupide que les premiers, jette encore l'alarme dans la population.

Le 17e léger revient d'Afrique avec son colonel, le duc d'Aumale, pour tenir garnison à Paris : il entre par le faubourg Saint-Antoine, au milieu d'une foule nombreuse, qui salue d'acclamations nos modestes et laborieux soldats d'Algérie. A la hauteur de la rue Traversière, un coup de pistolet est tiré sur le jeune prince et ne l'atteint pas. L'assassin, Quenisset, est arrêté avec quelques-uns de ses complices et traduit devant la cour des pairs. Trois sont condamnés à mort, trois à la déportation, six à la détention : dans le nombre se trouve odieusement compris un rédacteur de journal, Dupoty, comme coupable de *complicité morale*.

8 *mai* 1842. — Un convoi de cinq à six cents personnes, qui revient de Versailles par le chemin de fer de la rive gauche, déraille par la rupture de l'essieu d'une machine : cinq voitures sont brisées et incendiées; cinquante-deux personnes périssent, et une multitude d'autres sont blessées. Cet horrible événement jette la consternation dans Paris, et la foule se presse éplorée à la Morgue et au cimetière du Sud, où l'on a exposé les cadavres méconnaissables des victimes.

1er *juin*. — Loi relative à l'établissement du réseau des grandes lignes des chemins de fer, et combinant l'action du gouvernement avec celle des compagnies financières. Cette loi double l'importance de la capitale de la France en la faisant le centre de nouvelles communications qui doivent porter la vie à toutes les extrémités. Les chemins de fer votés sont ceux de Paris à la frontière de Belgique, à la Manche, à la frontière d'Allemagne, à la Méditerranée, à la frontière d'Espagne, à l'Océan, au centre de la France.

13 *juillet*. — Le duc d'Orléans, sur la route de Paris à Neuilly, fait une chute de voiture et meurt dans les bras du roi. Ses funérailles sont célébrées avec une grande pompe. La famille royale fait élever une chapelle sur l'emplacement de la maison où est mort le jeune prince, dont la perte est accueillie par une douleur universelle.

Juillet. — Les chambres votent des crédits pour la reconstruction de la bibliothèque Sainte-Geneviève, l'Institut des jeunes aveugles et le monument de Napoléon, ainsi que pour l'acquisition de la collection d'antiquités de Dusommerard et de l'hôtel de Cluny, dont on fait un musée d'antiquités françaises.

1er *août*. — Dernières élections faites sous le gouvernement de juillet. Le ministère obtient par toute la France une plus grande majorité, excepté à Paris, qui continue à envoyer dix députés de l'opposition, parmi lesquels MM. Carnot, Marie, etc.

1847. — Une mauvaise récolte amène la disette dans une grande partie de l'Europe. Pendant sept mois, l'administration municipale de Paris fait distribuer des bons de pain, à prix réduit, aux familles indigentes ou malaisées, ce qui cause à la ville une dépense de 9 millions. Cette distribution révèle le peu de progrès qui s'est fait dans le bien-être des classes populaires pendant les années précédentes, malgré l'accroissement prodigieux de la richesse publique : la population de Paris est, à cette époque, de 1,053,000 habitants; « on trouve sur ce nombre, dit M. de Cambray, chef du bureau des hospices, 635,000 habitants susceptibles de participer, comme malaisés, à la distribution des secours publics extraordinaires. L'assistance de l'administration n'a cependant pas été réclamée par un aussi grand nombre de personnes, parce que beaucoup de célibataires, beaucoup même de familles laborieuses se sont, par un louable sentiment de pudeur, abstenus de solliciter des secours. C'est ce qui explique qu'au lieu de 635,000 personnes qui auraient pu figurer sur les listes de distribution de bons de pain, il n'y en a jamais eu plus de 475,000, et que le chiffre moyen est resté inférieur à 400,000. »

10 *juillet*. — L'opposition, n'ayant plus d'espoir de vaincre la majorité dévouée au ministère, se décide à agiter le pays par des réunions, des pétitions en faveur de la réforme électorale, des protestations « contre les lâchetés, les hontes, les souillures qui menacent de gangrener la France. » Le premier banquet *réformiste* a lieu dans un jardin voisin de la barrière Poissonnière, appelé le *Château-Rouge;* douze cents électeurs et un grand nombre de députés y assistent, et les convives sont accueillis par les acclamations de la foule.

Janvier 1848. — La session des Chambres commence, et la discussion de l'adresse au roi enfante une révolution. Le ministère se déclare résolu à empêcher les banquets réformistes, et fait insérer dans l'adresse : que « l'agitation de la France n'est produite que par des passions aveugles ou ennemies. »

Après la discussion de l'adresse, cent députés déclarent qu'ils sont résolus à poursuivre par tous les moyens légaux le maintien du droit de réunion, et un banquet solennel est annoncé pour le 22 février dans les Champs-Élysées.

21 *février*. La commission du banquet invite la garde nationale, les écoles, la population entière à faire cortége aux députés, pairs de France, électeurs qui doivent assister à cette réunion.

22, 23 *et* 24 *février*. — Le gouvernement appelle des troupes et déclare qu'il s'opposera au banquet par la force. Les commissaires, en présence des mesures qu'a prises le ministère, annoncent que la réunion est ajournée. Mais des troubles commencent et deviennent le lendemain plus menaçants.

La garde nationale se rassemble au cri de Vive la réforme ! les troupes indécises n'osent faire usage de leurs armes. Le ministère donne sa démission. La joie est universelle ; les troupes et le peuple fraternisent ; Paris est illuminé ; mais le soir, devant le ministère des affaires étrangères, qui est gardé par un bataillon d'infanterie, une colonne de peuple qui se pressait sur le boulevard au cri de Vive la réforme ! est accueillie par une décharge à bout portant, résultat du plus déplorable malentendu : cinquante-deux personnes tombent mortes ou blessées. On crie : A la trahison ! Aux armes ! tout Paris se couvre de barricades, et le parti républicain, cette minorité vaincue en 1832, 1834, 1839, profite de la défaillance du gouvernement, de la stupeur de la population parisienne pour faire une nouvelle révolution.

Alors Louis-Philippe abdique et nomme régente la duchesse d'Orléans. Mais les Tuileries et le palais Bourbon sont envahis par les insurgés ; la famille royale s'enfuit, et les républicains nomment un gouvernement provisoire composé de sept députés ; ce gouvernement s'installe à l'Hôtel-de-Ville, y prend la dictature et proclame la république (1).

(1) Nous avons abrégé les derniers événements de l'histoire générale de Paris jusqu'en 1848, et nous n'avons rien dit de la révolution de février et des événements si graves dont la capitale a été le théâtre depuis cette époque, parce que nous croyons que le temps n'est pas encore venu d'écrire l'histoire impartiale de cette période. Néanmoins, nous énoncerons, chacun à sa place, les principaux faits de l'histoire de Paris de 1848 à 1856, dans l'*Histoire des quartiers de Paris*.

FIN DE LA PREMIÈRE PARTIE.

TABLE DES MATIÈRES.

PREMIÈRE PARTIE.
HISTOIRE GÉNÉRALE.

LIVRE PREMIER.

PARIS DANS LES TEMPS ANCIENS ET SOUS LA MONARCHIE.

(55 AV. J.-C. — 1789.)

§ 1.	Paris sous les Gaulois et les Romains. — Première bataille de Paris. — Julien proclamé empereur à Lutèce. — Saint-Denis et sainte Geneviève.	1
§ 2.	Paris sous les rois de la première race.	5
§ 3.	Paris sous les rois de la deuxième race. — Siége de Paris par les Normands.	7
§ 4.	Paris sous les Capétiens, jusqu'à Louis VII. — Écoles de Paris. — Abélard. — Hanse parisienne.	9
§ 5.	Paris sous Philippe-Auguste. — Deuxième enceinte de la ville.	13
§ 6.	Paris sous Louis IX. — Règlements des métiers — Guet bourgeois, etc.	17
§ 7.	Paris sous les successeurs de Louis IX jusqu'à Philippe VI. — Richesse et population de la ville à cette époque.	21
§ 8.	Paris sous Jean et Charles V. — Troisième enceinte de Paris. — Étienne Marcel.	24
§ 9.	Paris sous Charles VI. — Abolition des priviléges parisiens. — Meurtre de la rue Barbette. — Les bouchers de Paris.	28
§ 10.	Paris sous Charles VII. — Jeanne d'Arc à la porte Saint-Honoré. — Prise de Paris par les troupes royales.	34
§ 11.	Paris sous Louis XI et ses successeurs, jusqu'à Henri II. — Renaissance. — Administration municipale. — Rabelais, Amyot, Villon. — Les confrères de la Passion.	37
§ 12.	Paris pendant les guerres de religion. — La Saint-Barthélemy. — Les barricades de 1588.	44

§ 13. Siége et prise de Paris par Henri IV. 52
§ 14. Tableau de Paris sous Henri IV. 55
§ 15. Paris sous Louis XIII. — Enceinte nouvelle. — Quartier du Palais-Royal et du Marais. — Hôtel Rambouillet. — Fondations religieuses. — Promenades et théâtres. 59
§ 16. Troubles de la Fronde. — Siége de Paris. — Bataille du faubourg Saint-Antoine. 69
§ 17. Paris sous Louis XIV. — Monuments. — Habitations d'hommes célèbres. — État des mœurs. — Police nouvelle. — Situation du peuple et de la bourgeoisie. 78
§ 18. Paris sous Louis XV. — Événements historiques. — État des mœurs. — Monuments et améliorations matérielles. — Théâtres, etc. 90
§ 19. Paris sous Louis XVI jusqu'en 1789. — Préliminaires de la révolution. — Monuments. — Tableau moral et politique de la population de Paris. 99

LIVRE II.

PARIS PENDANT LA RÉVOLUTION.

(1789. — 1848.)

§ 1. Élections aux États-Généraux. — Révolution du 14 juillet. — Institution de la municipalité et de la garde nationale. 109
§ 2. État de Paris après le 14 juillet. — Meurtres de Foulon et Berthier — Famine. — Journées d'octobre. 114
§ 3. Nouvelle organisation municipale, judiciaire, ecclésiastique de la capitale. — Abolition des couvents et suppression de nombreuses églises. — Clergé constitutionnel de Paris. 122
§ 4. Fêtes et solennités parisiennes. — Fuite du roi. — Affaire du Champ de Mars. 127
§ 5. Paris sous l'Assemblée législative. — Fête des soldats de Châteauvieux. — Journée du 20 juin. 134
§ 6. Déclaration de la patrie en danger. — Révolution du 10 août. 138
§ 7. Domination de la Commune de Paris. — Massacres de septembre. — Départ des bataillons de volontaires. 144 Tableau des bataillons de volontaires de la première levée. 15

§ 8. Paris sous la Convention. — Procès et mort de Louis XVI. — Paris le 21 janvier. 151
§ 9. Deuxième et troisième levées de volontaires. — État de Paris. 158
§ 10. Journées des 31 mai et 2 juin. 162
§ 11. Lutte de Paris et des provinces. — Levée en masse. — Fêtes révolutionnaires. 165
Tableau des bataillons parisiens de la levée en masse. 167
§ 12. Abolition du culte catholique. — Cérémonies du culte de la Raison. 171
§ 13. Supplices des hébertistes et des dantonistes. — Tableau de Paris pendant la terreur. 175
§ 14. Fête de l'Être suprême. — Loi du 22 prairial. — Révolution du 9 thermidor. — Fin de la Commune de Paris. 181
§ 15. Réaction thermidorienne. — Nouvelle administration de Paris. — Jeunesse dorée. — Fin du club des Jacobins. — Apothéoses de Marat et de Rousseau. 186
§ 16. Famine. — Journée du 12 germinal et du 1er prairial. 190
§ 17. Journée du 13 Vendémiaire. — Fin de la Convention. 199
§ 18. Paris sous le Directoire. — Fêtes directoriales. 205
§ 19. Culte naturel ou des Théophilanthropes. 210
§ 20. Tableau de Paris sous le Directoire. 214
§ 21. Révolution du 18 brumaire. — Paris sous le Consulat. — Rétablissement du culte catholique. — Embellissements de Paris. 217
§ 22. Conspiration de Georges, Pichegru et Moreau. — Opinion et agitation de Paris à cette époque. — Établissement de l'Empire. 224
§ 23. Opposition de Paris à l'Empire. — Ressentiment de Napoléon. Fêtes du sacre. — Condition du peuple de Paris. — Paris après Austerlitz et Iéna. 229
§ 24. Paris sous l'Empire jusqu'en 1811. — Mariage de l'Empereur. — Naissance du roi de Rome. 286
§ 25. Paris depuis 1811 jusqu'en 1813. — Conspiration de Mallet. — Les Parisiens à Lutzen et à Leipsig. 241
§ 26. Paris en 1814.— Dispositions de la population. Rétablissement de la garde nationale. — Derniers contingents de la population parisienne. 246
§ 27. État de Paris au commencement de 1814. — Départ de l'impératrice. — Bataille de Paris. 222
§ 28. Tableau de Paris pendant la bataille. — Capitulation. — Entrée des armées aliées. 256

§ 29. Paris pendant la première restauration. 260
§ 30. Paris pendant les Cent-Jours. — Apprêts de guerre. — Levée des fédérés. 264
§ 31. Fête du Champ-de-Mai. — Paris après la bataille de Waterloo. — Capitulation du 8 juillet. 267
§ 32. Deuxième occupation de Paris. — Retour de Louis XVIII. Prospérité honteuse de la ville. 272
§ 33. Paris depuis 1816 jusqu'en 1824. — Troubles de 1820. — Le carbonarisme. — Missions. — Sentiments de la bourgeoisie. 278
§ 34. Embellissements de Paris sous la restauration. 280
§ 35. Paris pendant le règne de Charles X. 282
§ 36. Journées de Juillet. 287
§ 37. Paris de 1830 à 1832.
§ 38. Paris en 1822. — Le choléra. — Insurrection des 5 et 6 juin.
§ 39. Paris de 1832 à 1840. 305
§ 40. Travaux des embellissements de Paris. — État moral de la population. 203
§ 41. Paris de 1840 à 1848. 314

FIN DE LA TABLE DU PREMIER VOLUME.

www.ingramcontent.com/pod-product-compliance
Lightning Source LLC
Chambersburg PA
CBHW070621160426
43194CB00009B/1332